Forschungsberichte des BIS
Herausgegeben von Sabine Gensior & Carol Hagemann-White

Band 2

Wege aus Mißhandlungsbeziehungen

Unterstützung für Frauen und ihre Kinder
vor und nach dem Aufenthalt in einem
Frauenhaus

Heidrun Brandau / Carol Hagemann-White
Margreth Haep / Annette del Mestre

Centaurus-Verlagsgesellschaft
Pfaffenweiler 1990

Umschlagabbildung:
„*Steinblick*", Fotoarbeit 1988, Verena von Hugo

Die vorliegende Studie entstand als Evaluationsgutachten des Forschungsvorhabens „Verbesserung der Nachbetreuung für mißhandelte Frauen und deren Kinder nach Verlassen des Frauenhauses", das im Auftrag des Bundesministeriums für Jugend, Familie, Frauen und Gesundheit vom Berliner Institut für Sozialforschung und sozialwissenschaftliche Praxis e.V. durchgeführt wurde.

Die Veröffentlichung des Forschungsberichts erfolgte mit freundlicher Unterstützung durch das Bundesministerium für Jugend, Familie, Frauen und Gesundheit.

CIP-Titelaufnahme der Deutschen Bibliothek

Wege aus Misshandlungsbeziehungen: Unterstützung für Frauen und ihre Kinder vor und nach dem Aufenthalt in einem Frauenhaus / Heidrun Brandau ... — Pfaffenweiler : Centaurus-Verl.-Ges., 1990
    (Forschungsberichte des BIS ; Bd. 2)
    ISBN 3-89085-437-0
NE: Brandau, Heidrun [Mitverf.]; Berliner Institut für Sozialforschung und Sozialwissenschaftliche Praxis: Forschungsberichte des BIS

ISSN 0937-2016

Alle Rechte, insbesondere das Recht der Vervielfältigung und Verbreitung sowie der Übersetzung, vorbehalten. Kein Teil des Werkes darf in irgendeiner Form (durch Fotokopie, Mikrofilm oder ein anderes Verfahren) ohne schriftliche Genehmigung des Verlages reproduziert oder unter Verwendung elektronischer Systeme verarbeitet, vervielfältigt oder verbreitet werden.

© *CENTAURUS-Verlagsgesellschaft mit beschränkter Haftung, Pfaffenweiler 1990*

Umschlagentwurf und Satz: Vorlage der Autorinnen
Druck: difo-druck schmacht, Bamberg

Inhalt

1. **Nachgehende Beratung: Das Problemfeld und der Forschungsansatz**   1

    1.1 Einleitung   1

         1.1.1 Die Forschungsaufgabe   1
         1.1.2 Das Problemfeld: Die nachgehende Beratung   2

    1.2 Fragestellungen der Untersuchung   6

         1.2.1 Die Forschungslage   6
         1.2.2 Forschungsleitende Fragestellungen   21

    1.3 Methodische Anlage und Verlauf der Untersuchung   28

    1.4 Bestandsaufnahme: Frauenhäuser und zielgruppenorientierte Beratungsstellen in der Bundesrepublik   36

         1.4.1 Qualitativer Überblick   36
         1.4.2 Vier Städte - vier Ausprägungen der Beratungsangebote

2. **Präventive Beratung**   53

    2.1 Stellenwert und Entwicklung der präventiven Beratung   53

    2.2. Zur Problemlage mißhandelter Frauen bei ihrer Hilfesuche   57

    2.3 Inhalte und Ziele der präventiven Beratung   63

    2.4 Organisatorische Modelle   65

    2.5 Zugänglichkeit und Klientel der präventiven Beratung   71

    2.6 Probleme und Grenzen der Arbeit der präventiven Beratung   73

3. Problemlagen ehemaliger Frauenhausbewohnerinnen 77

3.1 Problemlagen der Frauen nach einer Rückkehr zum Mann 78

3.2 Lebensbedingungen und äußere Belastungen nach einer Trennung 86

    3.2.1 Wohnungssuche und eigene Wohnung nach dem Frauenhausaufenthalt 86
    3.2.2 Weitere Bedrohung nach dem Frauenhausaufenthalt 88
    3.2.3 Soziale und ökonomische Situation ehemaliger Frauenhausbewohnerinnen 89

3.3 Psychosoziale Faktoren in der Phase der Neuorientierung 94

    3.3.1 Einleitung 94
    3.3.2 Die Übergangsphase vom Frauenhaus in die eigene Wohnung 95
    3.3.3 Die Bedeutung von Frauenbezügen und Selbsthilfekontakten 104
    3.3.4 Alleinerziehende Mütter und die Situation der Kinder 107
    3.3.5 Die Bedeutung von Beziehungen zu Männern 108

3.4 Schlußbemerkung 110

4. Die Arbeit der nachgehenden Beratung 113

4.1 Organisatorische Struktur der nachgehenden Beratung 113

    4.1.1 Organisatorische Modelle 113
    4.1.2 Gegenüberstellung integrierter und ausgelagerter nachgehender Beratung 116

4.2 Inhaltliche Struktur der nachgehenden Beratung 125

    4.2.1 Konzeptionelle Alternativen für die Angebotsstruktur 126
    4.2.2 Praktische Unterstützung 130
    4.2.3 Individuelle Beratung 134
    4.2.4 Unterstützung im Freizeit- und Erlebnisbereich 142
    4.2.5 Problemorientierte Gruppen, pädagogisch und psychologisch ausgerichtete Angebote 148
    4.2.6 Nachgehende Beratung für Kinder 154
    4.2.7 Wohnprojekte und Frauenwohngemeinschaften 157

    4.3 Kooperation mit anderen Einrichtungen   163

        4.3.1 Art und Umfang der Kontakte zu anderen Einrichtungen   164
        4.3.2 Kooperation mit Einrichtungen mit vorwiegend materiellen
               Hilfsangeboten   168
        4.3.3 Kooperation mit Einrichtungen mit psychosozialen
               Hilfsangeboten   176

5.   Ergebnisse und Empfehlungen   183

Literaturverzeichnis

Tabellenübersicht

Kapitel 1

Tab.1.01:	Regionale Verteilung der Frauenhäuser nach Bundesländern	37
Tab.1.02:	Verteilung der Frauenhäuser nach Größe der Kommune	38
Tab.1.03:	Trägerschaft der Frauenhäuser	38
Tab.1.04:	Größe der Frauenhäuser	39
Tab.1.05:	Dauer des Angebots nachgehender Beratung in den Frauenhäusern	40
Tab.1.06:	Finanzierung der nachgehenden Beratung in den Frauenhäusern	41
Tab.1.07:	Verteilung der Beratungsstellen nach Bundesländern	44
Tab.1.08:	Verteilung der Beratungsstellen nach Größe der Stadt	44

Kapitel 2

Tab.2.01:	Wünsche der Frauen an präventive Beratung	64
Tab.2.02:	Formen der präventiven Beratung	67
Tab.2.03:	Zugangswege zur präventiven Beratung	72

Kapitel 3

Tab.3.01:	Alter der Frauen und ihrer Kinder	91
Tab.3.02:	Anzahl der Kinder der Frauen	91
Tab.3.03:	Hauptprobleme ehemaliger Frauenhausbewohnerinnen aus der Sicht der Frauenhäuser - erste Nennungen -	98
Tab.3.04:	Hauptprobleme ehemaliger Frauenhausbewohnerinnen aus der Sicht der Frauenhäuser - Nennungen insgesamt -	98
Tab.3.05:	Hauptprobleme ehemaliger Frauenhausbewohnerinnen aus der Sicht der Beratungsstellen - erste Nennungen -	99
Tab.3.06:	Hauptprobleme ehemaliger Frauenhausbewohnerinnen aus der Sicht der Beratungsstellen - Nennungen insgesamt -	99

Kapitel 4

Tab.4.01:	Anforderungen an die Mitarbeiterinnen der nachgehenden Beratung - Frauenhäuser -	137
Tab.4.02:	Anforderungen an die Mitarbeiterinnen der nachgehenden Beratung - Beratungsstellen -	137
Tab.4.03:	Wünsche der Frauen an das Frauenhaus bei ihrem Auszug	139
Tab.4.04:	Überblick über die bestehenden Kontakte der Frauenhäuser und Beratungsstellen zu anderen Einrichtungen	166

1. Nachgehende Beratung: Das Problemfeld und der Forschungsansatz

1.1 Einleitung

1.1.1 Die Forschungsaufgabe

Im vorliegenden Bericht werden die Ergebnisse eines zweijährigen Forschungsprojekts vorgelegt, das vom Bundesministerium für Jugend, Familie, Frauen und Gesundheit mit dem Ziel einer "Verbesserung der Nachbetreuung für mißhandelte Frauen und deren Kinder nach Verlassen des Frauenhauses" in Auftrag gegeben wurde. Im Vorfeld der Untersuchung wurde das Problemfeld erweitert, um nicht nur die Nachbetreuungseinrichtungen zu erfassen, sondern auch diejenigen Beratungsleistungen, die die Frauenhäuser für Frauen erbringen, die das Frauenhaus (noch) nicht aufsuchen wollen oder müssen. Für diesen Arbeitsbereich hat sich in der Praxis der Begriff der "präventiven Beratung" eingebürgert.

Ein weiteres Anliegen des Auftraggebers und der Forschungsgruppe war es, alle Frauenhäuser der Bundesrepublik Deutschland und Berlin (West) - welcher Trägerschaft und welcher konzeptionellen Ausrichtung auch immer - sowie die aus ihnen hervorgegangenen oder mit ihnen kooperierenden Beratungsstellen in die Untersuchung einzubeziehen. Dies war keine einfache Aufgabe, da es in den Hilfsangeboten für mißhandelte Frauen eine Polarisierung gegeben hat, die vielfach Kommunikation und Erfahrungsaustausch verhindert hat. Für das Gelingen war es vermutlich von Bedeutung, daß alle Mitglieder der Projektgruppe seit vielen Jahren mit der Frauenhausarbeit verbunden sind. Die Projektleiterin hatte die wissenschaftliche Begleitung zum ersten Berliner Frauenhaus maßgeblich mitgetragen; die Projektbearbeiterinnen verfügen über eine langjährige Praxis in der nachgehenden und präventiven Beratung durch ihre Mitarbeit beim Aufbau einer Beratungsstelle für ehemalige Frauenhausbewohnerinnen, wo sie auch während der Zeit der Forschung weiterhin praktisch tätig waren.

Zum Zeitpunkt der Untersuchung konnten wir die Anschriften von 156 Frauenhäusern ermitteln, von denen 78,6% sich an unserer schriftlichen Befragung beteiligten. Knapp 60% der beteiligten Frauenhäuser verstehen sich als "autonome Frauenhäuser", das heißt, daß sie eine eigenständige Trägerschaft haben und sich der autonomen Frauenbewegung verpflichtet fühlen. Die anderen Frauenhäuser haben verschiedene Träger, unter denen die herkömmlichen Wohlfahrtsverbände die deutliche Mehrheit bilden. In 31 Fällen wurden ausführliche Informationen von einer mit dem Frauenhaus kooperierenden Beratungsstelle gegeben. Die vorliegende Untersuchung ist die erste Forschung im Bereich der Frauenhausarbeit in der Bundesrepublik und Berlin (West), die nicht nur eine gleichwertige Beteiligung der Einrichtungen unterschiedlicher Trägerschaft, sondern auch eine breite Streuung der Auskunft gebenden Einrichtungen über sämtliche Länder zugrundelegen kann.

Die Hauptaufgabe unserer Forschung sahen wir in der qualitativen Erhebung der Aufgaben, der Probleme und der unterschiedlichen Lösungsmöglichkeiten in der nachgehenden sowie in der präventiven Beratung. In vier verschiedenen Städten wurden Gespräche mit Mitarbeiterinnen, mit betroffenen Frauen sowie mit VertreterInnen anderer kooperationsbereiter Einrichtungen und Stellen geführt. Die vorläufigen Ergebnisse wurden in einem Seminar mit 25 Mitarbeiterinnen der nachgehenden und der präventiven Beratung besprochen und das Material um deren Berichte ergänzt. In dem lebhaften Interesse an einer Teilnahme an diesem Seminar ebenso wie in der großen Bereitschaft, bei einer schriftlichen Befragung Auskunft zu geben, kommt das starke Bedürfnis der in der Praxis engagierten Frauen an einer konzeptionellen Klärung und einer weiterführenden Diskussion ihrer Arbeit zum Ausdruck. Wir sind allen kooperierenden Kolleginnen für ihre Mitarbeit und Unterstützung dankbar und hoffen, mit dem vorliegenden Bericht diesem Klärungsbedürfnis entsprechen zu können.

1.1.2 Das Problemfeld: Die nachgehende Beratung

Die Beratung und Unterstützung ehemaliger Bewohnerinnen nach ihrem Aufenthalt im Frauenhaus ist beinahe so alt wie die Frauenhausbewegung selbst, die mit der Eröffnung des ersten Frauenhauses 1976 in Berlin die praktische Arbeit aufnahm. Die Mitarbeiterinnen in den Frauenhäusern sahen sich sehr bald mit der Notwendigkeit konfrontiert, ihre im Hause schon sehr vielschichtige Arbeit um eine nachgehende Beratung zu erweitern. Aufgrund des im Frauenhaus entstandenen Vertrauensverhältnisses wandten sich die Bewohnerinnen auch nach ihrem Auszug um Unterstützung an die dortigen Mitarbeiterinnen, riefen an, erbaten Besuch oder kamen zur Beratung oder zu Besuch selbst ins Frauenhaus zurück. Dieses spontane Verhalten kam auch den Erwartungen der Mitarbeiterinnen und Bewohnerinnen in den Frauenhäusern entgegen, die am weiteren Lebensweg der Frauen interessiert waren.

Durch den Kontakt mit ehemaligen Bewohnerinnen erkannten die Mitarbeiterinnen bald, daß der Aufenthalt in einem Frauenhaus zwar das Ende einer oft jahrelangen Mißhandlung bedeuten kann, in der relativ kurzen Zeit des Aufenthalts aber nur die ersten Schritte für einen Neuanfang möglich sind. Nach der Trennung vom mißhandelnden Mann und mit Verlassen des Frauenhauses erwartet die Frauen und ihre Kinder nicht selten eine Lebenssituation mit ungekannten Aufgaben und neuen Schwierigkeiten. Die meisten Frauen, die das Frauenhaus verlassen, stehen weiterhin vor einer Vielzahl von Problemen. Ob sie sich zur Trennung entschlossen haben oder in der Hoffnung auf Veränderung in ihre alten Lebensverhältnisse zurückgekehrt sind - in beiden Fällen sind viele von ihnen ohne Unterstützung von außen überfordert. Denn von außen kommt ein sehr erheblicher Teil der massiven Schwierigkeiten, mit denen sie zu kämpfen haben, wenn sie sich eine eigene Existenz aufbauen wollen: mangelnde Möglichkeiten für alleinlebende und alleinerziehende Frauen und Vorurteile gegen sie auf dem Arbeitsmarkt, bei der Wohnungssuche und in der Auseinandersetzung mit Ämtern, Behörden und Privatpersonen sind nur einige davon. Nicht selten erleben die Frauen die Niederlagen bei der Bewältigung ihrer Probleme als persönliches Versagen; oft resignieren sie und gehen zurück, oder sie bleiben länger in unerträglichen Verhältnissen, bis sie vielleicht wieder ein Frauenhaus aufsuchen müssen.

Die Lebensumstände ehemaliger Frauenhausbewohnerinnen unterscheiden sich stärker als anfangs in der Frauenhausarbeit vermutet wurde von denen der vergleichbaren Gruppe alleinstehender Frauen mit ihren Kindern. Zum einen ist ihre Lebenssituation durch die besondere Erfahrung der Loslösung aus einer Mißhandlungsbeziehung geprägt, verbunden mit hohen psychischen Belastungen bei der Verarbeitung dieser Beziehung sowie der häufig fortbestehenden Bedrohung auch nach der Trennung. Zum anderen sind mißhandelte Frauen häufig gezwungen, ihre bisherige soziale Umgebung und ihre persönlichen und familiären Beziehungen aus Sicherheitsgründen gänzlich aufzugeben. Dies führt dazu, daß sie nach Verlassen des Frauenhauses in eine Lebenslage geraten, die durch neue Erfahrungen und vorläufige Entscheidungen gekennzeichnet ist.

Mit der wachsenden Einsicht in diese besondere Problemlage ehemaliger Frauenhausbewohnerinnen und deren Kinder erkannten die Frauenhäuser, daß weiterführende Hilfsangebote regelmäßig notwendig sind. Zu Anfang ergaben sich solche Hilfen eher naturwüchsig. Doch zeigte sich bald, daß dieser Arbeitsbereich selbständige organisatorische Strukturen und eine eigene konzeptionelle Ausrichtung erfordert. Anders als die Arbeit in den Frauenhäusern, die auf der Basis zuvor entwickelter konzeptioneller Vorstellungen begonnen hatte, ging in der nachgehenden Beratung die Praxis der Entwicklung von planvollen Überlegungen voraus.

Heute gilt nachgehende Beratung als selbstverständlicher komplementärer Arbeitsbereich zur Frauenhausarbeit. Im Laufe der Jahre haben sich unterschiedliche Modelle und Formen entwickelt. Inzwischen haben auch andere Beratungseinrichtungen Angebote für mißhandelte Frauen geschaffen oder beziehen diese explizit in ihr Beratungsangebot mit ein. Zu diesen Einrichtungen ist vielerorts inzwischen ein kooperativer Kontakt zu den Frauenhäusern entstanden, wodurch die Mitarbeiterinnen in der nachgehenden Beratung entlastet und den betroffenen Frauen zusätzliche Hilfen angeboten werden können.

Auch die nachgehende Beratung kann heute auf langjährige Erfahrungen zurückblicken, die durch einen regelmäßigen Erfahrungsaustausch der Projekte auf Frauenhaustreffen und in speziellen Fortbildungsseminaren reflektiert worden sind. Diese Erfahrungen haben jedoch bislang kaum einen schriftlichen Niederschlag erfahren. Konzeptionelle Schriften, wie sie zu Beginn der Frauenhausbewegung für die dortige Arbeit verfaßt und veröffentlicht wurden, gibt es für die nachgehende Beratung kaum. Ein vertieftes Nachdenken und empirische sowie theoretische Arbeiten über die Bedeutung von Mißhandlung im Leben von Frauen und über die Schwierigkeiten der Loslösung aus einer Mißhandlungsbeziehung prägen zwar seit Anfang der 80er Jahre die Frauenhausdiskussion; Überlegungen oder Hinweise für die praktische Arbeit bei der Unterstützung solcher Loslösung sind in dieser Literatur jedoch selten. So ist es an dieser Stelle zunächst erforderlich, einige Grundzüge der nachgehenden Beratung in allgemeiner Form darzustellen.

Unabhängig davon, ob Frauenhäuser ausdrücklich Angebote für ehemalige Bewohnerinnen machen oder nicht, wenden sich Frauen nach Verlassen des Frauenhauses hierhin zurück. Da die Hilfsangebote für mißhandelte Frauen Mitte der 70er Jahre gegen ein Tabu des Schweigens durchgesetzt wurden, und da die Frauenhäuser zudem auf eine Lücke in der psychosozialen Versorgung trafen, sahen die Mitarbeiterinnen anfangs oft kaum Möglichkeiten, den Frauen eine angemessene und verständnisvolle Unterstützung bei anderen Stellen zu vermitteln. Diese Erfahrung wiederholt sich für neu eingerichtete Frauenhäuser vielfach auch heute noch. Die ursprüngliche Form der nachgehenden Beratung besteht daher darin, daß sie von allen Frauenhausmitarbeiterinnen aufgrund vorhandener Vertrauensbeziehungen übernommen wird.

Ein Teil der Frauenhäuser ist dazu übergegangen, die nachgehende Beratung in die Zuständigkeit spezieller Mitarbeiterinnen zu legen - wobei die Zuständigkeit im Team auch wechseln kann -, die Aufgabe hinauszuverlagern oder als eigenständiges Projekt zu gestalten. Ort der nachgehenden Beratung kann entweder das Frauenhaus, eine Frauenhaus-Beratungsstelle oder eine allgemeine Frauenberatungsstelle sein. Darüber hinaus besteht die Möglichkeit, die Frauen in ihren Wohnungen aufzusuchen. Bei besonderen Beratungswünschen, die nicht in den Kompetenzbereich der Beraterinnen fallen, kann die Unterstützung darin bestehen, die Frau gezielt an eine kompetente Einrichtung oder Person zu vermitteln.

Nachgehende Beratung, die eng mit der Frauenhausarbeit verknüpft ist, ließe sich als Fortführung dieser Arbeit über den eigentlichen Aufenthalt in einem Frauenhaus hinaus bezeichnen. Der Anspruch dieser Beratung ist zunächst ebenso allgemein und umfassend wie der der Frauenhäuser: Ziel ist es, den Frauen und ihren Kindern weiterhin Hilfe und Unterstützung bei der Bewältigung der neuen Lebenssituation anzubieten. Die praktischen Erfahrungen zeigen aber, daß die Arbeit der nachgehenden Beratung sich durch typische Besonderheiten von der Arbeit in einem Frauenhaus unterscheidet. Diese strukturellen Unterschiede betreffen sowohl die Form als auch den Inhalt der Beratung und der Hilfsangebote.

Während im Frauenhaus die Bewohnerinnen zusammenleben und ihre gemeinsame Betroffenheit von Mißhandlung erkennen können, sind sie nach ihrem Auszug jeweils mit ihrer Lebenssituation und ihren Problemen allein. Das Frauenhaus als sozialer Ort bietet den Frauen die Möglichkeit der Kommunikation, des gemeinsamen Handelns und gemeinsamer Lernprozesse; solche Erfahrungen waren für die meisten Frauen bislang unbekannt, und sie eröffnen ihnen neue Selbsterfahrungschancen. Darüber hinaus bietet das Frauenhaus Schutz vor weiterer Bedrohung, so daß die Mitarbeiterinnen Sicherheit repräsentieren. Unabhängig davon, wie schwer oder leicht es der jeweiligen Frau fällt, wie aktiv oder passiv es ihr gelingt, diese neuen Erlebnismöglichkeiten anzunehmen, stellt sich für die Mehrzahl der Frauen beim Auszug eine in charakteristischer Weise erschwerte Situation ein. Sie verlassen den gemeinschaftlichen Zusammenhang, ziehen in eine eigene Wohnung, leben allein mit ihren Kindern oder in neuen bzw. alten Beziehungen. Die neue Lebenssituation müssen sie ohne die Kommunikation und wechselseitige Hilfe untereinander bewältigen, und sie wenden sich in der Regel einzeln um Unterstützung an die Mitarbeiterinnen der nachgehenden Beratung, wobei sie selbst nunmehr die Initiative ergreifen müssen.

Gleichzeitig strukturiert sich das Beratungsverhältnis zwischen den Frauen und den Mitarbeiterinnen neu. Anders als im Frauenhaus, wo Mitarbeiterinnen und Bewohnerinnen mehr oder weniger unmittelbar füreinander erreichbar sind und Beziehungen und Kontakte sich aus dem Zusammenleben selbstverständlich ergeben können, ist in der nachgehenden Beratung deren Zustandekommen stärker an Absprachen und Vereinbarungen gebunden. Während im Frauenhaus Bewohnerinnen und Mitarbeiterinnen sich wechselseitig in unterschiedlichsten Rollen und Situationen erleben können, sind die Rollen und Erwartungen in den Kontakten der nachgehenden Beratung deutlicher eingegrenzt. Ohne die gemeinsame Erfahrung des Frauenhausalltags begegnen sich Mitarbeiterinnen und ehemalige Bewohnerinnen eindeutiger in ihren jeweiligen Rollen als professionelle Beraterinnen und Hilfesuchende. Das Zustandekommen der Beratungsbeziehung ist weit stärker von der Aktivität der betroffenen Frauen abhängig. Diese Verwandlung des Beratungsverhältnisses erfordert von den Frauen und von den Mitarbeiterinnen, sich von gewohnten Erwartungen und persönlichen Bildern zu lösen und sich wechselseitig auf neue Strukturen im Umgang miteinander einzustellen.

Parallel zu diesen strukturellen Veränderungen in der Beratungsbeziehung verschieben sich auch die Inhalte der Beratung. In der Frauenhauszeit dominieren die praktischen und persönlichen Fragen, die mit der beabsichtigten Trennung verbunden sind. Danach verschiebt sich die Perspektive auf Fragen, die mit dem Aufbau einer neuen Existenz einhergehen.

Nachgehende Beratung ist somit nicht nur stärker durch Einzelberatung gekennzeichnet, sondern muß auch vor dem Hintergrund der Beendigung eines spezifischen, in seiner Dynamik und Intensität ans Frauenhaus gebundenen Beratungsverhältnisses begriffen werden. Ist auf der einen Seite das im Frauenhaus begründete Vertrauensverhältnis - das die Frau von der Notwendigkeit entlastet, eine schmerzhafte Lebensgeschichte immer wieder von vorn zu erzählen - eine tragende Voraussetzung für die Inanspruchnahme nachgehender Beratung, so steht diese gleichzeitig in einem Spannungsverhältnis zu der notwendigen Veränderung der Beziehung, die als Verlust eben dieser Nähe und unproblematischen Offenheit erlebt werden kann. In den Inhalten der Beratung, in der Struktur der Beratungsbeziehung und in der möglichen Organisation des Angebots nachgehender Beratung sind objektive Widersprüche angelegt, die es erschweren, eine geeignete Lösung zu finden. Hieraus erwachsen Fragestellungen für die vorliegende Untersuchung.

1.2 Fragestellungen der Untersuchung

1.2.1 Die Forschungslage

Das Aufbrechen des Schweigens über Frauenmißhandlung, unterstützt durch die rasche Ausbreitung der weltweiten Frauenhausbewegung seit Mitte der 70er Jahre, hat eine umfangreiche wissenschaftliche Literatur hervorgerufen. Diese Literatur behandelt aus unterschiedlichen Perspektiven das Vorkommen von Gewalt gegen Frauen in der Gesellschaft, die Zusammenhänge zwischen verschiedenen Formen privater Gewalt, die Auswirkungen erlittener Gewalt auf die betroffenen Frauen und Kinder und die Frage geeigneter Strategien der Abhilfe; in den letzten Jahren kommt eine beträchtliche Literatur über Entstehungsbedingungen der Gewalttätigkeit bei Männern und über Programme zur Therapie oder Resozialisierung aus den USA hinzu.

Die Arbeitsweise und der Stellenwert von Frauenhäusern werden international ähnlich gesehen; sie werden als unverzichtbare Hilfe für mißhandelte Frauen eingeschätzt. Wesentlich umfangreicher ist allerdings die internationale Literatur über rechtliche und polizeiliche Eingriffsmöglichkeiten sowohl im Familienrecht wie auch im Strafrecht. Umso erstaunlicher ist der Mangel an Literatur über Beratung und Hilfe nach einem Frauenhausaufenthalt. In der englischsprachigen Fachliteratur, die für den Zweck dieses Gutachtens noch einmal gründlich gesichtet wurde, gibt es weder differenzierte Veröffentlichungen über den Arbeitsbereich der nachgehenden Beratung noch, was mehr verwundert, empirische Forschung über die Situation und den weiteren Lebensweg von Frauen, die in einem Frauenhaus gewohnt haben. Selbst Bücher, die sich ausdrücklich und ausführlich den Hilfsangeboten für Betroffene widmen, behandeln die Thematik kaum; ältere Werke wie Fleming (1979) weisen lediglich auf den Bedarf an weiteren Hilfen und den Mangel an Angeboten hin; neuere Sammelwerke wie Hotaling et al. (1988) gehen auf weiterführende Hilfen nach einem Frauenhausaufenthalt überhaupt nicht mehr ein.

Für die Bundesrepublik Deutschland und Berlin (West) lagen zum Zeitpunkt der Untersuchung mehrere wissenschaftliche Begleitforschungen und Gutachten über die Frauenhäuser vor, die in unterschiedlichem Maße auch die Situation nach dem

Frauenhausaufenthalt erhoben haben und zum Teil auf nachgehende Beratung eingehen; ferner drei qualitativ ausgerichtete empirische Studien, deren Schwerpunkt allerdings auf ein Verständnis der Psychodynamik der Mißhandlungsbeziehung sowie die innere Entwicklung nach einer Trennung ausgerichtet war. Parallel zu der vorliegenden Untersuchung wurde schließlich eine bundesweite empirische Erhebung der Angebote nachgehender Beratung im Auftrag des niedersächsischen Sozialministeriums durchgeführt.

Für die Fragestellungen unserer Forschung galt es zum einen, die biographische und psychologische Literatur über mißhandelte Frauen unter dem Aspekt der mutmaßlichen Folgeprobleme auszuwerten; zum zweiten, die Ergebnisse von Erhebungen mit ehemaligen Frauenhausbewohnerinnen heranzuziehen; und zum dritten, einen Vergleich mit der Parallelstudie der Universität Hannover zu ziehen.

Zwei umfangreiche empirische Untersuchungen über mißhandelte Frauen in den USA haben Antworten auf die Frage gesucht, warum Frauen in einer Mißhandlungsbeziehung bleiben. Die Forschung von Leonore E. Walker (1979) ist psychologisch angelegt, die von Mildred D. Pagelow (1981) soziologisch; beide sind reich an Fallgeschichten, beide beruhen auf jeweils mehreren hundert Interviews bzw. Fragebögen von mißhandelten Frauen. Beide sind in Kooperation mit Frauenhäusern (Walker erreichte betroffene Frauen allerdings zusätzlich durch Öffentlichkeitsarbeit) entstanden und stellen die Bedeutung konkreter Hilfsangebote dar. Mit Blick auf die Situation nach einem Frauenhausaufenthalt legen beide Wert darauf, Verständnis dafür zu gewinnen, daß Frauen vielfach zunächst einmal zum mißhandelnden Mann zurückkehren, ehe sie ihr Leben grundlegend verändern. Während Pagelow für ein längeres Aushalten der Mißhandlungsbeziehung neben der schieren physischen Übermacht des Mannes (ergänzt im Notfall durch Waffengebrauch) vor allem traditionelle Vorstellungen über die Unauflösbarkeit der Ehe und über die Geschlechterrollen sowie das Ausbleiben von Unterstützung durch Institutionen und durch das soziale Umfeld verantwortlich macht, vertritt Walker eine Theorie, die eine spezifische Dynamik in der Mißhandlungsbeziehung in den Mittelpunkt stellt. Walker beschreibt einen Zyklus von steigender Spannung, maßlosem Gewaltausbruch und anschließender Versöhnungsphase, in der der mißhandelnde Mann sich reumütig und liebevoll zeigt, wodurch die Frau sich zunächst erneut Hoffnungen macht. Die wiederholten Mißhandlungen erzeugen andererseits ein Gefühl von Hilflosigkeit. In der Versöhnungsphase kann die Frau sich der Illusion hingeben, daß die Beziehung sich zum Guten wenden könnte; die tatsächliche Unberechenbarkeit und Brutalität hindern sie daran, Erfahrungen von Handlungskompetenz zu machen. Infolgedessen kann sie das Trauma nicht verarbeiten und erlebt sich als hoffnungslos dem Schicksal ausgeliefert.

Das Konzept der gelernten Hilflosigkeit hat zweifellos mit dazu beigetragen, daß in den USA die Psychotherapie als wichtigste Form der Hilfe nach dem Frauenhaus gilt. Walker berichtet, daß die meisten amerikanischen Frauenhäuser einen Aufenthalt von vier bis höchstens sechs Wochen für optimal halten. Nach drei bis vier Wochen, so schreibt sie, habe die Frau innerlich begriffen, daß sie nicht wieder nach Hause gehen wird, und sie müsse nun ihre Energien auf ihre Zukunft wenden. Als in dieser Zeit ungelöst bleibendes Problem nennt sie lediglich die berufliche Neuorientierung bzw. Wiedereingliederung. Alle anderen, sechs Wochen nach der Flucht ins Frauenhaus verbleibenden Probleme, die eine Frau haben kann, fallen in der Darstellung Walkers entweder in die Zuständigkeit von Justiz und Polizei, sofern es sich um den Schutz vor weiterer Bedrohung handelt, oder in das Aufgabenfeld der Therapie. Dabei wird bei Walkers näheren Ausführungen über Therapie mit mißhandelten Frauen deutlich, daß dieser Aufgabenbereich große Ähnlichkeit sowohl mit der präventiven wie auch mit der nachgehenden Beratung, wie wir sie hier kennen, hat. Von einer psychoanalytischen Vorgehensweise oder einer Beschäftigung mit der Vergangenheit wird abgeraten; handlungsorientierte Therapie, die konkrete Schritte zur Veränderung der realen Situation abklärt und unterstützt, sei erforderlich. Die Therapeutin soll die Frau handfest unterstützen bei eventuellen Gerichtsverfahren, Kontakt mit Institutionen und Behörden herstellen, sie gegebenenfalls zu einem Gerichtstermin begleiten oder ihr einen Zugang zur Erziehungsberatung oder Berufsberatung vermitteln. Auch wird ein Angebot von therapeutischer Gruppenarbeit für ehemalige Bewohnerinnen geschildert, das in enger Zusammenarbeit mit dem Frauenhaus veranstaltet wird.

Die in diesem Konzept ersichtlich werdende Einschätzung der Situation mißhandelter Frauen ist von einer gewissen Widersprüchlichkeit geprägt, die auch bei anderen amerikanischen Beiträgen auftritt. Auf der einen Seite wird ein rascher Übergang zu eigenständigem Handeln gefordert, auf der anderen Seite gilt spezialisierte professionelle Hilfe als notwendig. Die psychischen Folgeschäden der Mißhandlungsbeziehung, die in der Therapie verändert werden müssen, sind nach Walker zweifach. Zum einen benötigt die Frau Hilfe, um eigene Wut und eigenen Schmerz empfinden zu können, wobei sie im Zusammenleben mit dem Mißhandler ihre Wut zugleich beherrschen und in Richtung auf Veränderung ihrer Situation verwenden sollte. Zum anderen ist sie infolge der gelernten Hilflosigkeit zunächst außerstande, konkrete Schritte zu unternehmen, und muß Schritt für Schritt an diese herangeführt werden. Ein weiteres Problem, das insbesondere in der Gruppentherapie bearbeitet wird, ist die große Angst vor jedem offenen Konflikt, die Walker bei mißhandelten Frauen beobachtet hat. Sie neigen dazu, eine Freundschaft lieber aufzugeben, als einen Streit auszutragen; die therapeutisch angeleitete Gruppe muß dieses Problem bearbeiten. Das Leben allein kann die Gefahr einer schweren Depression nach sich ziehen, zumal Freundschaften und Liebesbeziehungen von großem Mißtrauen zunächst behindert sind.

Die wichtigsten deutschsprachigen Beiträge zur Dynamik von Mißhandlungsbeziehungen sind die Studien von Margrit Brückner (1987) und Roswitha Burgard (1985, 1988). Beide haben Tiefeninterviews mit ehemaligen Frauenhausbewohnerinnen qualitativ ausgewertet, um die Schwierigkeiten zu verstehen, die diese bei der Trennung von einem mißhandelnden Mann und bei dem Aufbau einer neuen Existenz hatten. Beide gehen allerdings nicht darauf ein, welche Hilfe eine nachgehende Beratung bieten könnte.

Die Basis der Aussagen Burgards sind jeweils eine Serie von acht bis zehn mehrstündigen Gesprächen mit sechs verschiedenen Frauen, die einen zum Teil schon weit zurückliegenden Aufenthalt im Berliner Frauenhaus hinter sich haben. Die Transkription jeden Gesprächs wurde vor dem nächsten Gespräch der Frau zur Lektüre und zum Kommentar gegeben; so wurde erzählte Lebensgeschichte zu dokumentierter Lebensgeschichte, aus der die Frau Erkenntnisse ziehen kann. Diese Arbeitsweise bot besonders günstige Bedingungen, die Psychodynamik der Prozesse einer Loslösung aus einer Mißhandlungsgeschichte zu erkennen, weil dieser Prozeß in der Forschung begleitet und unterstützt wurde.

Das Überleben in einer Mißhandlungsbeziehung wird nach Burgard durch Mechanismen der Konfliktabwehr ermöglicht. Nach außen halten die Frauen die Normalität der Beziehung aufrecht, die oft auch soziale Sicherheit und gesellschaftliche Anerkennung bedeutet; ihre Gefühle von Angst, Verzweiflung und Erniedrigung sowie ihre unterdrückten Aggressionen spalten sie ab, verdrängen sie, vor allem dann, wenn der Mann Reue zeigt.

> Durch dieses Verleugnen ihrer tatsächlichen Gefühle von Schmerz, Wut und Empörung, die bei einem fremden Mißhandler oder Vergewaltiger eine automatische und "normale" Reaktion wären, entfernt sich die Frau von ihren eigenen Wünschen und Gefühlen und büßt allmählich ihre Selbstachtung ein. Gleichzeitig lähmt sie ihre Handlungsfähigkeit: durch die Angst vor dem Mißhandler als auch vor einer ungesicherten Zukunft bei einer Trennung, durch die zeitweilige Verstrickung in Mitleid und Schuldgefühle und häufig durch die Erfahrung, von anderen keine Unterstützung zu bekommen. (Burgard 1988, S.19)

Die abgespaltene Wut muß dennoch einen Ausweg finden: Frauen sind durch ihre Realitäts- und Aggressionsverleugnung verstärkt den "erlaubten" Gefühlen ausgeliefert - ihren Ängsten, ihrem Mitleid, ihren Schuldgefühlen. Das Verbot, Aggressionen bewußt zu erleben, hat einen zweifachen Ursprung: Es gehört zum gesellschaftlichen Frauenbild, welches schon in der Mädchenerziehung durch Sanktionen verpflichtend gemacht wird, und es wird noch einmal in der bedrohlichen Mißhandlungssituation nachgeprägt, zumal, wenn Frauen sich eine Gegenwehr gegen den mißhandelnden Mann schon körperlich nicht zutrauen. Burgards zentrale These besagt, daß Frauen bewußt ihre aggressiven Gefühle wahrnehmen sollten: "Wenn Frauen ihre Wut spüren, herauslassen und ernstnehmen, wird diese Wut zu Veränderungen führen." (ebd., S.230). Diese These findet sie in der Lebensgeschichte der Frauen bestätigt, indem sie sensibel den Punkt aufspürt, wo die passive und hilflose Haltung aufhörte, und die Frau fähig wurde, mit der Veränderung ihrer Situation zu beginnen. Bewußtwerdung und auch Äußerung von Wut spielten dabei eine wichtige Rolle. In dieser Einschätzung stimmt Burgard mit Leonore Walker überein, obwohl sie deren Theorie der Struktur der Beziehung ablehnt.

Deutlich wird in Burgards Untersuchung ferner, daß die Sozialisation zu einer untergeordneten, passiven und konfliktvermeidenden Frauenrolle mit der traumatischen Einwirkung von Mißhandlung zusammenwirkt, um Frauen dem Gedanken einer Verantwortlichkeit für sich selbst und für das eigene Leben zu entfremden. Für viele werden erstmals im Frauenhaus überhaupt Alternativen zu einem traditionellen Frauenleben vorstellbar. Die Bewußtseins- und Verhaltensänderungen, die das Leben nach einem veränderten Konzept möglich machen, dauern zum Teil Jahre. Diejenigen Frauen, die bald nach ihrem Auszug eine neue Beziehung zu einem Mann aufgenommen haben, unterwerfen sich seiner Dominanz und bemühen sich um seine Zuwendung, wenngleich sie immerhin nicht geschlagen werden.

Margrit Brückner (1987) liefert mit ihrem zweiten Buch "Die janusköpfige Frau" das Ergebnis der Auswertung von narrativen Interviews mit zwölf ehemaligen Frauenhausbewohnerinnen. Ihre Interpretation des Materials ist weniger auf die besonderen Merkmale dieser Frauen angelegt als darauf, "... generellen weiblichen Identitätsmustern auf die Spur zu kommen" (ebd., S.10). Diese Ausrichtung ermöglicht, wie schon bei ihrem ersten Buch (1983), eine Identifikation der Helferinnen in ihrer eigenen Lebensgeschichte und gesellschaftlichen Lage mit der Problematik, die ihnen in anderer Gestalt im Verhalten der mißhandelten Frauen begegnet. Das Wiedererkennen eigener Emanzipationsprobleme im Leben von den so ganz anders betroffenen Frauen trägt dazu bei, Einfühlungsvermögen und Toleranz für die nicht sogleich gelingende Verselbständigung der Klientinnen zu unterstützen. Wenn es zutrifft, daß Selbständigkeit bei Frauen mit der Befürchtung verknüpft ist, auf Liebesbeziehungen verzichten zu müssen, wenn Autonomiebestrebungen und Beziehungswünsche miteinander schwer vereinbar erscheinen, so haben nicht nur mißhandelte Frauen es schwer, klare Entscheidungen zu treffen. Die Aufforderung zur Ablehnung von Gewalt, ein durchaus moralisches Anliegen, kann unter dieser Voraussetzung eine Selbststilisierung der Frau zur Verzichtfigur verlangen.

Eine aus diesen Analysen gewonnene Fragestellung für die Untersuchung nachgehender Beratung wäre darauf gerichtet, welches Frauenbild und welches Ideal der Emanzipation für die Hilfsangebote der Beraterinnen bestimmend sind. Eine pragmatische Unterstützung der "Lebensstärke" der Frau in der Bewältigung des Alltags nach dem Frauenhausaufenthalt kann für die Beraterinnen enttäuschend ausfallen, wenn die Frau zugleich für sich in Anspruch nimmt, weiterhin "Beziehungsschwäche", gegebenenfalls mit einem neuen Mann, zu leben. Der Zuspruch, den die Arbeiten von Margrit Brückner in der feministischen Diskussion erfahren, steht einer eher zurückhaltenden Aufnahme in der Frauenhauspraxis gegenüber;

uns wurde weit häufiger berichtet, daß die Werke von Robin Norwood (1986), die eine rezeptartige Loslösungsstrategie anbieten, herangezogen werden. Insgesamt ist zu fragen, wie die Beraterinnen mit ihren persönlichen Erklärungsansätzen in der Praxis umgehen. Denkbar ist sowohl ein verstärktes Bestreben, die mißhandelten Frauen durch Vermittlung gleicher Einsichten zur Selbstbefreiung zu befähigen, wie auch eine Sensibilisierung für die Ähnlichkeit zwischen Verhaltensweisen der ehemaligen Bewohnerinnen und Anteilen in der Beraterin selbst.

Eine dritte, ebenfalls eng mit der Frauenhausarbeit verbundene Studie über ehemalige Bewohnerinnen haben Erika Steinert und Ute Straub in Heidelberg durchgeführt; die Untersuchung ist Ende 1988 erschienen und konnte erst in der abschließenden Interpretationsphase unserer Arbeit berücksichtigt werden. Die Fragestellung dieser Arbeit bezieht sich auf die Möglichkeiten und Grenzen der Frauenhausarbeit sowohl für die Mitarbeiterinnen wie auch für die Bewohnerinnen. Im ersten Teil (U. Straub) wird das Selbstverständnis der ehemaligen und jetzigen Mitarbeiterinnen im Spannungsfeld zwischen Institutionalisierung und feministischer Professionalisierungsvermeidung auf der Basis von 15 qualitativen Interviews erörtert. Drei "Generationen" von Mitarbeiterinnen lassen sich nicht nur zeitlich, sondern auch hinsichtlich einer fortschreitenden Identifizierung mit der Berufsrolle als Beraterin unterscheiden, während die anfänglichen Erwartungen an gleichberechtigte, freundschaftliche Beziehungen zu den Bewohnerinnen zunehmend abgebaut werden. In dieser Darstellung ist zu verfolgen, wie die Diskussion um feministische Projektarbeit durch Brüche und Enttäuschungen hindurch im Zuge der Institutionalisierung teils differenzierter und realistischer wird, teils aus dem Blick verschwindet. Die Entgegensetzung von feministischer Politik und Sozialarbeit als tendenziell unvereinbar durchzieht in der Tat nach wie vor die interne Diskussion der Frauenhausmitarbeiterinnen. In der Analyse Straubs wird deutlich, wie die Widersprüche und Spannungsmomente im beruflichen Selbstverständnis der Mitarbeiterinnen ihre Annahmen über die Bedürfnisse der betroffenen Frauen sowie den Inhalt ihrer Arbeit beeinflussen.

Im zweiten Teil (E. Steinert) der Untersuchung sind Interviews mit 23 ehemaligen Bewohnerinnen unter dem Gesichtspunkt ihrer moralischen Entwicklung ausgeweitet. Steinert verwendet dabei Gilligan's Modell der Stufen von moralischer Entwicklung bei Frauen. Die Befreiung von Gewaltverhältnissen, so Steinerts Annahme, setzt ein wandlungsfähiges Subjekt voraus, welches für sich selbst Verantwortung übernimmt, und zugleich in der Lage ist, konventionelle Erwartungen über den Zusammenhalt der Familie zu überwinden. Gilligan's Modell zeichnet eine Entwicklung vom präkonventionellen, egozentrischen Standpunkt über das Stadium der konventionellen Moral hin zur postkonventionellen Stufe, auf der Frauen selbstverantwortlich nach dem Prinzip der Anteilnahme für andere und der Fürsorge für sich selbst situationsbezogen entscheiden.

Steinert kann überzeugend aufzeigen, daß die befragten Frauen vor ihrem Aufenthalt im Frauenhaus kaum ihr Leben selbstverantwortlich gestalteten. Eine eher egoistische Sichtweise, die die Selbsterhaltung in den Mittelpunkt stellt, bestimmte ihr Verhalten bei der Eheschließung (sie heirateten z.B., um vom Elternhaus wegzukommen, um den Traum von Familie zu verwirklichen, weil sie kein uneheliches Kind wollten o.ä.). In der Ehe vollzog sich ein Perspektivwandel hin zur Verpflichtung, für andere zu sorgen, sowie zur Konformität gegenüber gesellschaftlichen Erwartungen. Diese Konformität machte es ihnen unmöglich, eindeutige Grenzen zu ziehen oder aber den gewalttätigen Mann zu verlassen. Die Flucht ins Frauenhaus stellt einen Schritt in Richtung auf Selbstverantwortung dar. Nach dem Frauenhausaufenthalt differenziert sich die Entwicklung je nachdem, wie das weitere Leben gestaltet wird. Diejenigen Frauen, die unmittelbar nach ihrem Frauenhausaufenthalt mit einem neuen Mann zusammenlebten, haben sich in ihrer moralischen Sichtweise nur wenig verändert. Dies gilt auch für einen Teil der Frauen - aber nicht für alle! -, die zum mißhandelnden Mann zurückgegangen sind. Bei den Frauen, die zunächst allein gelebt haben und heute mit einem Mann zusammenleben, hat sich, ebenso wie bei den Frauen, die weiterhin allein leben, eine Entwicklung hin zur postkonventionellen Stufe und zum Bewußtsein der Selbstverantwortlichkeit vollzogen. Steinert gelangt insgesamt zu dem Schluß, daß die Interaktion mit anderen Frauen in gleicher Lage im Frauenhaus sowie mit den Mitarbeiterinnen einen Reifungsprozeß auslöst, der im günstigen Fall bis hin zur Herauslösung aus der Opferrolle geht, und selbst bei geringeren Veränderungen eine neue Anspruchshaltung an Beziehungen herbeiführt.

Durch den Nachweis eines Zusammenhangs zwischen der Stufe der konventionellen Moral und der Hinnahme von Mißhandlung präzisieren Steinert und Straub den Zusammenhang zwischen Weiblichkeit und Mißhandlung und überwinden dabei die Behauptung, daß jede Frau gleichermaßen Opfer von Mißhandlung werden könne, ohne den mißhandelten Frauen Persönlichkeitspathologien oder Defizite nachzuweisen. Auch vermeiden sie tiefpsychologische Verallgemeinerungen und lassen Raum für die Unterschiedlichkeit der Frauen untereinander. Denn die Konformität gegenüber normativen Vorgaben für die gute Ehefrau, die gute Mutter und für das Leben in (äußerlich) geordneten Verhältnissen hat gerade die Funktion, individuell verschiedene Bedürfnisse und Gefühle zu verdecken und auszuklammern.

Überdies lassen die Ergebnisse von Steinert und Straub erkennen, warum die Lebensentwürfe und Emanzipationsvorstellungen von feministischen Mitarbeiterinnen nicht ohne weiteres von den Frauenhausfrauen übernommen werden können. Erwächst doch das feministische Engagement gerade aus der Abwendung von konventionellen Geschlechtsrollenstereotypen und aus dem Anspruch auf Selbstverantwortung und auf Ernstnehmen eigener Bedürfnisse. Die feministischen Verhaltensmaßstäbe setzen das voraus, was Frauenhausbewohnerinnen überhaupt erst als mögliche moralische Sichtweise in den Blick gerät. Diese Differenz dürfte es sein, die vielfach als Schichtunterschied zwischen den Mitarbeiterinnen und den Bewohnerinnen mißverstanden wird: mißverstanden, weil zwar die postkonventionelle Moral in Schichten mit höherer Bildung eher verbreitet ist, die Mittelschicht jedoch ebensogut gerade für Frauen konventionelle Moralerwartungen kennt, die die Aufrechterhaltung des Scheins einer heilen Welt verlangen.

Insgesamt bietet die Analyse von Steinert und Straub den bislang ergiebigsten Ansatz dafür, Erfolge und Enttäuschungen in der Beratungsarbeit zu bestimmen und Mißverhältnisse in den Erwartungshaltungen zwischen Mitarbeiterinnen und Bewohnerinnen zu erkennen, ohne den emanzipatorischen Ansatz in der Frauenhausarbeit zu desavouieren.

Die erste und unseres Wissens bislang (auch international) einzige umfangreiche nachgehende Befragung ehemaliger Frauenhausbewohnerinnen wurde im Rahmen der wissenschaftlichen Begleitung zum Frauenhaus Berlin 1979 durchgeführt. Bei dieser Erhebung wurden nach Möglichkeit alle Frauen, die sich im Verlauf der ersten zweieinhalb Jahre seit Bestehen des Frauenhauses länger als einen Tag dort aufgehalten hatten, angeschrieben. 133 Frauen meldeten sich zurück; mit 56 Frauen wurden längere Gespräche geführt, wobei ein Kurzfragebogen hinzukam. Von 31 weiteren Frauen, die im Erhebungszeitraum erneut ins Frauenhaus gekommen waren, wurden speziell auf diese Situation abgestimmte Fragebögen ausgefüllt. So beruhen die Ergebnisse auf Aussagen von 87 ehemaligen Frauenhausbewohnerinnen. Darüber hinaus wurden die Töchter und Söhne der ehemaligen Bewohnerinnen zu zwei Gruppentreffen eingeladen und altersgemäß befragt; 47 Kinder nahmen daran teil.

Die Fragestellung dieser Erhebung war vorrangig auf den Stellenwert eines Frauenhausaufenthalts gerichtet, um zur Evaluation des Modellprojekts beizutragen. Hierzu wurde die Situation, in der die Frau nach ihrem Frauenhausaufenthalt lebte, in vielen Dimensionen erfragt. Besonders deutlich hervorgehoben im Ergebnis sind zum einen die schwierigen materiellen und sozialen Bedingungen, zum anderen die anhaltende Bedrohung durch die mißhandelnden Männer. Auch die Gründe, weshalb die zumeist angestrebte Trennung vom Mann so häufig scheitert, konnten aufgrund des Materials beleuchtet werden.

Mit diesen Erkenntnissen wurde erstmals sichtbar, in welchem Maße Frauen darauf angewiesen sein können, über die Zeit im Frauenhaus hinaus Unterstützung zu erhalten. Deutlich wurde ferner, daß die Mißhandlung der Mutter für die Kinder Folgen hat, unabhängig davon, ob sie selbst geschlagen wurden; Folgen, die mit der Trennung vom Mann nicht verarbeitet sind. Obwohl die Entscheidung der Mutter, sich von einem gewalttätigen Mann zu trennen, an sich schon eine wichtige und hilfreiche Botschaft für die Kinder ist, und obwohl die meisten Frauen und Kinder das Leben ohne den Mann als Chance für einen Neuanfang ihrer Beziehung zueinander und als Entlastung erfuhren, sind hiermit allein die Folgen für die Kinder nicht aufgefangen. Die meisten Mütter neigen zu der Hoffnung, die Kinder mögen das Geschehene einfach vergessen, und geben ihnen wenig Gelegenheit, darüber zu sprechen. Selbst mit der Geschichte noch nicht innerlich fertig, sind sie überfordert, ihren Kindern zur Aufarbeitung der traumatischen Erlebnisse zu verhelfen. Dies führte zu der Empfehlung, die Lücke - daß Mädchen und Jungen mit niemandem über ihre Mißhandlungserfahrungen reden können - im Rahmen einer Nachbetreuung zu füllen (Hagemann-White/Kavemann et al. 1981, S.397-398).

Schwieriger ist noch, so das Ergebnis dieser Untersuchung, die Situation, wenn die Frau zum mißhandelnden Mann zurückkehrt. Nur wenige dieser Frauen wagten es oder waren in der Lage, mit der Begleitforschung Kontakt aufzunehmen; bei ihnen war allerdings das Bedürfnis nach einer weiteren Beratung und Unterstützung in der Ambivalenz ihrer Situation unverkennbar. Für die Kinder ist diese Situation noch problematischer. Sorge erweckt insbesondere der Befund, daß Frauen über den ausdrücklichen Widerstand der Tochter eher hinweggehen und sie nachhaltig dazu drängen, den gewalttätigen Mann als Vater zu akzeptieren; es hat den Anschein, daß die Wünsche der Söhne in dieser Hinsicht eher respektiert wurden.

Diese Ergebnisse umreißen das Feld für Unterstützung, Beratung und Hilfe nach dem Frauenhaus. Auf die Form und die Arbeitsweise der Beratung geht dieser Bericht jedoch nicht mehr ein. Ausführungen dazu finden wir in der Begleitforschung erstmals beim Frauenhaus im ländlichen Raum.

Aus der Gesamtheit der Literatur über die Erfahrungen mißhandelter Frauen und ihre Situation nach einem Frauenhausaufenthalt lassen sich einige gemeinsame Ergebnisse gewinnen.

Viele Frauen, vielleicht die Mehrheit, haben es vor allem deshalb so lange in der Mißhandlungsbeziehung ausgehalten, weil sie an der Lebensform von Ehe und Familie hängen. Sie sprechen oft davon, daß sie seinerzeit gern heiraten wollten, schildern ihren Kampf für eine harmonische und vernünftige Ehe und hoffen immer wieder auf ein richtiges Familienleben. Äußere Gemeinsamkeiten wie Fernsehen, gemeinsames Essen oder der Sonntagsspaziergang kennzeichnen diesen Vorstellungskreis. Gegenseitiges Einvernehmen und eine vernünftige Einigung über Alltagsentscheidungen sind die Merkmale dieses "Beziehungsmodells", wobei durchaus gehofft wird, daß der Mann die Führung übernimmt. Frauen, die nach einem Ausbruchsversuch zum Mann zurückkehren, sprechen in ihrer Begründung dafür nur selten über Eigenschaften des Mannes als Person, sondern beziehen sich vor allem auf die Vorstellung eines normalen, ruhigen Lebens als "richtige Familie", welche insbesondere auch für die Kinder gewünscht wird.

Die Basis der Ehe besteht also neben den ursprünglichen gegenseitigen Liebeswünschen in der tendenziell den beteiligten Personen übergeordneten, institutionalisierten Absicherung der Lebenssituation, die einen eigenen Wert darstellt. Dieser Wert ist eine so bedeutende gesellschaftliche und persönliche Stütze für die Aufrechterhaltung des Selbstbildes als normaler Frau, daß er für eine individuell unterschiedliche Zeitspanne gegenüber der Glückserwartung und dem Recht auf körperliche Unversehrtheit als vorrangig erscheint. (Brückner 1987, S.109)

Die rückblickenden Aussagen ehemaliger Bewohnerinnen über das Frauenhaus heben oft ihr völliges Erstaunen hervor, als sie von anderen Lebensformen hörten. Daß Frauen allein weggehen, ohne männlichen Partner einen Platz in der Gesellschaft einnehmen - dies war trotz aller Stärke, die diese Frauen im Beruf und im Alltag gezeigt hatten, unvorstellbar gewesen.

Die im Frauenhaus erlebten "kleinen Freiheiten" und das Leben in einer (wie konflikthaft auch immer) Gemeinschaft überspielen zunächst den Verlust eines emotional stark besetzten Lebensentwurfs. Mag die Zuneigung zum konkreten Mann noch so gründlich abgestorben sein: mit der Trennung tritt die Frau in eine Lebenssituation hinein, für die sie keinen entsprechenden Entwurf hat, die ihr nichts an Befriedigung oder Anerkennung verspricht.

Zunächst rücken die Frauen ihren Verstand in den Vordergrund, mit dessen Hilfe eine Trennungsentscheidung durchgestanden und eine neue Existenz aufgebaut werden kann. Mit der Betonung des Verstands klammern sie ihre tieferen Wünsche und Gefühle völlig aus. Die Mitarbeiterinnen in der Frauenhausarbeit, durch das Ausmaß von Gewalt und Erniedrigung erschüttert, setzen zumeist ebenfalls auf diesen Verstand. Ihre Beratung ist darauf angelegt, den Frauen andere Lebensentwürfe zu eröffnen als den der untergeordneten Ehefrau: die eigenständige Frau und gegebenenfalls die gleichberechtigte Beziehung sind das Ideal. Auch ist unmittelbar ersichtlich, daß mißhandelte Frauen es zunächst genießen, ihr Leben ohne Mann nach eigenem Ermessen zu führen. Ob dies jedoch ausreicht, andere Lebensformen positiv zu besetzen, in ihnen das Versprechen eines zufriedenen und glücklichen Lebens zu sehen, bleibt offen.

Brückner vergleicht den Frauenhausaufenthalt als Möglichkeit des Experimentierens mit Lebensweisen und mit dem Ausbruch aus konventionellen Regeln mit der Zeit des Studiums. Sie verweist dann auf eine schichtenspezifische Differenz in der Lebbarkeit dieser Entwürfe:

> Während für die Studentinnen die Überschreitung der Norm weiblicher Anständigkeit oftmals nur ein zwischenzeitlicher Ausflug in eine fremde Welt ist, von der der Alltag nicht berührt wird, bedeutet die gleiche Unternehmungslust für die Frauen im Frauenhaus nicht selten eine reale Gefährdung ihrer Person und ihrer Integrität als normaler, gesellschaftlich akzeptierter, an bürgerlichen Normen orientierter Frau. (Brückner 1987, S.146)

So hinterläßt für viele Frauen die Entwertung oder Sinnentleerung der Lebensform Familie in der eigenen Geschichte eine emotionale Lücke, die nicht durch die Aufforderung zu Selbständigkeit und Selbstachtung gefüllt werden kann. Dies läßt vermuten, daß die Situation der ehemaligen Frauenhausbewohnerinnen nicht nur durch äußere Behinderungen und Schwierigkeiten, sondern auch durch die Verunsicherung hinsichtlich des Lebensentwurfs gekennzeichnet ist. Vermutlich wäre eine in die Frauenhausarbeit eingebundene nachgehende Beratung am ehesten in der Lage, für diese Schwierigkeit Verständnis aufzubringen und geeignete Unterstützungsangebote zu finden. Dies gilt allerdings nur dann, wenn die Beraterinnen die recht begrenzte Bedeutung der eigenen Lebensentwürfe zu akzeptieren vermögen.

Der Stand der Forschung zu der nachgehenden Beratung selbst ist rudimentär. In der wissenschaftlichen Begleitung zum Frauenhaus Rendsburg wurden mit neun ehemaligen Bewohnerinnen Gespräche geführt; hier wird erstmals belegt, daß eine Trennung von einem mißhandelnden Mann für Frauen im ländlichen Raum meist bedeutet, anschließend in der Stadt zu bleiben, da sie auf dem Dorf dem Mann und einer feindseligen Dorföffentlichkeit oft ausgeliefert wären. Die geringe Zahl der Gespräche in der Erhebung wäre allein schon Anlaß, in unserer Untersuchung dem noch einmal nachzugehen.

Festgestellt wird in dieser Untersuchung, daß alle Frauen, sowohl diejenigen, die sich trennen, wie auch die, die zum mißhandelnden Mann zurückkehren, zur Bewältigung der Probleme nach einem Frauenhausaufenthalt Unterstützung benötigen:

> Hilfen werden benötigt vor allem während der ersten Wochen und Monate nach dem Umzug in die neue Wohnung. Zunächst erwarten Frauen, die sich vom Mißhandler trennen, konkrete Hilfe bei der Einrichtung der neuen Wohnung und psychische Unterstützung in den ersten Tagen nach dem Auszug aus dem Frauenhaus, um das ungewohnte Alleinsein verkraften zu können. Für die folgenden Wochen und Monate wird von ihnen vor allem Unterstützung bei der Verarbeitung der Mißhandlungserfahrung, bei erneuter Bedrohung durch den Mißhandler, bei Erziehungsproblemen mit den Kindern, bei Sorgerechtsentscheidungen für die Kinder und bei der endgültigen Scheidung, beim Aufbau sozialer Kontakte und bei der Arbeitssuche gewünscht. Frauen, die zu ihrem Mißhandler zurückgekehrt sind, erwarten Verständnis für ihre Entscheidung, Anteilnahme an ihren Problemen und konkrete Beratung bei erneuten Familienkonflikten. (Bergdoll/Namgalies-Treichler 1987, S.165)

In dieser Begleitforschung wird auch die nachgehende Beratung des Frauenhauses Rendsburg geschildert, welche zu dem Zeitpunkt in starkem Maße an dem Gedanken der Selbsthilfe ausgerichtet war. Nachdem einige Jahre lang ehemalige Frauenhausbewohnerinnen zu monatlichen Treffen im Frauenhaus eingeladen wurden, die Treffen jedoch schwach besucht waren, wurde eine nachgehende Beratung außerhalb des Hauses initiiert. Diese fand als Gruppentreffen reihum in den Wohnungen der Frauen statt; die Teilnahme einer Mitarbeiterin des Frauenhauses sollte die Gruppe unterstützen mit dem Ziel, daß sie zur Selbsthilfegruppe ohne professionelle Anleitung wird. Ersichtlich schon aus diesem kurzen Bericht ist jedoch ein Interessenkonflikt: während die Mitarbeiterinnen ihre Aufgabe darin sahen, eine solidarische Atmosphäre und gegenseitige Hilfe zu unterstützen und die Beziehungen der Frauen zueinander zu stärken, wünschten die betroffenen Frauen selbst - bei aller Zufriedenheit mit dem sozialen Kontakt an sich - einen stärkeren professionellen Beitrag der Frauenhausmitarbeiterinnen, mehr Information und mehr inhaltliche Anregung. (ebd., S.167). Dieser Grundkonflikt zwischen dem Ideal der Selbsthilfe und dem Anspruch auf fachliche Kompetenz begleitet die nachgehende Beratung seither. Für das Rendsburger Frauenhaus waren die Erwartungen der Frauen über die Unterstützung von Selbsthilfe hinaus aus Kapazitätsgründen unerfüllbar.

Eine erste Form der Hilfe nach dem Frauenhaus, die in beiden Forschungsberichten der wissenschaftlichen Begleitung skizziert wird, ist die Schaffung und Vermittlung von Wohnzusammenhängen oder Wohngemeinschaften. Von einer "zweiten Stufe", d.h. einer vorübergehenden gemeinsamen Wohnmöglichkeit nach dem Frauenhausaufenthalt, versprachen sich die Frauenhäuser anfangs sehr viel, da sie das Problem der Isolation an der Wurzel lösen würde. Schutz vor Bedrohung, sozialer Kontakt und Entlastung bei der Kindererziehung sollten dabei möglich sein. Beide Frauenhausberichte lassen jedoch erkennen, daß in der Praxis die Schwierigkeiten meist überwiegen. Im Kern scheinen hier ähnlich unrealistische Erwartungen aufzukommen wie sie zum Teil bei der Erziehungsberatung oder im Umgang mit der Alkoholproblematik im Frauenhaus vorkommen: nicht nur sollen die Frauen sich klar und entschieden gegen eine Mißhandlungsbeziehung entscheiden, in der sie jahrelang gelebt haben, sondern sie sollen zugleich ihre gesamte Lebensweise umwandeln. Regelmäßig unterschätzt wurde dabei das Ausmaß an Kraft, das für die Auflösung der Beziehung zu einem gewalttätigen Mann aufgebracht werden muß; unterschätzt wurde auch die Neigung, bei tiefgreifenden Umbruchsituationen in einem Lebensbereich an vertrauten Elementen des bisherigen Lebens in anderen Bereichen festzuhalten. Die Wohngemeinschaft ist eine grundlegend andere Lebensform, die auch alle Elemente des persönlichen Lebensstils zur Reibungsfläche machen kann. Es ist eher unwahrscheinlich, daß Frauen gleichzeitig mit der Bewältigung des Gewaltproblems sich auch dieser Aufgabe stellen, und ebenso unwahrscheinlich ist es, daß die Zufälle eines gleichzeitigen Aufenthalts im Frauenhaus die "richtigen" Personen für einen Wohnzusammenhang einander zuführen.

Darüber hinaus wird in dieser wie in weiteren Untersuchungen der nachgehenden Beratung (vgl. Hille/Zacharias 1988) festgestellt, daß Wohngemeinschaften und auch Frauengruppen daran zerschellen, daß die Frauen Konflikte untereinander nicht offen austragen. Dieses Problem schildert auch Walker. Ein veränderter Umgang mit Ärger, Konflikten und Spannungen innerhalb von Beziehungen stellt sich nicht von selbst nach dem Verlassen einer Mißhandlungssituation ein. Dennoch berichten die Begleituntersuchungen, daß Freundschaften, die im Frauenhaus entstehen, einen bedeutenden Stellenwert für die Bewältigung der Situation nach dem Auszug haben können. Die Wohnsituation hat, wie die Berliner Begleitforschung feststellte, einen erheblichen Einfluß auf die Aufrechterhaltung solcher Beziehungen. Eine Fragestellung für die nachgehende Beratung heute war, inwiefern die Wohnsituation im Unterstützungsangebot eine Rolle spielt.

Eine andere Perspektive auf nachgehende Beratung bietet das einzige ausländische Modell, das uns zur Kenntnis gelangte, und das lediglich in einem Konferenzpapier bei der internationalen Tagung über Frauenforschung in Dublin 1987 geschildert wurde. Das Frauenhaus in Dallas, Texas, richtete 1983 ein Programm der Nachbetreuung ein, welches verhältnismäßig stark strukturiert ist. Um am Programm teilzunehmen, müssen Frauen vier Wochen im Frauenhaus gewohnt und ihre materielle Grundlage geregelt haben, d.h., daß sie eine Wohnung sowie entweder Sozialhilfe oder eine Erwerbstätigkeit gefunden haben müssen. Sie verpflichten sich zur Teilnahme für jeweils ein Vierteljahr (jedoch insgesamt nur zweimal, d.h. maximal ein halbes Jahr insgesamt). In dieser Zeit nehmen sie jeden Samstag vormittag an einer professionell angeleiteten Gruppe teil, die sowohl die eigenen Probleme der Frauen bearbeitet wie auch eine kinderpsychologische Beratung zweimal im Monat einschließt. Ihre Kinder sind in der gleichen Zeit in einer Gruppe betreut. Darüber hinaus stehen den Frauen während der Woche telefonische oder persönliche Beratung und Unterstützung in allen Lebensbereichen zur Verfügung (Weston 1987).

Bemerkenswert aus europäischer Perspektive ist die Sorge der Autorinnen und der Anbieter, daß die Teilnahme an einem insgesamt halbjährigen Beratungsprogramm die Frauen übermäßig lange in Abhängigkeit halten könnte. Es wird über "Entwöhnung" nachgedacht und nach anderen Einrichtungen Ausschau gehalten, die solchen Bedürfnissen entgegenkommen könnten, sofern die Frauen nicht nach einem halben Jahr vollständig "entwöhnt" sind. Das Stichwort, daß die Frau ein "unabhängiges Leben" führen solle, kennzeichnet die Darstellung und steht in einem bemerkenswerten Kontrast zu der für hiesige Verhältnisse ungewöhnlich starken Strukturiertheit des Programms. Diese Ambivalenz gegenüber der Inanspruchnahme von Hilfe ist sicher kulturell bedingt und für die hiesige Praxis wenig bedeutsam. Bedenkenswert scheint jedoch der Erfolg, den ein mit professionellem Selbstbewußtsein angebotenes, strukturiertes Programm offenbar hat. Im Mittelpunkt der konzeptionellen Ausrichtung, sowohl in bezug auf die Frauen selbst wie auch in bezug auf ihre Schwierigkeiten im Umgang mit ihren Kindern, steht die Einsicht, daß diese Frauen eine Befriedigung ihrer normalen Bedürfnisse nach fürsorglicher Zuwendung entbehrt haben. Ehe Frauen eine Therapie gebrauchen können, heißt es im Bericht, benötigen sie die elementare Erfahrung, daß jemand für sie sorgt; fehlt ihnen diese, so werden sie in starke Versuchung geraten, zu dem mißhandelnden Mann zurückzugehen, da er wenigstens, in welcher Form auch immer, für sie sorgt. Dies ist auch der zentrale Gedanke bei der Erziehungsberatung, daß den Frauen Wege aufgezeigt werden müssen - auch durch die Vermittlung konkreter Erlebnisse in der Beratungsstelle -, wie sie selbst Fürsorge und Zuwendung erhalten können. Erst dann können sie fähig sein, ihren Kindern die Fürsorge und Zuwendung zu geben, welche diese brauchen. So sollen die Kinderbetreuerinnen nach diesem Konzept zeitweilig die Rolle einer beschützenden Mutter gegenüber der Frau einnehmen.

Bei allen Unterschieden in den Rahmenbedingungen (wozu z.B. die problematische Beschränkung des Aufenthalts im Frauenhaus auf maximal sechs Wochen gehört), wären diesem Praxisbericht einige Fragestellungen zu entnehmen:

- Die Frage nach der Legitimität von Bedürfnissen nach Betreuung und Fürsorge von seiten der langjährig mißhandelten Frauen;

- die Frage nach der Einbeziehung der Mutter-Kind-Beziehung in die nachgehende Beratung, hier offensichtlich als Vorgabe und somit Bedingung für die Teilnahme am Programm;

- die Frage nach dem professionellen Selbstverständnis der Anbieter nachgehender Beratung.

Im September 1985 wurde ein Forschungsprojekt über Hilfen für mißhandelte Frauen nach Verlassen des Frauenhauses vom niedersächsischen Sozialministerium in Auftrag gegeben; die Leitung hatten Barbara Hille und Walter Jaide inne. Da diese von der Universität Hannover durchgeführte Studie zeitlich mit der vorliegenden Untersuchung überlappte, lassen sich die Aussagen im einzelnen vielfach vergleichen; dies soll an jeweils geeigneter Stelle in unserem Forschungsbericht geschehen. Vorab ist eine allgemeine Einschätzung dieser Untersuchung unter dem Gesichtspunkt des Forschungsstandes am Platze.

Die Hannoveraner Studie (Hille/Zacharias 1988) geht davon aus - und beruft sich dabei auf eine frühere Frauenhausuntersuchung von Hille und Jaide (1985) -, daß mißhandelte Frauen einer besonderen sozialen Gruppe angehören, welche von gravierenden Defiziten gekennzeichnet ist:

> Das Handicap der meisten dieser Frauen liegt in ihrer Zugehörigkeit zu einem relativ ungünstigen sozialen Milieu, das gekennzeichnet ist u.a. durch gestörte Familienverhältnisse, niedriges Einkommen und hohe Schuldenlasten, Arbeitslosigkeit, Alkoholabhängigkeit, sexuellen Mißbrauch. (Hille/Zacharias 1988, S.5)

Möglicherweise trifft dies für die Klientel bestimmter Frauenhäuser mit entsprechendem Einzugsgebiet zu. In der Verallgemeinerung stimmt diese Aussage jedoch weder mit den Ergebnissen der Berliner und der Rendsburger Erhebungen noch mit den vorliegenden Ergebnissen zahlreicher, z.T. breit angelegter ausländischer Untersuchungen überein. Nimmt man die Forschung im Ausland, insbesondere in den USA und in Großbritannien zur Kenntnis, so liegen den Untersuchungen zwar sehr unterschiedliche theoretische und frauenpolitische Positionen zugrunde; übereinstimmend ist jedoch das Ergebnis, daß Frauenmißhandlung in allen sozialen Schichten vorkommt. Allerdings ist die These von Hille/Jaide insofern schwer zu überprüfen, da eine klare soziologische Definition des gemeinten "Milieus" nicht vorliegt. Die These, daß die in einem Frauenhaus Hilfe suchenden Frauen einem solchen Milieu entstammen, ist aufgrund der fehlenden Operationalisierung des Milieu-Begriffs nicht überprüfbar.

Die Defizit-These nimmt im Forschungsbericht einen strategischen Platz immer dann ein, wenn es darum geht, eine fehlende Übereinstimmung zwischen Angebot und Inanspruchnahme zu erklären. Dabei unterliegen Hille/Zacharias anscheinend einer in der Begleitforschung nicht seltenen Überidentifizierung mit den Praktikern im Feld. In der sozialpädagogischen Literatur ist bekannt, daß Praktiker dazu neigen, das Scheitern von Hilfsangeboten mit Defiziten oder Desinteresse der Klientel zu erklären, wodurch die selbstkritische Frage vermieden wird, ob das Angebot möglicherweise unzulänglich war. Aus der praktischen Arbeit heraus ist dies verständlich; doch wenn ein Angebot von der Zielgruppe nicht angenommen wird, darf eine Begleitforschung nicht von vornherein den Fehler bei der Klientel unterstellen, zumal es die Aufgabe der Anbieter ist, geeignete Hilfen zu entwickeln. Wird beispielsweise festgestellt, daß Gruppenarbeit verhältnismäßig selten von den befragten Einrichtungen mit Erfolg angeboten wird, so kann nicht daraus geschlossen werden, daß die Frauen der Zielgruppe dazu nicht fähig seien. Vielmehr muß ebenso erwogen werden, ob die Konzeption der Gruppenangebote oder die Qualifikation der Mitarbeiterinnen Mängel aufweisen, was insbesondere deshalb nahe liegt, weil in den befragten Einrichtungen das Personal für nachgehende Beratung ausnahmslos in ABM-Stellen beschäftigt war (vgl. Hille/Zacharias 1988, S.25). Das bedeutet in den meisten Fällen wechselnde Besetzungen und somit nur sehr eingeschränkte Möglichkeiten für die Mitarbeiterinnen, Erfahrungen zu sammeln und entsprechend ihre Angebote zu modifizieren. Es gibt allerdings durchaus Beratungsstellen und Frauenhäuser - wenn auch nicht sehr viele -, deren nachgehende Beratung seit längerem von festangestellten Mitarbeiterinnen getragen wird. Da keine von diesen erfahrenen Beraterinnen von Hille/Zacharias befragt wurde, sind deren Aussagen insoweit mit Vorsicht zu betrachten.

1.2.2 Forschungsleitende Fragestellungen

Die vorrangige Aufgabe des Forschungsauftrags bestand darin, die Erfahrungen der Praxis nachgehender und präventiver Beratung zu erheben und zu evaluieren sowie daraus Vorschläge zur Verbesserung der Hilfsangebote zu machen. Trotz fehlender Literatur erlaubte es die Praxiskenntnis der Forschungsgruppe, die wichtigsten Dimensionen unterschiedlicher Ansätze sowie die zentralen Probleme der Arbeit auf diesem Gebiet vorab einzuschätzen und forschungsleitende Fragestellungen zu bestimmen.

(1) Die organisatorische Form der nachgehenden Beratung kann wesentliche Bedeutung für ihre Arbeitsmöglichkeiten haben. Im Interesse der Eigenständigkeit der Arbeit sowie der Vermeidung von Prioritätskonflikten im Alltag gilt vielfach die Auslagerung dieser wie der präventiven Beratung aus dem Frauenhaus als wünschenswert. Andererseits wirft die Auslagerung Probleme der Zugänglichkeit der Stelle für die Zielgruppe auf, sofern das spontane Bedürfnis der ehemaligen Bewohnerinnen darauf gerichtet ist, den Kontakt zu der Beraterin zu halten, die ihr im Frauenhaus geholfen hat. Eigenständigkeit des Arbeitsgebiets ist zudem nicht zwingend mit einer Trennung des Ortes der Beratung verknüpft.

Vor allen inhaltlichen Erwägungen ist das vorrangige Problem der Beratung, zu ehemaligen Frauenhausbewohnerinnen den Kontakt herzustellen und zu halten und für die Zielgruppe der präventiven Beratung zugänglich zu sein. Die erste Fragestellung unserer Forschung betraf daher die in der Praxis bisher entwickelten organisatorischen Modelle und deren Vor- und Nachteile. Dabei war insbesondere darauf zu achten,

- auf welche Weise und mit welchem Erfolg die jeweiligen Modelle ihre Klientel erreichen;

- wieweit eine Entlastung der Frauenhäuser von nachgehender Beratung und/oder von präventiver Beratung jeweils möglich ist;

- inwiefern Inhalt und Form der Angebote und Arbeitsweise der Beratung sich je nach der Organisationsform unterscheiden;

- welche Rolle die örtlichen Gegebenheiten (sowohl die der Frauenhäuser wie auch die der sie umgebenden Institutionen) bei der Wahl des einen oder des anderen organisatorischen Modells spielen;

- ob bei Frauenhäusern mit ländlichem Einzugsgebiet die nachgehende Beratung anders ausgestaltet wird als in größeren Städten.

Dabei war durchgängig zu berücksichtigen, welche Finanzierung, welche personelle Ausstattung und welche Qualifikationen der Mitarbeiterinnen jeweils gegeben sind. Diese materiellen Voraussetzungen sowie die Dauer des Bestehens der Einrichtungen und die Art und gegebenenfalls Befristung der Arbeitsverträge müssen mit bedacht werden, wenn die mit einem Modell gemachten Erfahrungen eingeschätzt werden.

(2) In der Einleitung haben wir verdeutlicht, daß nachgehende und präventive Beratung andere strukturelle Voraussetzungen haben als die Beratung und Unterstützung im Frauenhaus selbst. Die Abstimmung des Angebots auf die Bedürfnisse der Klientel ergibt sich nicht naturwüchsig und fast unbemerkt wie im Frauenhaus; vielmehr muß die Beratung mit inhaltlich und formal geeigneten Angeboten um die Zielgruppe werben. Die Bedürfnisse derjenigen Frauen, die nicht erreicht werden, sind allenfalls Gegenstand von Vermutungen.

Die Nachteile der meist vereinzelten Lebenssituationen, in die Frauen sich nach ihrem Auszug begeben müssen, sind schon lange bekannt. Eine Fortsetzung der Einzelfallbetreuung, wie sie im Frauenhaus als Gegengewicht für die kollektive Lebenssituation angebracht ist, bietet gegen die Isolation und deren Folgeprobleme keine Abhilfe. Insofern bemüht sich die nachgehende Beratung von ihren Anfängen an um Angebote, die die Isolation durchbrechen und soziale Netzwerke ermöglichen können. Für die präventive Beratung hat ein Überschreiten der Einzelberatung potentiell den Vorteil, den betroffenen Frauen ähnliche Erlebnisse zu vermitteln wie sie im Frauenhaus möglich sind: das heißt vor allem das Erlebnis, nicht allein und auch nicht schuldig zu sein. Allerdings wurde in der wissenschaftlichen Begleitung zum Berliner Frauenhaus festgestellt, daß der Wunsch ehemaliger Bewohnerinnen nach sozialen Kontakten zu Frauen, die in einer ähnlichen Situation wie sie selbst sind, umso ausgeprägter ist, je länger ihr Frauenhausaufenthalt zurückliegt (Hagemann-White/Kavemann et al. 1981, S.354). Inwiefern Gruppenangebote in der ersten Zeit nach dem Auszug gewünscht werden, bleibt bei diesem Ergebnis fraglich.

So war es eine Fragestellung dieser Untersuchung, welche Arbeitsschwerpunkte und welche Angebote der nachgehenden Beratung bestehen und wie sie von den ehemaligen Bewohnerinnen angenommen werden. Zu fragen war auch, unter welchen Bedingungen diese Angebote über die Einzelfallberatung hinausgehen können. Die Angebotsstruktur war aus doppelter Perspektive zu betrachten:

- Mit Blick auf die betroffenen Frauen fragten wir nach der Übereinstimmung ihrer Bedürfnisse und Wünsche mit den zur Verfügung stehenden Angeboten, aber auch nach unrealistischen oder nicht erfüllbaren Vorstellungen.

- Mit Blick auf die Mitarbeiterinnen war nach deren Einschätzung der Möglichkeiten und der Grenzen ihres Arbeitsgebiets zu fragen. Zu vermuten war, daß das Frauenbild der Mitarbeiterinnen, ihr eigenes professionelles Selbstbild sowie ihre Wahrnehmung der Bedürfnisse der betroffenen Frauen sich in der Struktur und im Inhalt der Unterstützungsangebote widerspiegeln.

Für die präventive Beratung war zu fragen, mit welchen Angeboten die betroffenen Frauen erreicht werden und welche es ihnen möglich machen, über ihre Situation zu sprechen.

Schließlich sollte bei der Bestandsaufnahme und Analyse insbesondere der nachgehenden Beratung die inhaltliche Ausgestaltung erfaßt werden. Schwerpunktsetzungen im Angebot spiegeln in der Regel implizite Theorien über das Gewicht der Probleme und die Ursachenzusammenhänge wider. Zu prüfen war, ob die konzeptionellen und zum Teil frauenpolitischen Unterschiede, die mit unterschiedlicher Trägerschaft der Frauenhäuser bzw. der Beratungsstellen zusammenhängen können, Auswirkungen auf die Arbeitsschwerpunkte oder die Inhalte der Angebote haben. Auch die Frage, ob die mißhandelnden Männer oder aber der Mann bei einer neuen Beziehung mit in die Beratung einbezogen werden soll, könnte je nach konzeptioneller Ausrichtung unterschiedlich beantwortet werden.

(3) In den Empfehlungen des ersten Modellversuchs "Hilfen für mißhandelte Frauen" wurden Folge- und Ergänzungseinrichtungen verschiedener Art für notwendig befunden. Schon die damals ersichtlichen Anforderungen berühren das Aufgabengebiet einer Vielzahl von bestehenden Einrichtungen.

Wenngleich die ersten Frauenhäuser Abgrenzungstendenzen zeigten, brachte es die Praxis der Frauenhausarbeit automatisch mit sich, daß Kooperationsbeziehungen aufgebaut werden mußten und auch gewünscht wurden. Für die nachgehende Beratung gilt dies umso mehr, da gerade sie den Frauen ermöglichen soll, ihre Ansprüche bei Ämtern und Behörden zu kennen und geltend zu machen und sich die beraterische oder auch therapeutische Unterstützung, die sie für sich selbst oder ihre Kinder benötigen, in geeigneten Einrichtungen zu holen.

Für die vorliegende Untersuchung - mehr als zehn Jahre nach Eröffnung des ersten Frauenhauses - war zu fragen, wie die Erfahrungen mit der Kooperation und wie die Bedürfnisse nach Entlastung sind. Anders als Mitte der 70er Jahre wird heute das Problemfeld Gewalt gegen Frauen in Aus- und Fortbildung behandelt; Öffentlichkeitsarbeit hat ebenfalls zur Sensibilisierung der Fachkräfte beigetragen. Zu untersuchen war, ob die allgemeine Aufklärung über die Situation mißhandelter Frauen dazu geführt hat, daß Stellen und Einrichtungen mit relevanten Kompetenzen und Ressourcen oder aber auch engagierte Einzelpersonen in der Lage sind, ehemaligen Frauenhausbewohnerinnen Beratung und Unterstützung anzubieten. Auch dies war aus doppelter Perspektive zu sehen:

- Aus der Sicht der Frauenhäuser und der Frauenhausberatungsstellen wäre die mögliche Entlastung durch Weitervermittlung oder komplementäre Angebote von Interesse;

- aus der Sicht anderer Einrichtungen wäre zu erfahren, ob sie selbst helfen können oder im wesentlichen an die Frauenhäuser weiterverweisen müssen.

Im Feld der präventiven Beratung ist anzunehmen, daß betroffene Frauen heute eher als früher dazu ermutigt werden, ihre Probleme auch bei nicht spezialisierten Einrichtungen anzusprechen. Zu fragen wäre, ob die mutmaßlich gewachsene Aufgeschlossenheit der Fachkräfte in den verschiedensten Institutionen Elemente der Entlastung der Frauenhäuser und ihrer speziellen Beratungsstellen enthält, oder ob vielmehr eine höhere Inanspruchnahme das Ergebnis ist, indem Fachkräfte anderer Stellen gegebenenfalls an sie weiterverweisen.

Die Gründung der ersten Frauenhäuser ging aus der Initiative engagierter Gruppen der autonomen Frauenbewegung hervor. In der Nachfolge sind verschiedene andere weltliche und kirchliche Träger diesem Beispiel gefolgt. Vielfach wird vermutet, daß die autonomen Frauenhäuser eine Kooperation mit Behörden und Institutionen ablehnen, während die Frauenhäuser traditioneller Trägerschaft eine Zusammenarbeit anstreben. Vor dem Hintergrund des Erfahrungsaustauschs bei Tagungen und Fortbildungen hatten wir Grund zu zweifeln, ob die konzeptionellen Differenzen zwischen Häusern verschiedener Trägerschaft in der Praxis tatsächlich einen Unterschied in der Kooperation zur Folge haben. Zu untersuchen war daher, ob die Trägerschaft und die Entstehungsgeschichte der Frauenhäuser Unterschiede im Selbstverständnis ihrer Arbeit und in der Zusammenarbeit nach sich ziehen.

(4) Der Begriff Prävention kann in unserem Zusammenhang nicht meinen, daß durch den Einfluß wie auch immer gearteter Beratung Mißhandlungssituationen gar nicht erst entstehen. Bemühungen, die Entstehungsbedingungen und die Bedingungen gesellschaftlicher Tolerierung von Gewalt gegen Frauen abzubauen, müssen mit Sicherheit andere Mittel einsetzen als die individuelle Beratung, welche erst nach Vorhandensein eines Problems aufgesucht wird. So unterschiedlich die Erklärungsansätze für das Vorkommen von Frauenmißhandlungen auch sind, so ist mit der Forschungsentwicklung unübersehbar geworden, daß eine klare Abgrenzung zwischen Mißhandlungsbeziehungen und der gesellschaftlichen Normalität nicht gezogen werden kann. Sowohl die herkömmlichen Geschlechterrollenauffassungen mit ihrer Erwartung an männliche Dominanz wie auch die verbreitete Toleranz für Gewaltausbrüche als Problemlösungsverhalten im Umgang mit Schwächeren schaffen ein gesellschaftliches Klima, in dem es in allen sozialen Schichten und in scheinbar normalen Ehen zu Frauenmißhandlungen kommen kann. Gleichzeitig gilt nach wie vor eine weit höhere Erwartung an die Frau als an den Mann, für den

emotionalen Ausgleich im zwischenmenschlichen Bereich zu sorgen, was zur Folge hat, daß sie für das Gelingen einer Ehe oder einer Liebesbeziehung verantwortlich gemacht wird. Dies und die Tatsache, daß in der modernen Gesellschaft Ehen und Beziehungen grundsätzlich als frei gewählt gelten, machen es Frauen nach wie vor außerordentlich schwierig, auch nur zuzugeben, daß sie geschlagen worden sind, geschweige denn, Unterstützung und Hilfe im sozialen Umfeld zu erhalten. Präventive Beratung steht daher immer vor dem Problem, eine nicht näher definierte und sozial grundsätzlich nicht auffällige Zielgruppe anzusprechen, die zudem meist erhebliche Hemmungen überwinden muß, nach Hilfe zu suchen. Eine Forschungsfragestellung bezog sich darauf, welchen Einrichtungen dies auf welchem Wege gelingt.

Zum breiteren Feld der Prävention gehören auch Öffentlichkeitsarbeit der Frauenhäuser, Frauenbildungsarbeit zum Aufbau von Selbstbewußtsein und Selbstbehauptungskompetenzen, Aufklärung und Beratung für Männer, denen die Verquickung von Männlichkeit mit Gewalt zum Problem wird, sowie Aufklärung und Information für Kinder über ihre Rechte auf Achtung der Person und auf körperliche Unversehrtheit. Dieses weite Feld konnte in die vorliegende Untersuchung nicht aufgenommen werden, wenngleich die befragten Einrichtungen zum Teil bemüht sind, auf diesem Gebiet tätig zu werden. Mit der Begrenzung unserer Fragestellung auf die präventive Beratung fragen wir nach Angeboten für Frauen, die sich bereits von psychischer oder physischer Mißhandlung bedroht oder betroffen fühlen, eine Aussprache wünschen oder Informationen über ihre Handlungsmöglichkeiten suchen. Präventive Beratung versucht, diese Frauen umfassend in ihrer Situation zu beraten und sie über Lösungs- und Unterstützungsmöglichkeiten zu informieren, so daß ein Aufenthalt in einem Frauenhaus unter Umständen nicht nötig wird; ihre vorbeugende Funktion betrifft die Fortsetzung und Steigerung der Mißhandlung und damit die schädlichen Wirkungen auch auf die mitbetroffenen Kinder.

Mit der wachsenden Bekanntheit der Frauenhäuser wenden sich diese Frauen häufig dorthin. Das im Forschungsauftrag geäußerte Anliegen war es, zu erfahren, inwieweit die für die nachgehende Beratung eingerichteten oder darin aktiven Beratungsstellen in der Lage sind, die Frauenhäuser mit einem Angebot präventiver Beratung zu entlasten. So war zu untersuchen, mit welchen Strategien, mit welcher Zielsetzung und mit welchem Erfolg die Anbieter nachgehender Beratung auch präventive Beratung anbieten.

(5) Die nachgehende Beratung ist ein vielschichtiges und offenes Arbeitsfeld, dessen Ausgestaltung in hohem Maße von den Fähigkeiten und den Entscheidungen der jeweiligen Mitarbeiterinnen bestimmt wird. Ob eine juristische Beratung, eine psychotherapeutische Unterstützung oder konkrete Hilfe im Umgang mit Ämtern

bereitgestellt wird, oder aber ob Raum für neue soziale Kontakte durch Freizeitaktivitäten geschaffen wird, hängt nicht nur von der Qualifikation, sondern auch von dem professionellen Selbstverständnis der Mitarbeiterinnen ab. Durch die Anlehnung an die Frauenhäuser ist es der nachgehenden Beratung nicht leicht gewesen, eine für die eigenen strukturellen Bedingungen angemessene Konzeption zu entwickeln.

Ein Anliegen der vorliegenden Untersuchung war es, zu erfahren, inwieweit die Mitarbeiterinnen in der nachgehenden Beratung eine konzeptionelle Eigenständigkeit gegenüber den Frauenhäusern gewonnen haben; zugleich sollte das Ergebnis der Untersuchung einen weiterführenden Beitrag zur Selbstverständigung und zur konzeptionellen Entwicklung dieser Arbeit darstellen. Besonders in autonomen sozialen Projekten der Frauenbewegung hegen die Mitarbeiterinnen oft hohe Ansprüche an ihre eigene Arbeit im Hinblick auf emanzipatorische Zielsetzungen. Hinzu kommt, daß Organisation und Ausgestaltung des oft selbst geschaffenen Arbeitsplatzes eine verhältnismäßig hohe Qualifikation erfordern. Das Gefälle zu den faktischen Anforderungen der konkreten Arbeit in der nachgehenden Beratung, die den pragmatischen Einsatz von Alltagsfähigkeiten einschließt (Begleitung zu Ämter, Hilfe beim Umzug u.ä.), kann als Bruch erlebt werden.

Mit den gesellschaftspolitischen Zielsetzungen und der eigenen Qualifikation sind hohe Erwartungen verbunden, die im Arbeitsalltag oft nicht eingelöst werden; die Arbeit ist dann in überdurchschnittlichem Maße für Enttäuschungen anfällig. Die Verarbeitung solcher Enttäuschungen beeinflußt auch die Wahrnehmung der Möglichkeiten dieser Arbeit: gemessen an den Hoffnungen auf Befreiung mißhandelter Frauen aus ihrer Verstrickung mögen sich die realen Veränderungen als klein oder gar bedeutungslos ausnehmen; angesichts des Empfindens einer Unterforderung durch "Alltagstätigkeiten" fällt die Entwicklung eines Qualifikationsprofils spezifisch für diese Arbeit schwer.

Eine Reflexion auf die Widersprüche und Spannungen im beruflichen Selbstverständnis der Mitarbeiterinnen und in ihren Erwartungen an die Arbeit ist unabdingbar, soll vermieden werden, die Schwierigkeiten der Arbeit den betroffenen Frauen als deren Motivationsmangel oder Verhaltensdefizite anzulasten. Eine Klärung der verschiedenen Dimensionen und Ebenen im Selbstverständnis der Mitarbeiterinnen war aus diesem Grunde eine Fragestellung der vorliegenden Untersuchung.

(6) Noch stärker als bei der Entwicklung der Frauenhäuser selbst haben in der nachgehenden Beratung die Arbeit mit den Kindern und die Unterstützung der Frauen in ihrer Situation als Mütter eine nachrangige Bedeutung gehabt. Dies ergibt sich zum Teil unvermeidlich aus der neuen Situation, in der Beratung nach dem Auszug aus dem Frauenhaus stattfindet. Die Kinder sind nicht mehr selbstverständlich anwesend, und eventuell noch vorhandene Probleme mit den Kindern

werden, wie alle anderen Lebensprobleme, erst dann zum Thema der Beratung, wenn die Mutter selbst sie einbringt. Auch hat eine Stabilisierung der Frauen bei dem Aufbau einer eigenständigen neuen Existenz große Bedeutung für die Kinder, da nur in diesem Fall auch sie stabile und vor Gewalt geschützte Lebensbedingungen haben können.

Schon im Ergebnis der wissenschaftlichen Begleitung zum ersten Frauenhaus wurde auf die Notwendigkeit eigener Beratungsstellen für Kinder und Jugendliche hingewiesen, die sie aus eigenem Antrieb aufsuchen können. Dies wäre sowohl für die präventive wie auch für die nachgehende Beratung eine entscheidende Bedingung dafür, daß die von Gewalt mitbetroffenen Kinder und Jugendlichen nicht nur dann Hilfe und Unterstützung erfahren, wenn ihre Mütter in der Lage sind, diese für sie zu suchen.

Angesichts eines über zehnjährigen Diskurses in der Frauenhausbewegung über die Wichtigkeit einer unterstützenden Arbeit mit den Kindern war anzunehmen, daß in der nachgehenden Beratung auch Ansätze erprobt worden sind, die Situation der Kinder zu berücksichtigen und sie mit in die Angebote einzubeziehen. Eine Fragestellung der Untersuchung richtete sich darauf, welche Rolle dieser Arbeitsbereich und auch die Unterstützung der Mütter in ihrem Leben mit den Kindern bei der nachgehenden Beratung spielt, und von welchen Bedingungen eine solche Einbeziehung abhängig ist.

(7) Im Laufe der Jahre haben sich aus der praktischen Arbeit grundsätzliche Fragen zur Gestaltung des Arbeitsbereichs der nachgehenden Beratung ergeben. Die Diskussionen und Kontroversen, die derzeit in der Praxis brisant sind, konzentrieren sich vorrangig auf folgende drei Themenbereiche, die daher in unserer Untersuchung besondere Aufmerksamkeit erhielten:

- Die Frage nach dem *adäquaten Ort* für die nachgehende Beratung. Das sehr komplexe Thema der geeigneten Organisationsform spitzt sich in der Diskussion um die Frage zu, ob die nachgehende Beratung besser im Frauenhaus, integriert in die Frauenhausarbeit, oder außerhalb des Frauenhauses in einer Beratungsstelle oder in einem anderen Treffpunkt angeboten werden soll. Hierzu gehen die Meinungen auseinander. Kontrovers ist vor allem die Frage, wessen Interessen eine Auslagerung eher entgegenkommt - denen der ehemaligen Bewohnerinnen oder denen der Mitarbeiterinnen.

- Die Frage nach der *Erreichbarkeit* der Frauen, anders gesagt: Wie nachgehend soll nachgehende Beratung sein? Dieses zweite Problem erwächst aus der Freiwilligkeit der Inanspruchnahme von Beratung, die damit weitgehend von der Aktivität der Hilfesuchenden abhängig ist. Es wird allgemein vermutet, daß eine große Zahl ehemaliger Bewohnerinnen, die eine Unterstützung benötigen und auch wünschen würden, das Beratungsangebot nicht nutzt; und dies möglicherweise, weil sie aus verschiedenen Gründen nicht initiativ werden können oder wollen. In welchem Maße sollten Mitarbeiterinnen auf die Frauen zugehen? Sollten Hausbesuche eher die Regel oder die Ausnahme sein? Und wie und wo sind bei größerer Aktivität der Beraterinnen die Grenzen zwischen professioneller und privater Beziehung zu ziehen?

- Die Frage nach der *inhaltlichen Ausrichtung* der Angebote. Die Angebote der nachgehenden Beratung umfassen, dem Prinzip der offenen Beratung folgend, eine Vielzahl unterschiedlichster Aufgaben und Hilfestellungen. Sie reichen von Freizeitangeboten über praktische Hilfen bis hin zu psychologischen Beratungen. Es stellt sich die Frage, wie der Schwerpunkt zu setzen ist. Brauchen die ehemaligen Frauenhausbewohnerinnen eher gezielte und grundlegend ausgerichtete Hilfestellungen, z.B. zur Aufarbeitung ihrer Mißhandlungserfahrungen oder zur Berufsorientierung? Oder sind praktische Hilfen, die auf die unmittelbaren Alltagsprobleme ausgerichtet sind, angemessener, wie z.B. Freizeitangebote, praktische Unterstützung bei Ämterbesuchen oder Entlastung in der Kinderbetreuung? Dies ist ein Spannungsverhältnis, das sich als Kontroverse zwischen eher langfristig problemorientierten Angeboten und eher kurzfristig handlungsorientierten Angeboten beschreiben läßt.

Diese Fragen berühren das konzeptionelle Verständnis der nachgehenden Beratung; die Einschätzungen und Entscheidungen der Mitarbeiterinnen sind jedoch zugleich mit den tatsächlich gemachten Erfahrungen verflochten, die sie je nach Arbeitsbedingungen und Arbeitsweise gemacht haben. Insoweit sind sie übergreifend im Verhältnis zu den oben geschilderten Fragestellungen und sollen im Zusammenhang mit der Analyse des erhobenen Materials behandelt werden.

1.3 Methodische Anlage und Verlauf der Untersuchung

Um den dargestellten Fragestellungen gerecht zu werden, wurde die Untersuchung zweistufig angelegt. Eine Bestandsaufnahme der derzeitigen Angebote nachgehender Beratung auf der Grundlage einer schriftlichen Erhebung war mit einer qualitativen Fallanalyse von mehreren Modellen zu verbinden. Dies warf schon im Vorfeld einige methodische Probleme auf, auf die vorab eingegangen werden soll.

In unserer Untersuchung waren nach Möglichkeit alle Frauenhäuser in der Bundesrepublik und in Berlin (West) einzubeziehen. Dies ist keine Selbstverständlichkeit: weder die Kooperation der Frauenhäuser mit außerhalb ihrer Arbeit angesiedelter Forschung noch die Beteiligung von Frauenhäusern unterschiedlicher Trägerschaften an einer und derselben Untersuchung kann ohne weiteres vorausgesetzt werden. Es handelt sich hier um ein sehr sensibles Forschungsfeld, das auf ungeschickten Zugriff rasch mit Schließung reagiert.

Die skeptische Haltung vieler Frauenhäuser gegenüber Befragungen jeder Art, der auch Rechnung getragen werden muß, hat mehrere Gründe. Ein Grund für diese Zurückhaltung liegt darin, daß Frauenhäuser sehr bald als interessantes Forschungsobjekt entdeckt wurden und seit Jahren mit Wünschen nach Information überhäuft werden. Dem nachzukommen belastet die Arbeit zusätzlich, bleibt jedoch in der Regel ohne hilfreiche Auswirkungen auf die unzureichenden Lebens- und Arbeitsbedingungen in den Frauenhäusern. Die Mitarbeiterinnen befürchten eine Mehrbelastung ohne erkennbaren Nutzen. Ein weiterer Grund hängt eng mit dem gesellschaftspolitischen Anspruch der Frauenhausbewegung zusammen. Der mit großem Idealismus erbrachte Einsatz weit über die entlohnte Arbeitszeit hinaus und ehrenamtlich schon im Vorfeld bei der Initiierung solcher Projekte gewinnt seinen Sinn für die engagierten Mitarbeiterinnen dadurch, daß sie überzeugt sind, auf das gesellschaftliche Bewußtsein und auf die soziale Lage von Frauen Einfluß zu nehmen. Auch die ständige Konfrontation mit den Berichten und den Spuren von Grausamkeit, Demütigungen, sexueller Gewalt und blankem Frauenhaß ist in starkem Maße seelisch belastend; ertragen wird dies alles in der Hoffnung, etwas zu bewirken. Wie in anderen alternativen Projekten entsteht dabei der Anspruch, publizistische oder wissenschaftliche Verarbeitungen und womöglich auch "Vermarktungen" der eigenen Praxiserfahrungen inhaltlich kontrollieren oder zumindest durchschauen zu können.

Als dritter Grund für die Empfindlichkeit in diesem Feld ist die Tatsache zu berücksichtigen, daß die Frauenhausarbeit früh eine Polarisierung erfahren hat, deren Folgen vor allem deshalb nicht überwunden sind, weil die meisten Frauenhäuser eine ungesicherte Finanzierung haben. Diese Polarisierung erzeugt Mißtrauen; Forschungsvorhaben werden - durch eigene Äußerungen oder durch Gerüchte - auf einer Seite des Konfliktfeldes verortet mit der Folge, daß die jeweils entgegengesetzte Seite die Kooperation zunächst verweigert. Dies ist keine ungewöhnliche Problematik in der politiknahen Feldforschung: zu denken wäre z.B. an die Polarisierung zwischen gewerkschaftsnaher und arbeitgebernaher Forschung in der Industrie, mit dem entsprechenden Risiko, je nach Zuordnung der Forschungsgruppe von der anderen Seite ausgeschlossen zu werden. Bei sozialpädagogischen Arbeitsfeldern sind jedoch die Interessengegensätze in der Regel verschleierter, so daß die Konfliktlage in Form von Scheinkontroversen ausgetragen wird. In der Frauenhausarbeit wird so die Fiktion weitergetragen, daß die autonomen Frauenhäuser die Zusammenarbeit mit anderen Einrichtungen kategorisch ablehnen, die nicht-autonomen Häuser hingegen mißhandelnde Männer in die Beratung einbeziehen würden, obwohl beide Annahmen so gut wie keinerlei empirische Basis haben.

Unser Projekt wurde schon aus historischen Gründen (vielfache Beziehungen zu den beiden autonomen Berliner Frauenhäusern) der Seite der autonomen Frauenhäuser zugeschlagen. Entsprechend erlebten wir zunächst Kooperationsverweigerungen von der anderen Seite; der "Verband der Frauen- und Kinderschutzhäuser" war z.B. nicht bereit, uns ohne weiteres eine Adressenliste zu geben. Da die autonomen Frauenhäuser schon immer eine stärkere Skepsis gegen Forschung haben, erforderte die Kooperationsgewinnung sowohl Taktgefühl wie auch kooperative Offenheit. In einem polarisierten Forschungsfeld besteht die wichtigste Aufgabe meist darin, beide Seiten von der Integrität der Forschungsgruppe, von der Bereitschaft zu inhaltlicher Offenheit und von der Ernsthaftigkeit des Engagements auch der Forschenden für die Zielgruppe der Projekte zu überzeugen.

Eine zentrale methodische Bedeutung kommt der Tatsache zu, daß wir in der Praxis im Forschungsfeld gearbeitet haben und damit erhebliche sachliche wie auch personelle Vorkenntnisse mitbrachten. Dies trug nicht nur zur Glaubwürdigkeit bei der Anbahnung von Kooperationen bei. Vielmehr waren die Projektbearbeiterinnen selbst als Mitarbeiterinnen einer nachgehenden Beratungsstelle identifiziert; sowohl die ehemaligen Frauenhausbewohnerinnen als auch die Mitarbeiterinnen, mit denen wir sprachen, waren zu Beginn der Gespräche darüber informiert. Die Vorteile dieser Position sind offenkundig. Was die betroffenen Frauen uns berichteten, konnte auf zahlreiche Beratungsgespräche zurückbezogen und damit eingeordnet und besser verstanden werden. Eine in der nachgehenden Beratung erfahrene Gesprächsführung ließ diese Gespräche auch zur Reflexionsmöglichkeit für die Frauen werden: im Gespräch konnten sie sich klarer werden, was sie seinerzeit eigentlich erwartet haben, oder in der Rückschau darüber nachdenken, was ihnen während des Entscheidungsprozesses über eine Trennung oder einen neuerlichen Versuch, die Beziehung bzw. die Familie "zu retten", möglicherweise geholfen hätte, und was sie an Unterstützung vermißt haben.

Auch die Mitarbeiterinnen nahmen die Gelegenheit wahr, programmatische Außendarstellungen beiseite zu lassen und unter der Voraussetzung einer gemeinsamen Innensicht des Arbeitsfeldes zusammen nachzudenken. Es ergab sich, daß sich die Gespräche mit Mitarbeiterinnen streckenweise auf der Ebene eines Erfahrungsaustauschs unter Kolleginnen bewegten. Sehr viele haben die Gespräche und auch schon die Fragebögen als Möglichkeit zur Reflexion über ihr professionelles Selbstverständnis und auch als Anregung begrüßt, über die praktische Arbeit theoretisch und konzeptionell nachzudenken. Das ist von umso größerer Bedeutung, als die Arbeitsgebiete der nachgehenden Beratung gewissermaßen naturwüchsig als Reaktion auf Anforderungen entstanden sind, die aus der bedrängten Situation ehemaliger Bewohnerinnen resultierten.

Der mögliche Nachteil unserer doppelten Position als Praktikerinnen und als Forscherinnen wäre eine mangelnde Distanz zum Feld mit der Gefahr einer zu großen Identifikation mit den befragten Mitarbeiterinnen. Dies könnte dazu verleiten, Fragestellungen in Richtung auf eigene Erfahrungen zu vertiefen und größere Aufmerksamkeit auf solche Informationen zu richten, die unsere Vorannahmen bestätigen können. Als Gegenmittel gegen diese Gefahr sind zunächst die Reflexion und gegenseitige kritische Beobachtung im Forschungsteam von Bedeutung. Von Nutzen war ferner die Einbindung des Projekts in die Arbeit eines Forschungsinstituts, des BIS, welches mehrere empirische Begleitforschungen und Gutachten im sozialpädagogischen Bereich bearbeitete, so daß typische Sichtweisen von Beraterinnen und charakteristische Informationsfilter in einem derartigen Feld allgemeiner reflektiert und besser erkannt werden konnten. Ferner gaben die sehr lange Praxiserfahrung und das Bewußtsein einer gewissen "Seniorität" in der Frauenhausarbeit einen Schutz vor dem häufig in solchen Feldern vorkommenden moralischen Druck, Kritik zu unterlassen. Letztendlich ist aber jede Forschung darauf angewiesen, das Bewußtsein des eigenen sozialen Ortes der Forschenden mitzubedenken.

Die Bearbeitung dieser Untersuchung überschnitt sich mit der Durchführung einer ähnlichen Studie, die von der niedersächsischen Landesregierung in Auftrag gegeben worden war. Um Doppelarbeit zu vermeiden, wurde Kooperation angestrebt. Durch die zeitliche und sachliche Anlage der beiden Projekte ergaben sich hierzu wenige Möglichkeiten. Wir nahmen bald nach Beginn unseres Projekts Kontakt auf, jedoch war die Projektleitung in Hannover zu diesem Zeitpunkt nicht in der Lage, uns Informationen zu überlassen oder einen Termin zu vereinbaren. Allerdings war uns schon bekannt, daß die Fragebogenerhebung des niedersächsischen Projekts einen eingeschränkten Rücklauf hatte, so daß wir auf eine eigene Verschickung von Fragebögen - auch bei Zugänglichkeit der Daten aus Hannover - nicht hätten verzichten können. Dadurch, daß das niedersächsische Projekt bereits im September 1985 begonnen hatte, während unsere Studie im Februar 1987 begann, war eine unmittelbare Zusammenarbeit schon von der zeitlich versetzten Bearbeitung her kaum praktikabel. Der Fragebogen der schriftlichen Erhebung aus der niedersächsischen Untersuchung lag uns zu Beginn unserer Arbeit vor; die Ergebnisse des Projekts waren rechtzeitig für unsere abschließende Auswertung und Interpretation der Daten vorhanden und konnten berücksichtigt werden.

Bei der Durchführung von zwei Projekten im gleichen Feld kann es sinnvoll sein, die Daten vergleichbar zu erheben und zusammenzuführen. Dies war zum einen dadurch behindert, daß die schriftlichen Erhebungen fast zwei Jahre auseinanderlagen. Auch war die Grundgesamtheit deutlich unterschiedlich, wobei die niedersächsische Erhebung offenbar von einer unvollständigen Liste der Frauenhäuser ausgegangen war. Ferner hatten wir die begründete Vermutung, daß ein Teil der im niedersächsischen Fragebogen enthaltenen Fragen mit Anlaß zu der Verweigerung gewesen waren, da auf bestimmte Fragen, die z.B. die Bezahlung der Mitarbeiterinnen betrafen, sehr empfindlich reagiert wird. Diejenigen Fragen, die in beiden Erhebungen vergleichbar gestellt wurden, können nur mit Vorsicht aufeinander bezogen werden, da sowohl die Grundgesamtheit wie auch der Zeitpunkt sehr stark voneinander abweichen; die Aussagen konnten wir jedoch am Material unserer Untersuchung überprüfen.

Im Interesse der Kooperationsgewinnung sowie der Offenheit im Gespräch versichert das BIS grundsätzlich die Wahrung der Anonymität. Auch die ausgewählten Einrichtungen für eine Detailanalyse konnten davon ausgehen, daß ihre Aussagen nicht mit Preisgabe der Identität - sei es der Person, sei es der Einrichtung - ausgewertet werden. Dies ist in der Sozialforschung auch grundsätzlich nicht erforderlich, da der Wert der Aussagen sich immer daraus ergibt, daß sie verallgemeinerungsfähig sind. Wir können uns daher dem Verfahren nicht anschließen, die einzelnen befragten Einrichtungen zu nennen; festzustellen ist jedoch, daß in keinem Fall die gleiche Einrichtung in beiden Untersuchungen qualitativ befragt wurde. Im Abschnitt 1.4.2 werden die Merkmale der Einrichtungen soweit geschildert, daß die Basis unserer Erhebung ersichtlich ist.

Im Rahmen dieser Untersuchung wurde eine zweistufige schriftliche Befragung aller Frauenhäuser und für nachgehende Beratung zuständigen Beratungsstellen durchgeführt. Voraussetzung hierfür war die Erstellung einer vollständigen und aktuell gültigen Adressenliste der Frauenhäuser, was einer eigenen empirischen Erhebung gleichkam, da keine uns bekannte Stelle eine solche Liste führte. Über die Frauenhäuser erwarteten wir sowohl Auskunft über die speziell für nachgehende Beratung eingerichteten Beratungsstellen wie auch über weitere Einrichtungen, die für die Zielgruppe Hilfe anbieten und/oder mit den Frauenhäusern kooperieren. Zur Gewinnung der Grundgesamtheit aller Frauenhäuser erbaten wir von den existierenden Koordinationsstellen ihre Adressenlisten, die wir um bereits veröffentlichte Informationen ergänzten. Darüber hinaus nutzten wir ein Schneeballsystem von telefonischen Informationen und persönlichen Gesprächen. Sofern Frauenhäuser, die auf einer Liste geführt wurden, sich nicht an unserer Erhebung beteiligten, vergewisserten wir uns auf diesem Wege, ob die Einrichtung tatsächlich existiert oder ob lediglich eine Initiativgruppe vorhanden ist. Da die Frauenhäuser über ihre Träger oder im Interesse von Fortbildung und/oder Kooperation miteinander vielfach in Beziehung stehen, und da ferner die Projektbearbeiterinnen über eine Vielzahl von informellen Kontakten aus der Praxis verfügen, sind wir der Ansicht, daß unsere Adressenliste sowohl zutreffend als auch weitgehend vollständig ist. Die Vervollständigung und gegebenenfalls Korrektur haben wir durch den gesamten Erhebungszeitraum hindurch neben der anderen Arbeit fortgeführt, da keine andere Stelle zahlenmäßige Angaben über den Bestand an Frauenhäusern machen kann. Durch die im Laufe der Arbeit gewonnenen zusätzlichen Angaben umfaßt diese Liste Anfang 1989 rund **180** Frauenhäuser. Zum Zeitpunkt der schriftlichen Erhebungen standen uns die Anschriften von 156 Frauenhäusern zur Verfügung; diese Zahl gilt als die Grundgesamtheit.

Mit einer zweistufigen schriftlichen Erhebung sollte nun ein möglichst umfassendes Bild der Angebotsstruktur gewonnen werden. Dabei wurden folgende Instrumente eingesetzt:

(1) Ein kurzer Fragebogen, der an alle Frauenhäuser verschickt wurde, und der vor allem dazu diente, die Träger nachgehender Beratung zu ermitteln. Die Daten wurden um 14 Frauenhäuser ergänzt, die erst auf die zweite Befragung geantwortet haben. Die entsprechenden Daten wurden, soweit möglich, dem zweiten Bogen entnommen, um bei der Auswertung eine Gesamtdarstellung abzugeben. Insgesamt haben 118 Frauenhäuser mit unserer Befragung kooperiert (d.h. Rücklauf von 75,6%); die Beteiligung autonomer sowie nichtautonomer Frauenhäuser war gleich hoch.

(2) Ein ausführlicher Fragebogen in zwei unterschiedlichen Fassungen je für Frauenhäuser und für Beratungsstellen mit teils vorformulierten Antwortvorgaben und teils offenen Fragen. Diesen Fragebogen erhielten alle Frauenhäuser, die bei der ersten Befragung angegeben hatten, daß sie über Erfahrungen mit nachgehender Beratung verfügten; und außerdem noch die, welche den ersten Kurzfragebogen nicht beantwortet hatten, mit der nochmaligen Bitte um Kooperation. Eine entsprechend abgewandelte Fassung wurde an alle Beratungsstellen gerichtet, von denen wir entweder aus der ersten Befragung oder aus der Erhebung der Adressen von Frauenhauseinrichtungen annehmen konnten, daß sie ein gezieltes Unterstützungsangebot für ehemalige Frauenhausbewohnerinnen hatten. 55% der angeschriebenen Frauenhäuser und 72% der Beratungsstellen beantworteten diesen ausführlichen Bogen.

Die postalischen schriftlichen Befragungen dienten einem doppelten Zweck. Sie ergaben einmal das erwünschte quantitative Material, um die Gesamtsituation im Bereich nachgehender und präventiver Beratung einschätzen zu können; zugleich boten sie die Grundlage für eine qualitative Analyse, indem geeignete exemplarische Fälle für die nähere Untersuchung ausgewählt wurden.

Beim Erkenntnisstand zu Beginn der Studie war anzunehmen, daß bei der näheren Untersuchung

1. zwei grundsätzliche Typologien der Organisation und

2. drei Typen von Beratungs- und Unterstützungsangeboten

zu berücksichtigen sein würden:

Ad 1.

- Nachgehende Beratung *im* Frauenhaus

- nachgehende Beratung *außerhalb* des Frauenhauses

Ad 2.
- Einzelfallhilfe (u.a. Einzelberatung, Hausbesuche, Begleitung zu Ämtern);
- Gruppenangebote (u.a. offene und feste Gruppen, Selbsthilfegruppen, Wohngemeinschaften);
- spezielle Teilhilfen (u.a. Therapieangebote, Wohnungsangebote, Rechtsberatung, Freizeit- und Reiseangebote).

Zugleich war anzunehmen, daß in der Praxis Akzentuierungen und Vermischungen der Organisationsformen und der inhaltlichen Typen vorkommen.

Anhand dieser Modelldifferenzierungen haben wir in einer vorläufigen Auswertung der schriftlichen Erhebungen vier Städte ausgewählt, um in Detailanalysen zu untersuchen, wie sich unter Einbeziehung der vorhandenen infrastrukturellen Gegebenheiten nachgehende und präventive Beratung in der Praxis darstellen. Als Kriterien für die Auswahl wurden berücksichtigt:

1. Es sollten sowohl autonome wie auch herkömmliche Träger in der Detailanalyse vorkommen;
2. es sollten neben den Großstädten, in denen nachgehende Beratung zuerst entstand, auch Kleinstädte oder Frauenhäuser mit ländlichem Einzugsgebiet berücksichtigt werden;
3. sowohl ausgelagerte Beratung wie auch Beratung im Frauenhaus sollten vorkommen; hierbei legten wir Wert darauf, Einrichtungen auszuwählen, die eine ausgeprägte konzeptionelle Präferenz geäußert hatten, mit dem Ziel, in der Detailanalyse unterschiedliche und klar konturierte Profile zu beschreiben.

Die Einbeziehung Berlins war aufgrund der historischen Vorreiterrolle und der langjährigen Ausprägung des Modells vorgesehen; die anderen Städte sollten sich davon unterscheiden.

In den jeweiligen Städten wurden folgende Erhebungsschritte vorgenommen, um eine Darstellung des Modells aus mehreren Perspektiven zu ermöglichen:

(3) Mehrstündige Expertinnengespräche mit Mitarbeiterinnen der Frauenhäuser sowie der Beratungsstellen;

(4) themenzentrierte Gruppengespräche mit insgesamt 21 ehemaligen und aktuellen Frauenhausbewohnerinnen; die Teilnehmerinnen wurden zusätzlich auch gebeten, einen für sie ausgewählten Teil des zweiten Fragebogens mit

einer Einschätzung der Angebote und der Bedürfnisse von Frauen nach ihrem Auszug zu beantworten;

(5) ausführliche persönliche oder telefonische Expertengespräche mit MitarbeiterInnen verschiedener anderer Einrichtungen, die mit den Problemen betroffener Frauen befaßt sind oder sich ihnen bewußt zuwenden. Wir baten die Mitarbeiterinnen der Frauenhäuser und Beratungsstellen darum, uns solche Einrichtungen und engagierten Einzelpersonen zu nennen.

Nach der ersten Auswertung des Materials der Detailanalysen wurde zwecks Kontrolle und Ergänzung unserer bisherigen Eindrücke ein weiterer Erhebungsschritt vorgenommen, der die empirische Vielfalt der nachgehenden Beratung qualitativ aufnehmen konnte und zugleich eine Rückkopplung an die auskunftsbereiten Fachkräfte der Praxis darstellte. Sämtliche Einrichtungen, die mit der postalischen Befragung kooperiert hatten, wurden zu einem dreitägigen Seminar in der Frauenbildungsstätte Charlottenberg eingeladen. Um eine möglichst breite Streuung zu gewährleisten, wurde nur eine Anmeldung aus jeder Einrichtung angenommen. Das Interesse an der Teilnahme war groß, und die meisten Einrichtungen hätten gewünscht, zu zweit oder zu dritt vertreten zu sein.[1] Auf der Grundlage von vorgetragenen ersten Ergebnissen unserer Auswertungen diskutierten 25 Fachkräfte über ihre Erfahrungen, Zielvorstellungen und Perspektiven in der nachgehenden und präventiven Beratung. Diese Diskussion wurde anhand von detaillierten Mitschriften ausführlich protokolliert und das Protokoll für die abschließende Datenanalyse ausgewertet.[2]

Angesichts der bekannten Zurückhaltung der Frauenhäuser gegenüber Befragungen und der in der Sozialforschung üblichen Rücklaufprobleme bei postalischen Befragungen war die Forschungsplanung darauf abgestellt, den Schwerpunkt der Untersuchung auf die qualitative Erhebung zu setzen. Die große Kooperations- und Mitteilungsbereitschaft der Frauenhäuser und Frauenhausberatungsstellen veranlaßten zwei Veränderungen gegenüber der Planung. Zum einen wurde die Gesamtdauer des Forschungsprojekts bis Ende 1988 verlängert, um die Fragebogenergebnisse quantitativ auswerten zu können, mit deren Hilfe wir zum Beispiel überprüfen konnten, ob Trägerschaft oder Dauer des Bestandes mit anderen Aussagen korrelieren. Darüber hinaus haben wir die ursprünglich geplante Darstellung, die um vier im Detail analysierte Beispiele zentriert gewesen wäre, im Interesse ei-

---

1) Aus Finanz- und Raumgründen beschränkten wir die Teilnehmerinnenzahl auf 30. 31 Mitarbeiterinnen waren verbindlich angemeldet, jedoch waren einige im letzten Augenblick verhindert.

2) Die Aussagen aus dem Fachseminar werden im Bericht mit der Verschlüsselung FS gekennzeichnet. Es handelt sich dabei um die leicht gekürzte Wiedergabe der jeweiligen Aussage und nicht - wie bei den Zitaten aus den Tonbandprotokollen - um wörtliche Rede.

ner Einbeziehung der vielfältigen Informationen aus der Fragebogenerhebung und aus den Diskussionen auf dem Fachseminar in Charlottenberg abgeändert. Diese Auskünfte ließen erkennen, daß die unterschiedlichen Ausprägungen von nachgehender und präventiver Beratung nicht nur entlang der Dimension des organisatorischen Modells zu beschreiben sind. Der vorliegende Bericht verbindet das Material aus den breiteren Befragungen mit dem Interviewmaterial aus den Detailanalysen zu einer integrierten Darstellung der aktuellen Praxis von nachgehender Beratung mit vielfältigen inhaltlichen und organisatorischen Ausprägungen. Ein weiterer Vorteil dieser Darstellungsweise ist der damit geschaffene Raum für die Aufnahme kritischer und selbstkritischer Diskussionen der Widersprüche dieser Arbeit, ohne die Anonymität der Einrichtungen zu verletzen. Uns lag besonders daran, Ergebnisse zu erarbeiten, die einen größtmöglichen Erkenntnisgewinn für die Mitarbeiterinnen in dem Untersuchungsfeld darstellen, was auch Offenheit gegenüber Problematisierungen der tatsächlichen Praxis einschließt.

1.4 Bestandsaufnahme: Frauenhäuser und zielgruppenorientierte Beratungsstellen

1.4.1 Quantitativer Überblick

Nach unserer bereinigten Adressenliste vom Januar 1989 gibt es in der Bundesrepublik Deutschland und Berlin (West) derzeit rund 180 Frauenhäuser; diese Zahl stimmt mit der Schätzung im zweiten Bericht der Bundesregierung über die Lage der Frauenhäuser vom August 1988 überein. Zum Zeitpunkt unserer Erhebung verfügten wir über die Anschriften von 156 Frauenhäusern, von denen 60% in der Trägerschaft von Initiativen der autonomen Frauenhausbewegung stehen, während 40% als nicht-autonom gelten, wobei die Zuordnung zu der einen oder anderen Kategorie insbesondere bei den Frauenhäusern in Vereinsträgerschaft teilweise eher zufällig ist. Die wichtigsten Träger der nicht-autonomen Frauenhäuser sind der Sozialdienst Katholischer Frauen, die Arbeiterwohlfahrt und das Diakonische Werk sowie andere evangelische Träger.

Die 118 Frauenhäuser, die mit unserer Untersuchung kooperiert haben, verteilen sich räumlich wie nach Trägerschaft parallel zu der Gesamtheit der uns bekannten Frauenhäuser. 75,5% der angeschriebenen autonomen und 75,8% der nicht-autonomen Frauenhäuser beteiligten sich an der Untersuchung; selbst bei einer Aufschlüsselung nach den einzelnen Trägern ergibt sich bei jedem Trägertyp eine Beteiligung von über 70%. Dieser hohe und gleichmäßige Rücklauf berechtigt zu der

Annahme, daß unsere Daten repräsentativ sind und ein zutreffendes Bild der Frauenhäuser und ihrer Angebote nachgehender Beratung ergeben.[3]

Frauenhäuser gibt es heute in allen Bundesländern und Berlin, wobei der Anteil der einzelnen Länder an der Gesamtzahl der Frauenhäuser in etwa ihrer Bevölkerungsdichte entspricht; lediglich Bayern ist unterdurchschnittlich versorgt im Verhältnis zum Anteil dieses Landes an der Bevölkerung der Bundesrepublik. Wenngleich die ersten Frauenhausinitiativen in den Großstädten entstanden sind, so haben heute die Städte mittlerer Größe und auch die Kleinstädte die größte Zahl der Frauenhäuser aufzuweisen. Daraus ist zu schließen, daß auch die ländlichen Gebiete zumindest in der Umgebung der Städte mit Hilfsmöglichkeiten für mißhandelte Frauen versorgt sind. In den folgenden Tabellen ist die Verteilung der Frauenhäuser nach Ländern, nach der Größe der Gemeinden, in denen sie sich befinden, und nach ihrer Trägerschaft dargestellt.

Tab.1.01: Regionale Verteilung der Frauenhäuser nach Ländern

	Frauenhäuser insgesamt	
	Anzahl	in %
Baden-Württemberg	23	19 %
Bayern	10	8 %
Berlin	3	3 %
Bremen	3	3 %
Hessen	12	10 %
Hamburg	3	3 %
Niedersachsen	19	16 %
Nordrhein-Westfalen	29	25 %
Rheinland-Pfalz	7	6 %
Saarland	3	3 %
Schleswig-Holstein	6	5 %
Insgesamt	118	100 %

---

[3] Möglich wäre allenfalls eine höhere Wahrscheinlichkeit des Verzichts auf Teilnahme bei den Frauenhäusern, die nur geringe Erfahrung mit nachgehender Beratung haben. Nach unserer Kenntnis ist dies jedenfalls nicht durchgehend der Fall.

Tab.1.02: Verteilung der Frauenhäuser nach Größe der Kommune

	Frauenhäuser insgesamt	
Stadtgröße		
unter 20.000 Einwohner	5	4 %
20.000 - 99.999 Einwohner	45	38 %
100.000 - 499.999 Einwohner	47	40 %
500.000 - 999.999 Einwohner	13	11 %
über eine Million Einwohner	8	7 %
Insgesamt	118	100 %

Tab.1.03: Trägerschaft der Frauenhäuser

	Frauenhäuser insgesamt	
Träger des Frauenhauses		
autonomes Frauenhaus	70	59 %
andere Vereine	7	6 %
Arbeiterwohlfahrt	7	6 %
Sozialdienst kath. Frauen	17	14 %
Diakonisches Werk	7	6 %
andere evang. Träger	3	3 %
städtisches Frauenhaus	2	2 %
sonstige Träger	5	4 %
Insgesamt	118	100 %

Auch die Größe des Frauenhauses konnte für die meisten Frauenhäuser ermittelt werden, wobei die Angaben eher ungenau sind, da ein Teil der Häuser die Bettenzahl für Frauen und Kinder getrennt rechnet, während andere dies nicht tun. Die Kapazitätsangaben, wenn auch nicht präzise, lassen dennoch erkennen, daß fast ein Fünftel der Frauenhäuser eine verhältnismäßig kleine Zahl von Frauen mit ihren Kindern aufnehmen kann.

Tab.1.04: Größe der Frauenhäuser

Kapazität des Frauenhauses	Frauenhäuser insgesamt	
unter 15 Personen	17	17 %
15 - 19 Personen	16	16 %
20 - 29 Personen	41	40 %
30 - 39 Personen	16	16 %
40 und mehr Personen	12	12 %
Insgesamt	102	100 %

Da das Ziel der Forschung die Untersuchung der nachgehenden Beratung war, wurden nähere inhaltliche Aussagen erst im Rahmen der zweiten, ausführlichen Befragung erhoben. Diejenigen Frauenhäuser, die ihre nachgehende Beratung ausgelagert haben, erhielten von uns entweder keinen ausführlichen Fragebogen oder sie gaben diesen an die Beratungsstelle weiter. Daher haben sich an der zweiten Befragung lediglich 80 Frauenhäuser beteiligt. Sechs von ihnen haben den Fragebogen beantwortet, obwohl eine ausgelagerte Beratungsstelle uns ebenfalls einen Fragebogen zusandte. Die Angaben dieser Frauenhäuser werden in der Auswertung nur soweit berücksichtigt, wie sie die Erfahrungen und Einschätzungen der Frauenhausmitarbeiterinnen betreffen. In der Hauptsache sind die quantitativen Daten aufgeschlüsselt nach den Angaben von 74 Frauenhäusern mit integrierter nachge-

hender Beratung und 31 Beratungsstellen (insgesamt 105 Einrichtungen), wobei 22 der Beratungsstellen dem jeweiligen Frauenhaus zugeordnet sind.[4)]
Die insgesamt 96 Frauenhäuser mit integrierter oder ausgelagerter nachgehender Beratung verteilen sich regional wie auch nach Trägerschaft, nach Stadtgröße und nach Größe des Frauenhauses ähnlich wie die Frauenhäuser bei der Kurzbefragung.[5)]

Fast alle befragten Frauenhäuser haben langjährige praktische Erfahrung mit nachgehender Beratung. Mehr als die Hälfte von ihnen bietet nachgehende Beratung seit mehr als fünf Jahren an.

Tab.1.05: Dauer des Angebots nachgehender Beratung in den Frauenhäusern

Beginn der nachgehenden Beratung			die nachgehende Beratung besteht		
1979 und früher	20	27 %	seit Bestehen des Frauenhauses	48	65 %
1980 / 1981	25	33 %	ist später hinzu-		
1982 und später	30	40 %	gekommen	26	35 %
Insgesamt	75	100 %	Insgesamt	74	100 %

Ein großer Teil der Frauenhäuser verfügt über keine oder nur geringfügige Mittel, um die nachgehende Beratung zu finanzieren. Nur 21 Frauenhäuser geben an, daß Personalmittel für angestellte Mitarbeiterinnen der nachgehenden Beratung vorhanden sind. Dabei spielt die Finanzierung durch Arbeitsbeschaffungsmaßnahmen

---

4) Bei einer Gesamtheit von unter hundert sind prozentuale Angaben nicht unproblematisch. Wir haben sie in den Auswertungen und Tabellen dennoch angegeben, um ein anschauliches Bild von den relativen Anteilen zu geben. Mit Rücksicht auf die begrenzte Brauchbarkeit der Prozentangaben haben wir sie auf ganze Zahlen auf- oder abgerundet; hierdurch summieren sich die Prozente nicht immer genau auf 100.

5) Lediglich Hamburg ist mit nur einem Frauenhaus geringer vertreten.

(ABM) die größte Rolle: 12 Frauenhäuser behelfen sich hiermit. In neun Frauenhäusern sind die Mitarbeiterinnen der nachgehenden Beratung im Rahmen der Personalmittel des Frauenhauses festangestellt.[6]

Tab.1.06: Finanzierung der nachgehenden Beratung in den Frauenhäusern

	Träger des Frauenhauses				Frauenhäuser insgesamt	
	autonom		nicht autonom			
Bezahlung der spez. Mitarbeiterinnen für die nachg. Beratung						
entfällt (keine speziellen Mitarbeiterinnen)	29	69 %	17	55 %	46	63 %
aus Personalmitteln des Frauenhauses	5	12 %	4	13 %	9	12 %
durch ABM	6	4 %	6	19 %	12	16 %
auf Honorarbasis	3	7 %	1	3 %	4	5 %
werden nicht bezahlt	3	7 %	3	10 %	6	8 %
aus anderen Mitteln			2	6 %	2	3 %
Insgesamt	42	100 %	31	100 %	73	100 %

Die Prozentangaben beziehen sich auf die Gesamtzahl der Fragebögen. Mehrfachnennungen waren möglich (n = 73).

Auf die Frage nach der Organisationsweise der nachgehenden Beratung antworteten nur 12 Frauenhäuser, daß sie spezielle Mitarbeiterinnen für diesen Arbeitsbereich hätten. Vergleichen wir dies mit der Information, daß 21 Frauenhäuser über Personalmittel hierfür verfügen, ist anzunehmen, daß in einigen Frauenhäusern die hierfür vorhandenen Mittel auf mehrere Mitarbeiterinnen verteilt werden, oder

---

[6] Die in der Tab.1.06 erwähnten Finanzierungen auf Honorarbasis oder durch andere Mittel sind, soweit erkennbar, geringfügig und ermöglichen keine Anstellungsverhältnisse; es handelt sich z.T. lediglich um die Erstattung von Spesen oder um ein symbolisches Entgelt.

aber, daß mit entsprechend gewidmeten Mitteln das Team erweitert, die nachgehende Beratung jedoch nicht auf eine Mitarbeiterin zentriert wurde, sondern anteilig von allen getragen wird.

Sämtliche Frauenhäuser gaben in unserer Befragung an, daß sie nachgehende Beratung anbieten; darunter sind lediglich 10%, die ihre Angebote nur als informelle Kontakte zu ehemaligen Bewohnerinnen bezeichnen. Mehr als drei Viertel von ihnen haben jedoch keine zusätzlichen finanziellen Mittel für diese Arbeit. Diese Diskrepanz zwischen der faktisch geleisteten Arbeit und der fehlenden Finanzierung zwingt zu der Annahme, daß unter dem Druck der Nachfrage Kapazitäten von der Beratung und Hilfe für die derzeitigen Bewohnerinnen abgezogen werden. Aus der Befragung wird deutlich, daß sich die Frauenhäuser mit einem starken Bedarf konfrontiert sehen. Ein Drittel der befragten Frauenhäuser schätzt, daß zwischen 5% und 30% der Bewohnerinnen an weiterführenden Beratungsangeboten Interesse haben; ein weiteres Drittel nimmt ein solches Interesse bei 30% bis 60% der Frauen an; ein Drittel schließlich schätzt, daß sogar zwischen 60% und 90% der Frauen an nachgehender Beratung interessiert sind.

Daß die Frauenhäuser trotz fehlender Finanzierung diesem Bedarf nachkommen, läßt sich aus der inhaltlichen Verschränkung von Frauenhausarbeit und nachgehender Beratung erklären. Es ist für eine sinnvolle Beratung mißhandelter Frauen unverzichtbar, schon frühzeitig während des Aufenthalts im Frauenhaus die Perspektive auf die Zeit danach zu richten. Denn nicht der Zeitpunkt des Auszugs aus dem Frauenhaus ist das Ziel der Beratung, sondern der Aufbau einer neuen Existenz. Ein so angelegtes Beratungskonzept impliziert aber notwendig weiterführende Hilfestellungen. So entsteht naturwüchsig der Druck, den einmal in Gang gesetzten Beratungsprozeß nicht abbrechen zu lassen. Es überrascht daher nicht, daß 64% der Frauenhäuser bei der zweiten Befragung angaben, daß sie schon seit Gründung des Frauenhauses nachgehende Beratung mit anbieten.

Nach Aussage der befragten Mitarbeiterinnen geht die Entstehung nachgehender Beratung darauf zurück, daß sich ehemalige Bewohnerinnen für eine weitere Unterstützung an sie wenden. Den Grund hierfür sehen die Mitarbeiterinnen in drei Sachverhalten: (1) in dem besonderen Charakter der Kontakte zu Bewohnerinnen und Mitarbeiterinnen, (2) in der sozialen Isolation der Frauen und (3) darin, daß am Ort andere Angebote frauenspezifischer Beratung fehlen oder von den Frauen nicht angenommen werden.

Neben der übereinstimmenden Beurteilung der Motive der Frauen lassen sich weitere Gemeinsamkeiten in der Gestaltung der nachgehenden Beratung erkennen, welche unabhängig von der Trägerschaft der Einrichtungen bestehen. Dabei wird deutlich, daß die konzeptionellen Vorstellungen der autonomen Frauenhäuser weitgehende Anerkennung im Gesamtbereich der Frauenhausarbeit haben. So wird parteiliches Engagement nicht nur von den meisten autonomen Frauenhäusern, sondern auch von mehr als der Hälfte der nicht-autonomen Häuser als erforderliche

Fähigkeit von Mitarbeiterinnen der nachgehenden Beratung angegeben. Einigkeit besteht auch in der Grundhaltung des Beratungsangebots:

- Allen Frauen wird weiterführende Beratung angeboten, unabhängig davon, ob sie nach der Trennung allein leben, zurückgehen in die alte Beziehung oder mit anderen Personen zusammenleben;
- das Beratungsangebot ist offen angelegt, d.h. ehemalige Bewohnerinnen können sich zunächst mit allen Fragen, Problemen und Wünschen an die nachgehende Beratung wenden.

Nur vereinzelt gibt es Frauenhäuser, die eine Beratung von Männern anbieten; auch die in der Arbeitsgemeinschaft deutscher Frauen- und Kinderschutzhäuser zusammengeschlossenen Einrichtungen sind nach anfänglichen Bemühungen inzwischen zu dem Schluß gekommen, daß die Beratung der Männer nicht Aufgabe der Frauenhäuser sein kann.[7]

Auf der Grundlage der Auskünfte der Kurzbefragung sowie eigener Erkundungen konnten 43 Beratungsstellen angeschrieben werden, zu deren Klientel ehemalige Frauenhausbewohnerinnen zu rechnen sind. Es ist davon auszugehen, daß wir damit mindestens 90% der einschlägigen Beratungsstellen in der Bundesrepublik und Berlin (West) erfaßt haben.[8] 31 dieser Beratungsstellen beantworteten den Fragebogen; davon sind 22 explizite Frauenhausberatungsstellen und neun allgemeine Frauenberatungsstellen. Die in den folgenden Tabellen aufgeschlüsselte regionale Verteilung läßt erkennen, daß die Versorgung mit Frauenberatungsstellen weitaus ungleichmäßiger ist als die Versorgung mit Frauenhäusern; in Bayern, Hessen, Rheinland-Pfalz und im Saarland fehlen Beratungsstellen nahezu vollständig. Auch bestätigen unsere Zahlen, daß Beratungsstellen eher in den größeren Kommunen zu finden sind.

---

7) Mündliche Aussage von Dr. Paula Maeder bei der Sachverständigenanhörung der Gewalt-Kommission, Juni 1988.

8) Von den 156 uns bekannten Frauenhäusern gab es lediglich 20, bei denen wir nicht in Erfahrung bringen konnten, ob am Ort eine entsprechende Beratungsstelle existiert. Es ist eher wahrscheinlich, daß die meisten von ihnen keine Beratungsstelle für mißhandelte Frauen haben.

**Tab.1.07: Verteilung der Beratungs-
stellen nach Ländern**

Baden-Württemberg	8
Berlin	2
Bremen	1
Hessen	1
Niedersachsen	4
Nordrhein-Westfalen	12
Schleswig-Holstein	3
Insgesamt	31

**Tab.1.08: Verteilung der Beratungs-
stellen nach Größe der Stadt**

Größe der Stadt	
unter 20.000 Einwohner	2
20.000 - 99.999 Einwohner	6
100.000 - 499.999 Einwohner	13
500.000 - 999.999 Einwohner	8
über eine Million Einwohner	2
Insgesamt	31

Von insgesamt 31 Beratungsstellen stehen 26 in der Trägerschaft von autonomen Vereinen und drei weitere von Vereinen, die nicht als autonom gelten. Es ist unverkennbar, daß die herkömmlichen Träger, die bei der Einrichtung von Frauenhäusern aktiv gewesen sind, kaum spezifische Beratungsstellen einrichten. Möglicherweise gehen diese Träger davon aus, daß ihre bestehenden Einrichtungen den Bedarf decken können; die Frauenhäuser dieser Träger haben uns jedoch nicht auf entsprechende Beratungsstellen hingewiesen, die die nachgehende oder präventive Beratung übernehmen.

Die Mehrheit der Beratungsstellen konnte auf der Grundlage einer langjährigen Erfahrung auf diesem Arbeitsgebiet Auskunft geben. Von 30 Beratungsstellen, die uns die Dauer ihres Bestandes mitteilten, bestehen 16 Einrichtungen seit vier Jahren oder länger, während 14 von ihnen seit einem Jahr bis zu drei Jahren arbeiten. Die große Mehrheit der Beratungsstellen bejahte, daß ihre Entstehung im Zusammenhang mit der Frauenhausbewegung zu sehen ist, wobei ein großer Teil - jedoch nicht alle - Gründungen des Trägervereins des Frauenhauses waren. Die aktuelle Verbindung zu den Frauenhäusern ist unterschiedlich intensiv. Sie ist abhängig vom Umfang der geleisteten nachgehenden und präventiven Beratung und reicht von sporadischen Kontakten bis zu gemeinsamer Planung der Beratungsangebote. Hinsichtlich ihrer Funktion für die Beratung ehemaliger Frauenhausbewohnerinnen und der Zusammenarbeit mit den Frauenhäusern lassen sich die Beratungsstellen in zwei Kategorien unterteilen: Frauenhausberatungsstellen, über deren Arbeitsbedingungen wir weiter unten berichten, und allgemeine Frauenberatungsstellen. Letztere sind ein verhältnismäßig zufälliger Ausschnitt aus einem breiten Spektrum, da es inzwischen eine Vielzahl von Beratungsstellen spezifisch für Frauen gibt. Wir haben diejenigen erfaßt, die uns von den Frauenhäusern genannt wurden. Im Kontext eines Überblicks über die nachgehende Beratung ist von besonderem Interesse, die finanzielle und personelle Ausstattung der Frauenhausberatungsstellen aufzuschlüsseln, da diese Stellen mit ihrer Beratungskapazität in einem komplementären Entlastungsverhältnis zu den Frauenhäusern stehen.

Die 22 befragten Frauenhausberatungsstellen haben insgesamt 48 Mitarbeiterinnen. Bei 13 Stellen sind Mitarbeiterinnen aufgrund einer Beschäftigungsmaßnahme des Arbeitsamtes (14 Mitarbeiterinnen mit ABM-Stellen) oder aufgrund des § 19 BSHG, "Arbeit statt Sozialhilfe" (sechs Mitarbeiterinnen) eingestellt. Davon finanzieren sich fünf Einrichtungen ausschließlich über diese Maßnahmen, während in acht Einrichtungen noch Zuschüsse von Stadt, Land oder dem Frauenhaus hinzukommen. In vier Beratungsstellen sind die Mitarbeiterinnen über die Kommune oder über Landesmittel und in drei Stellen über den Frauenhausetat finanziert. Die restlichen zwei Stellen beschäftigen ihre Mitarbeiterinnen durch Mittel der Kirche bzw. aus Mitteln der Stadt und dem Verein. Lediglich zwei Beratungsstellen geben an, daß bei ihnen zusätzlich "ehrenamtliche Mitarbeiterinnen" arbeiten, und in weiteren zwei Stellen absolvieren Jahrespraktikantinnen ihr Anerkennungsjahr.

Wie in den Frauenhäusern ist die Qualifikation der Mitarbeiterinnen vielfach höher als ihre Einstufung. 16 Mitarbeiterinnen in den Beratungsstellen haben einen Hochschulabschluß (11 Diplom-Pädagoginnen, vier Soziologinnen und eine Psychologin). Diese Mitarbeiterinnen werden in der Regel nicht entsprechend ihrer Ausbildung, sondern nach BAT IV bezahlt. 23 Mitarbeiterinnen haben einen Fachhochschulabschluß als Sozialarbeiterinnen oder Sozialpädagoginnen. Weiterhin arbeiten vier Verkäuferinnen [9], zwei "Verwaltungsfrauen" und drei ehemalige Bewohnerinnen in den Beratungsstellen.

Zur Einschätzung der Kapazität der Beratungsstellen ist zu berücksichtigen, daß volle Stellen zum Teil auf mehrere Mitarbeiterinnen verteilt werden, sei es, durch Teilzeitverträge, sei es durch informelle Umverteilungen. Die Ausstattung der Einrichtungen mit Stellen, worauf sich die folgenden Angaben beziehen, ist daher nicht identisch mit der Anzahl der Mitarbeiterinnen. Mehr als die Hälfte der Beratungsstellen ist mit höchstens zwei Stellen ausgestattet, wobei die Beratungsstellen überwiegen (acht), in denen nur eine volle Stelle vorhanden ist. Fünf Einrichtungen haben zwei bis drei Stellen zur Verfügung, und vier Beratungsstellen arbeiten mit einer Ausstattung von dreieinhalb bis fünf Stellen.

Auch die Räumlichkeiten sind bei den meisten Beratungsstellen bescheiden. Die meisten Einrichtungen befinden sich in früheren Ladenräumen; einige Projekte haben Wohnungen angemietet, anderen stehen Räumlichkeiten in Etagen oder Häusern zur Verfügung, die noch von anderen Projekten benutzt werden. Drei von ihnen haben nur einen Raum zur Verfügung. Über die Hälfte der Beratungsstellen (12) verfügt über zwei Räume für ihre Arbeit, die manchmal um eine Küche oder einen kleinen Büroraum erweitert werden. Vier Beratungsstellen haben drei Räume zur Verfügung, und drei Einrichtungen haben vier bis fünf Räume. Dies bedeutet, daß noch nicht einmal ein Drittel der Frauenhausberatungsstellen in räumlicher Hinsicht ausreichend ausgestattet ist, um sowohl Gruppengespräche und Treffen wie auch Einzelberatungen zu leisten. Die Beratungsmöglichkeiten sind in diesem Fall stark eingeschränkt; insbesondere ist es schwierig, Raum für ein vertrauliches Gespräch zu finden.

Die Sachkosten, die die Raummiete, das Inventar und die laufenden Kosten umfassen, müssen vielfach zusammengestoppelt werden. Acht Beratungsstellen finanzieren diese Kosten aus Spenden, Bußgeldern und Vereinsmitteln und haben demzufolge schwankende Einkünfte für fixe Ausgaben. Ähnliches dürfte gelten für die drei Beratungsstellen, die eine Mischfinanzierung aus kommunalen Mitteln, Spenden und Vereinsmitteln haben, sowie für zwei weitere Beratungsstellen, die in diese Mischfinanzierung zusätzlich noch Mittel aus dem Frauenhaus einbeziehen. Angaben, die auf berechenbare Einnahmen schließen lassen, macht eine Minderheit der Einrichtungen. Fünf von ihnen erhalten ihre Sachmittel aus dem Frauenhausetat, drei von der Kommune, und die verbleibende Beratungsstelle bezieht Sachmittel von der Kirche und von der Kommune.

---

[9] Es ist möglich, daß dies ehemalige Bewohnerinnen oder ehemalige ehrenamtliche Helferinnen sind.

1.4.2 Vier Städte - vier Ausprägungen der Beratungsangebote

Die für die Detailanalyse ausgewählten Städte, in denen wir im Herbst 1987 ExpertInnengespräche und Gruppengespräche durchführten, liegen in vier verschiedenen Ländern, wobei eine Stadt in Süddeutschland liegt. Die wichtigsten Merkmale, die jeweils für die Ausprägung der nachgehenden und präventiven Beratung bedeutsam sind, sollen hier vorgestellt werden; zugleich geben diese Skizzen einen ersten Eindruck davon, auf welche verschiedene Weise nachgehende Beratung eingerichtet wird.

A

A ist eine Großstadt mit über einer Million EinwohnerInnen. Das autonome Frauenhaus besteht seit 1979. Seit 1980 verfügt das Frauenhaus über eine ausgelagerte Beratungsstelle für präventive und nachgehende Beratung.

In der Beratungsstelle arbeiten eine Sozialpädagogin und eine Sozialarbeiterin, zeitweilig auch eine Praktikantin. Die zweite Mitarbeiterin konnte erst in der zweiten Hälfte des Jahres 1987 eingestellt werden, weil die Finanzierung vorher nicht gesichert war. Die Personalkosten für eine der beiden Stellen werden vom Land übernommen, die zweite Stelle wird anteilig von der Stadt mitfinanziert. Außerdem wurde nach einigen Jahren durchgesetzt, daß die Stadt einen jährlichen Sachmittelzuschuß in Höhe von 5.000,-- DM zahlt. Betriebskosten wie Miete, Inventar etc. müssen aus Spendenmitteln aufgebracht werden.

Außer dem autonomen Frauenhaus gibt es in A zwei Frauenwohnheime, die auch von mißhandelten Frauen aufgesucht werden, und eine Notruf-Gruppe für vergewaltigte Frauen. Zu einer Frauenberatungsstelle, deren Angebote therapeutisch orientiert sind, bestehen positive Kontakte. Andere städtische und konfessionelle Beratungsstellen machen inzwischen ebenfalls Angebote zum Thema Trennung und kommen potentiell auch für ehemalige Bewohnerinnen oder für präventive Beratung in Frage. Bei einer Erziehungsberatungsstelle konnten ehemalige Bewohnerinnen gute Erfahrungen machen.

Die Beratungsstelle und das Frauenhaus gehören dem gleichen Verein an. Auf der Vereinsebene ist die Zusammenarbeit gut, Öffentlichkeitsarbeit und Haushaltsverhandlungen werden von den Mitarbeiterinnen gemeinsam getragen. Seit kurzem wird gemeinsam eine langfristige Fortbildungsveranstaltung für Streifenpolizisten durchgeführt.

Die Mitarbeiterinnen der Beratungsstelle gehen wöchentlich einmal in das Frauenhaus, um die Frauen kennenzulernen; darüber hinaus nehmen sie an den Teambesprechungen der Frauenhäuser und dem Plenum teil. Die Mitarbeiterinnen sehen es als schwierig an, über die nur wöchentlichen Treffen zu den Frauen einen "guten Kontakt" herzustellen und streben an, dafür bessere Lösungen zu finden.

Die Beratungsstelle ist zweimal wöchentlich vormittags und nachmittags für alle Frauen geöffnet. Die persönlichen und telefonischen Einzelberatungen sowie das "Ehemaligen-Frühstück" finden bei den ehemaligen Bewohnerinnen die größte Resonanz. Hausbesuche können aus Zeitmangel nur in besonderen Situationen, z.b. bei Krankheit gemacht werden. Die präventive Beratung nimmt ungefähr den gleichen Umfang wie die nachgehende Beratung ein.

Die Mitarbeiterinnen beabsichtigen eine Spezialisierung des gesamten Beratungsangebots auf die Problembereiche Mißhandlung und Trennung. Diese Spezialisierung soll auch für die präventive Beratung gelten. Entsprechend dieser Schwerpunktsetzung wird eine Rechtsberatung für Scheidungsfragen angeboten. Verschiedene Gruppenangebote bestehen zum Thema Trennung mit allen juristischen und praktischen Konsequenzen, zum Problem des Alleinseins und zu dem der Alleinerziehenden. Diese Gruppenangebote werden von den Frauen, die die Beratungsstelle präventiv aufsuchen, bevorzugt angenommen. Die ehemaligen Bewohnerinnen reagieren auf diese Gruppen zurückhaltend.

B

B ist eine Stadt mit etwas mehr als 100.000 EinwohnerInnen. Es gibt dort seit 1979 ein autonomes Frauenhaus, das in der Stadt als anerkannte Institution gilt. Das Frauenhaus kann maximal 30 Personen aufnehmen und hat seit seinem Beginn ein stabiles Team von acht Frauen, die auch heute noch dort arbeiten. Nachgehende Beratung wird seit Bestehen des Frauenhauses angeboten, obwohl keine zusätzlichen Personalmittel für diesen Bereich zur Verfügung stehen. Die nachgehende Beratung wird anteilig von allen Mitarbeiterinnen übernommen; sie findet vorwiegend im Frauenhaus statt. Nach Ansicht der Mitarbeiterinnen hat sich das Modell der integrierten nachgehenden Beratung gut bewährt. Seit 1987 verfügt das Frauenhaus über externe Beratungsräume, die vorwiegend für die präventive Beratung genutzt werden. Trotz dieses externen Beratungsangebots wenden sich die ehemaligen Bewohnerinnen weiterhin an das Frauenhaus.[10]

Außer dem autonomen Frauenhaus gibt es in der Stadt keine weiteren Stellen, die sich ausdrücklich an mißhandelte Frauen richten. Weitere Einrichtungen für Frauen sind ein Mütterzentrum und das Frauenzentrum mit vielfältigen Angeboten. Im Laufe der Arbeit der nachgehenden Beratung hat sich ein guter Kontakt zum Jugendamt entwickelt. Diese gute Kooperation führen die Mitarbeiterinnen des Frauenhauses darauf zurück, daß auf unbürokratischem Wege im Jugendamt eine

---

10) Da die Beratungsstelle zum Zeitpunkt der Erhebung noch kein halbes Jahr bestanden hatte, können keine Aussagen darüber getroffen werden, inwiefern ehemalige Bewohnerinnen sie längerfristig in Anspruch nehmen werden.

spezielle Zuständigkeit von zwei Sozialarbeiterinnen und einem Sozialarbeiter für die Frauen aus dem Frauenhaus verabredet werden konnte.

Das grundlegende Angebot der nachgehenden Beratung besteht darin, daß ehemalige Bewohnerinnen jederzeit zu Besuch oder zur Beratung ins Frauenhaus kommen können. Mit diesem Angebot wollen die Mitarbeiterinnen besonders die Kontakte zwischen derzeitigen und ehemaligen Bewohnerinnen unterstützen. Zusätzlich werden die Frauen in unregelmäßigen Abständen zu einem sogenannten "Alten-Treff" eingeladen. An diesen beiden Angeboten haben die Frauen das größte Interesse. Die Mitarbeiterinnen bieten ihre Unterstützung bei Behörden und Ämterbesuchen an. Außerdem lehnen es die Mitarbeiterinnen nicht ab, hin und wieder auch privat von den Frauen besucht zu werden.

Für die Kinder gibt es die Möglichkeit, viermal wöchentlich an der Kindergruppe des Frauenhauses teilzunehmen. Von diesen Angeboten machen Kinder und Mütter gern Gebrauch.

Allgemein orientiert sich die Zielsetzung der nachgehenden Beratung an der finanziellen Abhängigkeit der Frauen; dies schließt langfristig auch die Unabhängigkeit von staatlicher Unterstützung ein. Bereits während des Frauenhausaufenthalts unterstützen die Mitarbeiterinnen die Bewohnerinnen bei einem Wiedereinstieg ins Berufsleben oder bei einer Aus- bzw. Weiterbildung für eine qualifizierte Berufstätigkeit.

Insgesamt bewerten die Mitarbeiterinnen Angebote, die mit Aktivität und Kontaktmöglichkeiten, Entlastung und Spaß für die Frauen verbunden sind, positiv. Dem liegt die Annahme zugrunde, daß erst nachdem die äußeren Lebensverhältnisse geregelt sind, die Frauen bereit sein können, sich auf problemorientierte, psychologisch ausgerichtete Angebote einzulassen.

C

C ist eine Stadt mit circa 100.000 EinwohnerInnen. Das seit 1981 bestehende Frauenhaus versorgt aufgrund der regionalen Struktur zugleich auch die ländliche Umgebung. Träger des Frauenhauses ist die Arbeiterwohlfahrt. Nachgehende Beratung wird von den Mitarbeiterinnen seit Bestehen des Hauses informell durchgeführt. Nachdem die Gruppe der ehemaligen Bewohnerinnen in C immer größer wurde und das Team deren Beratungsbedürfnissen im normalen Frauenhausalltag nicht mehr gerecht werden konnte, ist die Idee entstanden, auf dem Wege einer Arbeitsbeschaffungsmaßnahme eine zusätzliche Mitarbeiterin für die nachgehende Beratung zu suchen. Diese ABM-Mitarbeiterinnen arbeitet seit September 1986. Neben dem Motiv, sich über eine zusätzliche Mitarbeiterin zu entlasten, spielte aber auch die Erfahrung eine Rolle, daß Hinweise auf andere Einrichtungen und Angebote in der Stadt von den ehemaligen Bewohnerinnen kaum aufgegriffen wurden.

In dem Frauenhaus wird auch präventive Beratung angeboten; nach Aussage der Mitarbeiterinnen macht diese Beratung circa 15% der Frauenhausarbeit aus. In C sind die Mitarbeiterinnen des Frauenhauses als Expertinnen für die Problematik "Gewalt gegen Frauen" anerkannt. Aus dem Kreis der Mitarbeiterinnen sind eine Selbsthilfegruppe zum Thema "Sexueller Mißbrauch" und eine Initiative zur Unterstützung vergewaltigter Frauen entstanden.

Die spezielle Mitarbeiterin der nachgehenden Beratung, eine Psychologin, ist hauptsächlich für die ehemaligen Bewohnerinnen zuständig; diese Zuständigkeit wird aber nicht rigide eingehalten. Sie arbeitet zusätzlich auch in dem normalen Frauenhausdienst und stellt dadurch gleichzeitig den Kontakt zu den Frauen her, die später einmal ausziehen werden. Umgekehrt übernehmen die anderen Mitarbeiterinnen teilweise die Beratung ehemaliger Bewohnerinnen, vor allem, wenn der Kontakt zu einer bestimmten Mitarbeiterin gewünscht wird oder die Psychologin zeitlich überlastet ist.

Die meiste Zeit nimmt die Einzelberatung ein, die von den ehemaligen Bewohnerinnen auch am stärksten nachgefragt wird. Diese Beratung findet vorwiegend in Form von Hausbesuchen statt. Dieses Angebot wird allen Frauen bei ihrem Auszug aus dem Frauenhaus vermittelt und auch umgesetzt, sofern die Frauen ein Interesse daran äußern. Die Häufigkeit der Hausbesuche ist unterschiedlich; sie reicht von einmaligen Besuchen bis zu kontinuierlichen, wöchentlichen Treffen. Manche Treffen finden aber auch im Frauenhaus selbst statt. Zusätzlich zu den intensiven Gesprächsmöglichkeiten übernimmt die Mitarbeiterin alle Aufgaben, die als eine Fortführung der Frauenhausarbeit gesehen werden können. Dazu gehören z.B. Begleitung zu Ämtern und Behörden, Hilfestellung bei der Organisation oder Beantragung von materiellen Belangen sowie die Information darüber, an welche Stellen die Frauen sich bei bestimmten Problemen wenden können.

Ein weiterer Arbeitsbereich sind Gruppenangebote, die im Frauenhaus stattfinden und erklärtermaßen auch für ehemalige Bewohnerinnen gedacht sind. Es handelt sich dabei um eine "Müttergruppe" mit parallel laufender Kinderbetreuung, eine "Kaffeeklatsch-Gruppe" und einen "Gruppenabend" mit wechselnden Themen und Aktivitäten, wozu auch Unternehmungen außerhalb des Hauses gehören. Weiterhin ist beabsichtigt, in nächster Zeit ein "Selbstbehauptungstraining" anzubieten. Diese Gruppenangebote stoßen bei den ehemaligen Bewohnerinnen auf eine verhältnismäßig geringe Resonanz. Hingegen finden die "Ehemaligen-Treffen" zweimal im Jahr bei diesen Frauen großes Interesse und werden gern von ihnen besucht.

Insgesamt bedauern die Mitarbeiterinnen sehr, daß nach Ablauf der befristeten Arbeitsbeschaffungsmaßnahme völlig ungesichert ist, wie die nachgehende Beratung in Zukunft geleistet werden kann. Obwohl sie sich dafür einsetzen wollen, daß auch in den nächsten Jahren Personalmittel für diesen Arbeitsbereich zur Verfügung gestellt werden, lassen die politischen und finanziellen Verhältnisse in C wenig Hoffnung auf eine positive Lösung zu.

D

D ist eine Großstadt mit über einer Million EinwohnerInnen. In D besteht seit 1976 ein autonomes Frauenhaus, ein zweites autonomes Frauenhaus wurde zwei Jahre später eröffnet. 1982 kam ein drittes, konfessionelles Frauenhaus hinzu, die ihm angeschlossene Beratungsstelle wurde 1984 eröffnet.

Die hier beschriebene Beratungsstelle der beiden autonomen Frauenhäuser nahm ihre Arbeit als eigenständiger Verein 1979 auf. Nach drei Jahren konnte erreicht werden, daß die Finanzierung über ABM- und Spendenmittel in eine feste Finanzierung umgewandelt wurde. Die Stadt übernahm die Finanzierung von festen Stellen, Sachmitteln und laufenden Anschaffungen. In der Beratungsstelle arbeiten zwei Soziologinnen, eine Diplom-Pädagogin (bezahlt als Sozialarbeiterinnen), eine Sozialarbeiterin und eine ehemalige Frauenhausbewohnerin (Stenokontoristin). Die letztgenannte Stelle ist personengebunden, diese Mitarbeiterin übernimmt die Verwaltungsarbeit, Kinderbetreuung und arbeitet teilweise in der Öffentlichkeits- und Beratungsarbeit mit. Zusätzlich erhält die Beratungsstelle Honorarmittel (zehn Stunden monatlich) für Kinderbetreuung.

In D bestehen vielfältige Angebote für Frauen; die spezifischen Ausrichtungen reichen von sozialen, beruflichen und bildungsorientierten bis hin zu therapeutischen Schwerpunktsetzungen. Die Beratungsstelle arbeitet mit verschiedenen anderen Einrichtungen und Projekten zusammen, Informationsgespräche mit anderen Einrichtungen sind ein fester Bestandteil der Arbeit. Angesichts der Größe der Stadt und der Vielfalt der Angebote sehen die Mitarbeiterinnen einen notwendigen Anteil ihrer Arbeit darin, die Frauen an andere Einrichtungen zu vermitteln (Agenturmodell).

Die Mitarbeiterinnen gehen ein- bis zweimal wöchentlich in die beiden autonomen Frauenhäuser, wobei bestimmte Mitarbeiterinnen für die einzelnen Frauenhäuser zuständig sind. In den Frauenhäusern nehmen sie Kontakt zu den Bewohnerinnen auf und unterstützen die Frauen, die Pläne für einen Auszug haben, bei ihrer Wohnungssuche. Zusätzlich nehmen die Mitarbeiterinnen der nachgehenden Beratung regelmäßig an den Teamsitzungen der Frauenhäuser teil, Öffentlichkeitstermine und Veranstaltungen werden teilweise gemeinsam mit den Frauenhausmitarbeiterinnen organisiert.

Ein Arbeitsschwerpunkt der Beratungsstelle ist die Organisation mehrerer Wohnprojekte für Frauenhausbewohnerinnen. Die Frauen werden von den Mitarbeiterinnen in ihren Wohnungen beraten und unterstützt.

Die Beratungsstelle ist dreimal wöchentlich für die offene Beratung geöffnet. Parallel zu den Öffnungszeiten findet eine Kinderbetreuung statt. Zu den Beratungszeiten kommen ehemalige Frauenhausbewohnerinnen und - zu einem größeren Anteil - Frauen mit Trennungs- und Mißhandlungsproblemen zur präventiven Beratung. Andere Beratungsbereiche sind allgemeine Sozialhilfefragen, Wohnraumbeschaffung sowie die Information über und Vermittlung an andere Einrichtungen.

Als Gruppenangebote bestehen derzeit zwei "Kaffeetrinkgruppen" (zweimal monatlich) für ehemalige Bewohnerinnen mit gleichzeitiger Kinderbetreuung. Diese Gruppen finden am Wochenende statt. Mit Unterstützung der Beratungsstelle werden die Gruppen, an denen die Mitarbeiterinnen nicht teilnehmen, in Selbsthilfe von ehemaligen Frauenhausbewohnerinnen organisiert.

2. Präventive Beratung

2.1 Stellenwert und Entwicklung der präventiven Beratung

Um Gewalt gegen Frauen verhindern oder reduzieren zu können, wären vielfältige Veränderungen und Maßnahmen notwendig. Sirpa Taskinen (1987) unterscheidet - wie auch schon Walker (1979, S.186 ff.) - drei Ebenen der Prävention von Gewalt in der Familie, die sie in Anlehnung an Caplan in primäre, sekundäre und tertiäre Prävention einteilt. Da das Ausmaß der Gewalt gegen Frauen erheblich von der Macht patriarchaler und sozialer Strukturen bestimmt ist, erfordert die primäre Prävention ein Ansetzen an den gesellschaftlichen Ursachen von Gewalt. Die sekundäre Prävention beinhaltet individuelle Hilfen in akuten oder potentiell gewalttätigen Konflikt- und Streßsituationen mit dem Ziel, Gewalttätigkeiten zu verhindern. Dies setzt weitgehend voraus, daß die Individuen selbst aktiv und fähig sind, Hilfe zu suchen; Beratungsstellen sowie Frauenhäuser, sofern sie ambulante und telefonische Beratung anbieten, sind insoweit Einrichtungen der sekundären Prävention. Tertiäre Prävention meint die Prävention erneuter Gewalt und den Versuch, geschehenen Schaden zu vermindern. Hier haben die Frauenhäuser als Zufluchtstätten ihre Hauptaufgabe; aber auch längerfristig angelegte Therapie hat hier ihre Funktion. Bereits geleistete "korrektive Maßnahmen" in der Familie können auch dazu beitragen, daß der Gewalt in den zukünftigen Familien ihrer Kinder vorgebeugt wird, und führen so zur primären Prävention.

Mit präventiver Beratung ist also nicht gemeint, daß spezifisch ausgerichtete Beratungsangebote Mißhandlungssituationen überhaupt verhindern oder gar nicht erst entstehen lassen. Wenn im folgenden von präventiver Beratung die Rede ist, so sind damit Hilfs- und Unterstützungsangebote für mißhandelte Frauen gemeint, die

1. zeitlich vor einem Frauenhausaufenthalt liegen, diesen vorbereiten helfen und negative Folgen einer übereilten Entscheidung zu verhindern versuchen; oder

2. einen Frauenhausaufenthalt vermeiden und umgehen helfen.

Diese Hilfsangebote zielen auf die Prävention weiterer Mißhandlung - entweder durch die Empfehlung oder Vorbereitung eines Frauenhausaufenthalts oder durch die Beratung und Information über andere Möglichkeiten, eine Mißhandlungssituation verlassen oder verändern zu können. Dabei ist davon auszugehen, daß viele Angebote präventiver Beratung neben ihrem Charakter, in mehr oder weniger akuten Konfliktsituationen Unterstützung anzubieten, auch langfristig dazu beitragen können, das Ausmaß der Mißhandlung zu reduzieren.

Das allgemeinste Ergebnis unserer schriftlichen Befragung auf diesem Gebiet ist die Erkenntnis, daß sowohl alle Frauenhäuser und die an sie angeschlossenen Frauenhausberatungsstellen wie auch die befragten allgemeinen Frauenberatungsstellen in dem oben genannten Sinn präventive Beratung für mißhandelte Frauen anbieten.

Präventive Beratung hat sich ebenso wie die nachgehende Beratung aus der Frauenhausarbeit heraus entwickelt. Vor der Existenz von Frauenhäusern waren mißhandelte Frauen und deren Kinder weitgehend auf Hilfen aus ihrem privaten Umfeld angewiesen, oder sie suchten Unterstützung bei sozialen Einrichtungen staatlicher und/oder freier Träger. Im Selbstverständnis der sozialen Arbeit bis Ende der 70er Jahre war - wie eine Durchsicht der Literatur erkennen läßt - Frauenmißhandlung kein eigenständiges Aufgabengebiet für die Intervention. Als Zielgruppe für die soziale Arbeit kamen Frauen in ihrer Zuständigkeit für ein stabiles Familienleben und für die Kindererziehung vor; daß sie selbst einen Anspruch auf gesellschaftliche Unterstützung und auf Schutz vor Gewalt hätten, war als Gedanke weder in der Ausbildung der SozialarbeiterInnen noch in der Aufgabendefinition der Institutionen enthalten.

In der wissenschaftlichen Begleituntersuchung des ersten Berliner Frauenhauses ist die Hilfesuche mißhandelter Frauen bei sozialen Diensten vor ihrem Frauenhausaufenthalt erhoben worden.[1] Als Ergebnis wird beschrieben, daß die meisten befragten SozialarbeiterInnen anderer sozialer Einrichtungen nach ihrer Selbsteinschätzung nicht in der Lage waren, eine längerfristige oder umfassende Hilfe zu gewähren. Institutionelle Grenzen wie Überlastung und Zerstückelung der Kompetenzen führten dazu, daß die MitarbeiterInnen dieser Einrichtungen am ehesten dann helfen konnten, wenn die Frauen konkret eingegrenzte Anliegen aus dem jeweiligen Zuständigkeits- und Handlungsbereich der MitarbeiterInnen an diese herantrugen. Die Bereitschaft, mißhandelte Frauen zu unterstützen, war vor allem dann gegeben, wenn die Frauen sich mit klaren Trennungsabsichten an sie wandten. Aufgrund ihrer Einschätzung, daß die gesamte Wohn- und Lebenssituation der Frauen verändert werden müßte, beklagten die SozialarbeiterInnen ihre begrenzten Möglichkeiten, materielle Hilfen und vorübergehende oder dauerhafte Wohnmöglichkeiten zu vermitteln.

---

1) Dies war ein Schwerpunkt des Erhebungsbogens, den 300 Frauen bei ihrer Aufnahme in das Frauenhaus ausfüllten; zusätzlich wurden Gruppengespräche zu dem Thema aufgezeichnet und ausgewertet. In diesem Untersuchungskomplex wurden ferner in einem Stadtbezirk Berlins exemplarisch MitarbeiterInnen sozialer Dienste (Behörden und freier Träger) schriftlich sowie in Expertengesprächen befragt. Im Zentrum der Expertengespräche standen die kritische Analyse bisheriger Hilfsangebote für mißhandelte Frauen sowie die Frage nach Verbesserungsvorschlägen für Hilfsangebote im Vorfeld eines Frauenhausaufenthalts (Hagemann-White/Kavemann et al. 1981, S.97-107).

In Gruppengesprächen über ihre Erfahrungen mit sozialen Diensten berichteten Frauen, daß sie diese meist wegen materieller Anliegen aufgesucht, wohl aber auch über ihre Mißhandlungssituation gesprochen hätten. Aus sehr realistischen Überlegungen heraus haben sie dort keine schnelle und wirksame Hilfe erwartet. Aus der schriftlichen Erhebung ergab sich, daß bei den erwarteten Hilfen an erster Stelle der Wunsch nach Unterkunft und Verpflegung stand (60%); danach folgte der Wunsch nach Beratung und Verständnis (40%), 13% erhofften eine Einflußnahme auf den Mann. Von den befragten Frauen gaben nur 36% an, die Hilfe erhalten zu haben, die sie erwartet hatten.

In der Hamburger Untersuchung der Hilfsangebote für mißhandelte Frauen wird ein ähnliches Resümee gezogen: Das bestehende Hilfsangebot von Polizei, Justiz und medizinischer sowie sozialer Versorgung erweise sich im Hinblick auf die Schwierigkeiten mißhandelter Frauen vielfach als ein "ineffektives, unkoordiniertes und widersprüchliches Nebeneinander von Institutionen und Fachleuten verschiedenster Ausrichtungen" (Clausen 1981, S.II). Auch hier wird betont, daß die befragten Institutionen in ihren eher kurzfristigen Lösungskonzepten der Situation vieler mißhandelter Frauen nicht gerecht werden (ebd., S.X), da die Veränderung der Lebensumstände dieser Frauen einen langfristigen Prozeß mit vielen Entmutigungen und Neuanfängen darstellt.

Die implizite Anforderung an die Frauen, bei ihrer Hilfesuche entweder konkrete Anliegen vorzubringen oder klare Trennungsabsichten zu äußern, steht im Widerspruch zu der Situation vieler mißhandelter Frauen. Sie können nur schwer Bedürfnisse konkretisieren, da sie kaum über finanzielle, rechtliche und berufliche Möglichkeiten informiert sind. Infolge jahrelanger Demütigungen sind sie auch nicht mehr in der Lage, offensiv Ansprüche und Forderungen zu vertreten.

Bei behördlicher Sozialarbeit kommt als belastendes Moment hinzu, daß die Hilfsangebote oft auch mit Kontrollen verbunden sind. Aktenführung und die Möglichkeit, daß einschneidende Maßnahmen wie ein Sorgerechtsentzug eingeleitet werden, bewirken häufig eine gewisse Hemmschwelle, bei einer Behörde Hilfe zu suchen.

Einrichtungen und Projekte freier Träger sind von dieser Funktion entlastet; sie haben in den letzten Jahren zunehmend gezielte Angebote für Frauen entwickelt. Besonders in größeren Städten sind Frauengesprächskreise, Gruppen für Alleinerziehende oder Freizeitangebote keine Seltenheit mehr. Diese Angebote können aber nur begrenzt der Problemlage und den Beratungswünschen mißhandelter Frauen gerecht werden. Zum Teil sind andere Schwerpunkte vorgegeben. In Gruppenzusammenhängen über eigene Mißhandlungsprobleme zu sprechen ist zudem immer schwierig; Scheu und Hemmungen müssen überwunden werden.

Frauenhäuser sind mit ihrer offensiven Benennung des Problems und ihrer eindeutigen Zuständigkeit auch eine Anlaufstelle für viele Frauen geworden, die Beratung und Information über Trennungen oder den Umgang mit einer krisenhaften

Beziehung suchen. In einigen Städten erweiterten Frauenhäuser ihr Angebot, indem sie externe eigene Beratungsstellen einrichteten. Parallel dazu entstanden im Zusammenhang der allgemeinen Frauenhausbewegung nicht nur viele neue Frauenhäuser, sondern auch eigenständige Beratungsstellen, die vorrangig Beratung für mißhandelte Frauen anbieten. Schließlich haben an manchen Orten die allgemeinen Frauenberatungsstellen in Kooperation mit den Frauenhäusern begonnen, neben anderen Angeboten auch Beratung für mißhandelte Frauen anzubieten.

Präventive Beratung ist Bestandteil jeder Frauenhausarbeit. Gemeinhin werden Frauenhäuser als Orte verstanden, an denen mißhandelte Frauen vorübergehend leben und dabei Hilfe und Unterstützung erhalten können. Daß in Frauenhäusern aber auch noch zusätzliche Beratungsleistungen erbracht werden, wird in der Öffentlichkeit kaum wahrgenommen. Aber auch die Mitarbeiterinnen der Frauenhäuser scheinen die präventive Beratung als Reaktion auf die vorhandene Nachfrage mit stiller Selbstverständlichkeit übernommen zu haben. Im Gegensatz zur nachgehenden Beratung, deren Notwendigkeit inzwischen unumstritten ist, und für die auch finanzielle Forderungen erhoben werden, werden vergleichbare Forderungen nach einer gesicherten Einrichtung der präventiven Beratung kaum vorgebracht.

In weitaus höherem Ausmaß als in den Frauenhäusern wird präventive Beratung in den Frauenberatungsstellen geleistet. Bei zwei Dritteln der von uns befragten Frauenberatungsstellen nimmt die präventive Beratung gegenüber der nachgehenden Beratung sogar den größeren Raum ein. Die meisten anderen Stellen schätzen ihren Stellenwert als gleichbedeutend ein; nur zwei Stellen geben an, daß die präventive Beratung einen geringeren Anteil an ihrer Gesamtarbeit als die nachgehende Beratung einnimmt. Dieses Ergebnis ist umso bemerkenswerter als die bisherige Literatur und auch der Auftraggeber der vorliegenden Studie zu deren Beginn von der Annahme ausgegangen sind, daß die präventive Beratung noch nicht von den Beratungsstellen getragen wird. Hille/Zacharias stellten für die Beratungsstelle in Hannover fest, daß die präventive Beratung den geringsten Teil der Arbeit ausmache; sie schreiben dies ohne weitere Reflexion den Frauen zu, die erst in akuter Notsituation Hilfe suchen würden (Hille/Zacharias 1988, S.53).

Daß dieser Eindruck so entstehen konnte, ist vermutlich aus dem geringen "Selbstbewußtsein" dieser Arbeit heraus zu erklären. Die Frauenhäuser haben die Beratung im Vorfeld immer schon unter dem Gesichtspunkt einer potentiellen Aufnahme in das Frauenhaus geführt und daher nicht als eigenständigen Bereich gesehen (und in der Tat kann die Beratung einer akut bedrohten Frau darauf hinauslaufen, daß sie gleich im Frauenhaus bleibt). Die externen oder eigenständigen Beratungsstellen verstehen ihrerseits die nachgehende Beratung als ihre "eigentliche" Aufgabe und leiden darunter - wie wir sehen werden -, wenn die ehemaligen Bewohnerinnen sie nicht voll beanspruchen oder ihnen gar gänzlich fernbleiben.

Das Überwiegen präventiver Beratung hat dann den Beigeschmack des Scheiterns an der als vorrangig erlebten Aufgabe und bleibt daher in ihrem Schatten.

2.2 Zur Problemlage mißhandelter Frauen bei ihrer Hilfesuche

Die Loslösung aus einer Mißhandlungsbeziehung und der Versuch, eine neue Lebensperspektive zu gestalten, sind für viele Frauen ein langfristiger Prozeß. Auch wenn die sich wiederholende Gewalt zu mehrfachen Trennungsversuchen führt, sind an die Beziehung über lange Zeit Hoffnungen und Erwartungen auf Veränderungen geknüpft. Erst wenn aus dem privaten Umfeld keine Hilfe möglich erscheint oder die Hilfesuche bei Freunden und Verwandten zu einer Eskalation der Gewalt führt, wenden sich die Frauen an öffentliche Einrichtungen. Sowohl die private als auch die öffentliche Hilfesuche sind oftmals mit langem Zögern verbunden, weil Frauen das Scheitern einer Beziehung als persönliches Versagen erleben und bestrebt sind, die Ehe nach außen hin als intakt und normal erscheinen zu lassen:

> "Ich hab' mit niemanden gesprochen, daß er mich schlägt, hab' das alles schön in mich hineingefressen und hab' gedacht, das muß halt gehen ... Es ist ein sehr großer Schritt, bis man sagt 'Es geht nicht mehr, und das und das liegt vor, und ich kann jetzt nicht mehr'! Das ist eine so arge Spanne, und du heulst in dich rein und denkst 'Das muß noch gehen, das muß gehen'" (B/F6)[2]

> "Ich hab' immer versucht, mit meinem Mann auszukommen, hab' immer gedacht 'Das muß doch', ich hab' immer gedacht 'An wem liegt das denn jetzt?'. Man macht sich dann ja Gedanken 'Warum ist das denn so, und das liegt an mir, das kann doch nicht alles an ihm liegen', und was weiß ich, was ich alles überlegt habe. Aber es ging dann halt nicht mehr, und da gibt es nicht viel - ich glaube nicht, daß viele Frauen wissen, was man da tun kann." (B/F7)

In diesen Aussagen zweier Frauenhausbewohnerinnen kommt zum Ausdruck, wie hoch die Ansprüche der Frauen an sich selbst sind, eine Mißhandlungssituation zu verändern und auch zu ertragen. Mißhandelte Frauen haben meist vieles auspro-

---

[2] Alle Zitate aus den Expertengesprächen und Gruppengesprächen sind mit einer Chiffre versehen, die mit einem Buchstaben die Stadt (vgl. Kap.1.4.2) und mit einer Angabe nach dem Schrägstrich die Person kennzeichnet: M bezeichnet eine Mitarbeiterin im Frauenhaus oder in der Beratungsstelle, F eine (ehemalige) Bewohnerin. Bei den Expertengesprächen in anderen Einrichtungen sind die Zitate mit einer Kurzbezeichnung für den Typus der Stelle versehen. Die Zitate aus der Diskussion in unserem Fachseminar sind mit der Chiffre FS ausgewiesen; hier handelt es sich nicht um wörtliche, sondern um protokollierte, leicht gekürzte Aussagen.

biert, und das Zusammenspiel von Scham, Unsicherheit über eigene Rechte, allgemeiner Resignation und Mutlosigkeit verdichtet sich zu einer diffusen Hilfserwartung. Nicht immer haben mißhandelte Frauen bei ihrer Hilfesuche eine klare Trennungsabsicht, sondern sie suchen in ihrer desolaten Situation nach Wegen, mit dem Mann besser auszukommen oder erwarten eine von ihnen selbst nicht näher bestimmbare Entlastung und Entscheidungsübernahme durch Dritte.

"Da habe ich mir selber ... ein Ultimatum gesetzt: wenn sich da in den nächsten Tagen nichts ändert, dann trenne ich mich von ihm! Da bin ich aber erst zu einer Eheberatungsstelle gegangen. Da bin ich hingegangen, er aber überhaupt nicht. Dann habe ich erst erwartet von ihm (dem Eheberater), daß er mir irgendwie eine Entscheidung abnimmt. Aber das hat er nicht gemacht, höchstens daß er mich zum ... daß ich mehr nachgedacht habe. Ich bin höchstens soweit gekommen, daß ich mir klarer war in der Entscheidung, daß ich mich eben trenne. ... Ich habe aber dann nicht so mit seinen Ausbrüchen gerechnet. Er wollte mich echt umbringen ...!" (C/F1)

Selbst wenn die Entscheidung zur Trennung durch den Entschluß, in ein Frauenhaus zu gehen, relativ gefestigt ist, wird dieser Schritt von vielen Ängsten und Unsicherheiten begleitet:

"Der erste Schritt ist der allerschwerste. Der Weg zum Telefon und dann vom Telefon aus zum Frauenhaus, weil, da kommen so viele Ängste zusammen. Die Angst, der Mann kommt nach Hause, daß er dich noch schnell erwischt, wenn du beim Packen bist, oder irgendetwas kommt dazwischen, und was kommt auf dich zu, und alles mögliche. Also, das ist schon Angst hoch zehn." (B/F6)

In ihrer Unentschlossenheit und Mutlosigkeit, eine Veränderung ihrer Situation herbeizuführen, sind mißhandelte Frauen zudem massiv durch Unzulänglichkeiten ihrer materiellen Versorgung, z.B. durch reale Wohnungsnot und fehlende finanzielle Absicherung verunsichert.

Insgesamt wird die Entscheidung zur Trennung immer wieder beeinflußt von der Hoffnung auf Veränderung, der Verantwortlichkeit für den Zusammenhalt der Familie, dem Zweifeln am Gelingen einer neuen Perspektive sowie dem Wunsch, die unerträgliche Situation zu beenden. Aus der Sicht von Außenstehenden erscheinen die häufigen Trennungsversuche und das Zurückkehren in die alten Verhältnisse als Ausdruck davon, daß kein ernsthaftes Bestreben nach Veränderung besteht; dies hat zur Folge, daß die Glaubwürdigkeit der Frauen in Frage gestellt wird.

Das bestehende Beratungsangebot ist für mißhandelte Frauen schwer überschaubar, und mit der Aufteilung in unterschiedliche Zuständigkeiten geht zwangsläufig eine Zergliederung der Mißhandlungsproblematik einher. Behördliche soziale Dienste wie Jugendämter und Familienfürsorge sind mit wenigen regionalen Ausnahmen nur für Familien oder Alleinerziehende mit Kindern zuständig. Ihre Aufgabenschwerpunkte sind die Beratung und Betreuung von Familien, welche eine Unterstützung nach dem Sozialhilfegesetz erhalten, die Regelung von Vormund- und Pflegschaftsangelegenheiten sowie die Stellungnahme zu Sorgerechtsentscheidungen bei Scheidungsverfahren. Kontakte zu Erziehungsberatungsstellen und/oder dem Kinderschutzbund entstehen über die Problematik von Kindern. Sozialpsychiatrische Dienste und psychotherapeutische Beratungsstellen sind zuständig für die Hilfe bei psychischen Krisen. Pro Familia wird bei Problemen aufgesucht, die mit Schwangerschaft und Familienplanung in Zusammenhang stehen. Ehe- und Lebensberatungsstellen sind eher geeignet, wenn beide Teile einer Ehe oder Partnerschaft Veränderung wünschen; zudem ist ihre Inanspruchnahme meist mit langen Wartezeiten verbunden.

In Berlin führte die Beratungsstelle der beiden autonomen Frauenhäuser für nachgehende Beratung (Verein Hilfe zur Selbsthilfe für Frauen) im Jahr 1983 Gespräche mit Einrichtungen freier Träger und sozialer Dienste durch.[3] Diese Gespräche dienten dem Austausch von Erfahrungen und sollten gleichzeitig Möglichkeiten in der Zusammenarbeit hinsichtlich der Beratung mißhandelter Frauen abklären.

Nach Aussagen der MitarbeiterInnen der Nachbarschaftsheime konnte aufgrund ihrer Schwerpunktsetzung bei Jugendlichen und Kindern eine spezifische Frauenberatung nicht geleistet werden, da der Kontakt zu den Frauen nur am Rande (als Elternteil der dort betreuten Kinder und Jugendlichen) besteht. Das Gemeinwesenzentrum bietet eine Frauenhandarbeitsgruppe an, und im Einzelfall findet auch soziale Beratung statt. Ein Ergebnis dieser Gespräche war, daß die Arbeit von Nachbarschaftsheimen zwar wichtig ist, spezifische Frauenarbeit, die über den Charakter von Freizeitgestaltung hinausgeht, jedoch nicht möglich ist. Eine mißhandelte Frau bleibt erst einmal weiter mit ihren Problemen allein, da der entsprechende Raum fehlt, in dem sie darüber sprechen könnte. Die Arbeit der Arbeiterwohlfahrt-Familienberatungsstelle umfaßt soziale Beratung sowie Einzel- und Familientherapie. Obwohl es keine frauenspezifische Beratung gibt, sind es dennoch vorwiegend Frauen, die die Beratungsstelle aufsuchen. Sofern es mißhandelte Frauen sind, sind es in der Regel solche, die nicht auf ein Frauenhaus angewiesen sind, sondern die ihre Trennung seit langem vorbereitet und entsprechende Schritte eingeleitet haben. In akuten Mißhandlungssituationen verweist die Beratungsstelle an die Frauenhäuser. Die MitarbeiterInnen der Erziehungsberatungsstellen und der sozialen Dienste berichteten, daß sie von einer Mißhandlungsproblematik der Frauen,

---

3) Es handelte sich dabei um drei Nachbarschaftsheime, ein Gemeinwesenzentrum, zwei Erziehungsberatungsstellen, zwei Beratungsstellen für Frauen aus der Türkei, den "Arbeitskreis Neue Erziehung", den "Verband alleinerziehender Mütter und Väter", eine Beratungsstelle der "Arbeiterwohlfahrt", zwei sozialpsychiatrische Dienste und einen sozialmedizinischen Dienst.

mit denen sie über Beratungen oder Therapien in Kontakt stehen, selten und eher am Rande erfahren. Sie führen das auf ein von den Frauen schwer abzulegendes Mißtrauen gegenüber Ämtern zurück. Erfahren sie dennoch von einer Mißhandlung, schätzen sie ihre Hilfsmöglichkeiten als eingeschränkt ein.
Im Rahmen der gegenwärtigen Studie wurden Gespräche mit Einrichtungen geführt, die uns von den Frauenhäusern genannt wurden,[4] weil deren Beratungsangebote als Unterstützung für mißhandelte Frauen und ehemalige Bewohnerinnen in Frage kommen. Von den befragten Ehe- und Familienberatungsstellen wird das Amtsmißtrauen vieler Frauen bestätigt.

"Es gibt ja eine Angst vor Behörden. Aber wir haben Schweigepflicht, die halten wir natürlich ein." (A/Erz.- u. Fam.beratung)

In akuten Mißhandlungssituationen wenden sich die Frauen nicht an diese Einrichtungen, bei telefonischen Anfragen verweisen alle Beratungsstellen an die Frauenhäuser oder Frauenwohnheime. Die Arbeitsstrukturen dieser Beratungsstellen, die mit Terminvergabe und relativ langen Wartezeiten verbunden sind, erschwert es, Anlaufstelle für mißhandelte Frauen zu sein.

"Wir haben eine Kommstruktur und vergeben regelmäßig Termine, das schaffen viele Frauen nicht. Das können wir aber nicht verändern." (A/Erz.- u. Fam.beratung)

"Die Frauen wenden sich hierher, wenn schon ein gewisser Klärungsprozeß stattgefunden hat. In den Gruppen wollen die Frauen an sich arbeiten ... Wir haben eine spezielle Klientel aus der Mittelschicht. Unsere Klienten haben von sich aus ein Motivation, zu kommen - das erwarten wir auch." (A/Erz.- u. Fam.beratung)[5]

Die Frauen wenden sich an bestimmte Stellen, weil sie den Druck und den Wunsch verspüren, daß sich etwas ändern soll. Dabei steht nicht unbedingt im Vordergrund,

---

4) Telefonisch haben wir u.a. zwei konfessionelle und eine behördliche Erziehungs- und Familienberatungsstelle befragt; intensive Gespräche führten wir zudem in zwei Jugendämtern.

5) Daß die Ehe- und Familienberatungsstellen eher "mittelschichtsorientiert" seien, haben nicht nur die Mitarbeiterinnen der Frauenhäuser und Frauenberatungsstellen gemeint, sondern dies ist auch deren Selbsteinschätzung. Auch MitarbeiterInnen eines Jugendamtes äußern dazu: "Ja, wir haben eine Eheberatungsstelle hier ans Jugendamt angegliedert ... Also die haben einen sehr ... oft einen sehr abgehobenen therapeutischen Ansatz in den letzten Jahren vertreten. Und der hat einer bestimmten Schicht sicher entsprochen, die sich verbalisieren kann und so. Das sind meistens nicht die Frauen, die in dieser aussichtslosen Lage kommen." (B/Jug.) Der im sozialpädagogischen Kontext immer wieder auftretende Mittelschichtsbegriff ist verhältnismäßig diffus. Die soziologische Kategorie der "unteren Mittelschicht", der rund 40% der Bevölkerung zuzurechnen sind, kommt in diesem Denkschema nicht vor.

für eindeutige Anliegen konkrete Lösungen zu finden. Im Gegenteil: für die Wirksamkeit der Hilfe scheint es wichtig zu sein, den Vorrang spezifischer Anliegen aufzulösen und eine offene Beratungsatmosphäre zu schaffen. Wie wir später noch aufzeigen werden, ist das herausragende Bedürfnis mißhandelter Frauen bei einer präventiven Beratung nicht der Wunsch nach Lösungen, sondern der Wunsch danach, in Ruhe mit jemandem sprechen zu können.

In unseren Gesprächen mit Vertretern behördlicher sozialer Dienste (Jugendamt) fragten wir nach deren Erfahrung im Umgang mit Frauen, bei denen sie eine Gewaltproblematik vermuten oder die selbst solche Probleme äußern.

"Also wenn ich mich recht erinnere, ist es selten so, daß es die Frauen direkt ansprechen ... Es sind, sage ich mal, so Andeutungen da ... Es gibt Frauen, denke ich, die wollen auch, daß ich das direkt anspreche, die können es mir selber nicht direkt und offen sagen ... Wenn sie nicht darüber sprechen will, werde ich dann nicht weiter nachbohren. Was ich mir dann vorstellen kann, dann ein bißchen allgemeiner damit umzugehen, also auch zu sagen, wenn z.B. akute Konfliktsituationen sind, sich da zu melden oder das Frauenhaus in Erwägung zu stellen." (C/Jug.)

Die Sozialarbeiterin erinnert sich an eine Situation, in der eine von ihr auf die Gewaltproblematik angesprochene Frau abwehrend und verneinend reagiert hat. Für sie war dann ganz deutlich,

"... daß die Frau das Bild von der heilen Familie nicht zerstört haben will ... Und dann kommt es natürlich darauf an, ich meine, wenn es über die Kinder geht, kann ich es nicht auf sich beruhen lassen. Und wenn es jetzt nur um die Frau selber persönlich geht, da kann ich nichts machen, kann versuchen, ihr im Gespräch deutlich zu machen 'Also wenn du irgendwann mal an dem Punkt bist, kannst du auch zu mir kommen und darüber reden'." (C/Jug.)

Ein Kollege dieser Sozialarbeiterin sieht eine Schwierigkeit darin, Vertreter einer Institution mit Eingriffsmacht zu sein. Nach seinen Erfahrungen wird der Kontakt zu Familien mit einer Gewaltproblematik erheblich belastet oder gar abgebrochen, wenn ein Sorgerechtsentzug angedroht oder vollzogen wird. Er vermutet, daß Institutionen ohne den Zwang zur Einleitung von Maßnahmen in extremen Konfliktsituationen sinnvollere Arbeit leisten können.

Der Kontakt vieler mißhandelter Frauen zum Jugendamt stellt sich bei ihren Trennungsabsichten in Zusammenhang mit dem Sorgerechtsverfahren her. Der Wunsch, ihre Fähigkeiten als Mütter anerkannt zu sehen, damit ihnen das Sorgerecht für die Kinder zugesprochen wird, kann Frauen dazu veranlassen, ihre Mißhandlungssituation zu verschweigen, so daß diese Problemlage in den Hintergrund tritt.

Wir können davon ausgehen, daß im Verlauf der letzten Jahre mißhandelte Frauen bei etablierten Einrichtungen einer veränderten Sensibilität gegenüber ihrer

Problematik begegnen. Allein die Existenz von vielen Frauenhäusern und deren allmähliche Anerkennung als Institution erhöht die Aufmerksamkeit gegenüber Gewalt gegen Frauen. Es ist auch relativ weit verbreitet, dieses Thema bei der Ausbildung an Fachhochschulen und Universitäten sowie in der Fortbildung zu behandeln. Nicht zuletzt sind Frauenhäuser und Frauenberatungsstellen Ausbildungsstätten für Praktikantinnen, die später in den sozialen Diensten arbeiten.

Eine erhöhte Sensibilität bedeutet ebenfalls, daß eine Mißhandlungsproblematik früher erkannt und den damit verbundenen Konflikten größeres Verständnis entgegengebracht wird. Wie wir in Gesprächen mit ehemaligen Frauenhausbewohnerinnen feststellen konnten, trafen sie bei ihrer Hilfesuche vor dem Frauenhausaufenthalt oft auf Einrichtungen, die sie zu einem Frauenhausaufenthalt ermutigten oder an eine Frauenberatungsstelle weitervermittelten. Nach wie vor kommt es jedoch auch vor, daß Frauen gar nicht von Frauenhäusern erfahren oder daß sie davor gewarnt werden; auch gibt es Stellen, die den Familienzusammenhalt höher bewerten als die Lebensrechte der bedrohten und geschlagenen Frau. Zwei Frauenhausbewohnerinnen berichten davon:.

"Während meiner Schwangerschaft war ich bei einer Stelle, die mir Geldhilfe von 'Hilfe für Mutter und Kind' geben sollte. Dort habe ich auch über meine Probleme gesprochen. Die Sozialarbeiterin sagte mir, daß das Frauenhaus nicht so gut ist, daß dort eben auch so asoziale Menschen sind, daß das bestimmt nicht das Richtige für mich ist ... Sie war halt sehr negativ eingestellt gegenüber Frauenhäusern, und das hat mich nachdenklich gestimmt." (B/F6)

"Ich war in einer kirchlichen Beratungsstelle bevor ich ins Frauenhaus bin, und ich muß sagen, die wollten, daß ich zu meinem Mann zurückgehe, daß ich mit meinem Mann komme - und immer mein Mann. Und da habe ich zu denen gesagt 'Wer denkt an mich?' ... Aber die haben immer versucht, das zusammenzuhalten und gesagt, daß ich an die Kinder denken soll, daß denen halt der Vater fehlt." (B/F7)

Insgesamt gesehen ist jedoch ein sensiblerer und qualifizierterer Bezug auf diese Problematik zu beobachten, so daß in Einzelfällen diese Stellen auch präventive Beratung leisten. In dem Maße allerdings, wie strukturelle Hindernisse, wie z.B. eingegrenzte Kompetenzen und Zeitmangel durch die Fülle der zu beratenden Fälle, die Beratung stark einschränken, haben auch sensibilisierte Fachkräfte keine andere Möglichkeit als die, Frauen an spezielle Frauenberatungsstellen oder Frauenhäuser zu verweisen. Unsere Expertengespräche waren darauf angelegt, gerade kooperative und informierte Personen zu befragen; der überwiegende Teil von ihnen fühlt sich durch die Möglichkeit der Delegation dieser Fälle an frauenspezifische Stellen sehr entlastet.

Der große Anteil präventiver Beratung in den von uns befragten Beratungsstellen und die uns geschilderte Praxis vieler traditioneller Einrichtungen, mißhandelte Frauen weiterzuvermitteln, lassen darauf schließen, daß ein hoher Bedarf an frauenspezifischer Beratung besteht. Durch die Existenz solcher Beratungsangebote kann sich der Anteil der Frauen, die frühzeitig Hilfe und Rat suchen, vergrößern. Daher ist dieser wachsende Bedarf an frauenspezifischer Beratung auch als ein erfreuliches Ergebnis der Frauenhausbewegung zu werten.

2.3 Inhalte und Ziele der präventiven Beratung

Präventive Beratung meint zunächst einmal die Beratung mißhandelter Frauen, die zum Zeitpunkt der Beratung (noch) nicht in einem Frauenhaus leben. Sie zielt darauf ab, die Frauen in ihrem Wunsch nach Veränderung ihrer Situation zu ermutigen und zu bestärken. Unabhängig davon, wieweit sie sich zu einer Trennung oder Scheidung entschließen können, wünschen die allermeisten Frauen Information über die notwendigen Schritte und über ihre Möglichkeiten und Rechte für den Fall, daß sie sich trennen. Bei den Frauen, die kein Frauenhaus aufsuchen wollen oder müssen, kann die Suche nach alternativen Lösungsmöglichkeiten und Hilfsangeboten im Zentrum stehen. Den Frauen, denen in einer akuten Bedrohungssituation keine anderen Hilfsmöglichkeiten zur Verfügung stehen, werden in diesen Gesprächen Informationen über Frauenhäuser gegeben, um mögliche Hemmschwellen und Vorbehalte abbauen zu helfen. Die wesentlichen Elemente präventiver Beratung lassen sich wie folgt zusammenfassen:

(1) Die Beratung ist anonym, parteilich und kostenlos. Die Wünsche und Interessen der Frauen, ihre individuelle Lebensgeschichte werden zum Ausgangspunkt der Beratung gemacht. Die Mitarbeiterinnen stellen an sich den Anspruch, die gesellschaftlichen und individuellen Dimensionen der Gewalt gegen Frauen zu kennen. Sie nehmen in der Beratung eindeutig Stellung zu Gewalttätigkeiten, um die Frauen von ihrem Gefühl der Mitschuld zu entlasten.

(2) Die Beratung ist offen strukturiert. Es besteht das Angebot, die Frauen in kontinuierlichen Gesprächen bei ihrem Trennungsprozeß zu begleiten und zu unterstützen oder auch an andere Einrichtungen weiterzuvermitteln. In der Beratung wird berücksichtigt, daß trotz vorhandener Bedrohung die Herauslösung aus einer Mißhandlungsbeziehung einen langfristigen Prozeß darstellt und mit starken Ambivalenzen behaftet ist. Diesem Aspekt wird entsprechender Raum gegeben, d.h., daß die Frauen nicht gedrängt werden, sich zu trennen oder andere Veränderungen ihrer Situation herbeizuführen.

(3) Bei akuter Bedrohung werden die Frauen an ein Frauenhaus vermittelt, oder es werden alternative Wohnmöglichkeiten gesucht.

(4) Die Frauen werden umfassend über rechtliche und finanzielle Voraussetzungen einer Trennung und Scheidung informiert und über alle weiteren Fragen der materiellen Existenzsicherung aufgeklärt.

(5) In der Regel wird keine Paarberatung angeboten; bei Bedarf besteht das Angebot der Weitervermittlung. Eine Ausnahme bilden einzelne, meist konfessionelle Einrichtungen, die selbst Paarberatung anbieten.

Die folgende Tabelle stellt die wichtigsten Inhalte und Bereiche präventiver Beratung in der Einschätzung der Mitarbeiterinnen von Frauenhäusern und Beratungsstellen dar.

Tab.2.01: Wünsche der Frauen an präventive Beratung

	Beratungs- stellen %	Frauen- häuser %
Die Frauen wünschen sich in diesen ersten Gesprächen vorwiegend:		
in Ruhe mit jemandem sprechen zu können	97	87
Auskünte zur rechtl./finanz. Situation bei Trennung/Scheidung	87	72
Auskünfte zur materiellen Existenzsicherung	52	30
Hilfe bei Bedrohung	45	39
Informationen über Frauenhäuser	61	15
Weitervermittlung in andere Einrichtungen	52	15
Solidarität und Entscheidungshilfe	23	15
Informationen über Gruppenangebote	45	5
allgemeine fachliche Auskünfte	6	13
Informationen zur Wohnproblematik/zu Wohnmöglichkeiten	16	11
Insgesamt	n=31	n=76

Mehrfachnennungen waren möglich

Das Wesentliche in den präventiven Gesprächen ist - außer dem Wunsch nach fachlicher Auskunft - eine besondere Beratungsatmosphäre. Der Wunsch, in Ruhe mit jemandem sprechen zu können, wird sowohl von den Frauenhäusern als auch von den Beratungsstellen an erster Stelle genannt. Für die Frauen ist es wichtig, sich nicht unter Druck zu fühlen und gezwungen zu sein, übereilte Lösungen zu finden. Sie möchten sich aussprechen können und schätzen es, wenn darauf Rücksicht genommen wird. Daß in den präventiven Gesprächen im Frauenhaus ein weitaus geringeres Bedürfnis nach Informationen über Frauenhäuser besteht (15% gegenüber 61% in Beratungsstellen), liegt vermutlich daran, daß diese Frauen über ein bereits an anderer Stelle erworbenes gewisses Maß an Information verfügen oder sich bereits für eine andere Unterkunft entschieden haben. In Beratungsstellen scheint es häufiger vorzukommen, daß Frauen im Vorfeld einer Trennung einen allgemeinen Überblick über die verschiedenen Möglichkeiten wünschen, was sich besonders in dem Anliegen ausdrückt, Informationen über Frauenhäuser zu erhalten.

Der höhere Anteil an Weitervermittlungswünschen bei Beratungsstellen (52% zu 15% in Frauenhäusern) könnte zum einen damit zusammenhängen, daß Beratungsstellen vielfach an Frauenhäuser weitervermitteln, zum anderen läßt sich daraus auch ableiten, daß Beratungsstellen von Frauen aufgesucht werden, die nach anderen Möglichkeiten der Veränderung ihrer Situation suchen. Dies könnte somit auch das höhere Informationsbedürfnis über Gruppenangebote erklären (45% in Beratungsstellen, 5% in Frauenhäusern). Einige Gruppenangebote haben durchaus präventiven Charakter, weil über die Auseinandersetzung mit bestimmten Themen und den Austausch mit anderen Frauen wichtige Impulse für Veränderungen gegeben werden können.

2.4 Organisatorische Modelle

In Abhängigkeit von konzeptionellen, regionalen und infrastrukturellen Gegebenheiten wird präventive Beratung überwiegend direkt vom Frauenhaus, teilweise außerhalb angeboten. In Anlehnung an die Entwicklung der nachgehenden Beratung haben sich - wenn auch eher latent - zwei Modelle herausgebildet: die naturwüchsige oder bewußte Einbindung präventiver Beratung in die Arbeit des Frauenhauses und die Auslagerung in eine Beratungsstelle, wobei dies meist eine Stelle ist, die an sich für nachgehende Beratung eingerichtet wurde. Im folgenden werden die Modelle beschrieben; ihre Vor- und Nachteile werden in der Problemdiskussion (Kap.2.6) dargestellt.

(1) Präventive Beratung im Frauenhaus

Präventive Beratung ist Bestandteil jeder Frauenhausarbeit. Wie umfangreich die Inanspruchnahme dieser Beratung ist, hängt u.a. auch davon ab, welche weiteren frauenspezifischen Angebote in der jeweiligen Stadt vorhanden sind.

Ein Drittel der von uns befragten Frauenhäuser gibt an, daß die präventive Beratung ein von Anfang an in der Konzeption vorgesehener Arbeitsbereich war. Rund zwei Drittel geben an, daß das Angebot präventiver Beratung als Reaktion auf den vorhandenen Bedarf erst im Laufe der Arbeit entstanden ist. Die Beratungen werden von allen Mitarbeiterinnen durchgeführt, es handelt sich dabei um persönliche Gespräche oder telefonische Beratungen. Die Frauen können zur Beratung direkt ins Frauenhaus kommen, oder die Mitarbeiterinnen treffen Vereinbarungen für Gesprächsmöglichkeiten außerhalb des Frauenhauses.

Eine Frauenhausmitarbeiterin beschreibt diese Beratung folgendermaßen:

> "Das ist sehr unterschiedlich, auch was eine Frau überhaupt so will. Die das erste Mal zu einem Gespräch kommt, die will nicht unbedingt in ein Frauenhaus gehen, die möchte erst einmal eine Beratung haben. Manchmal empfehlen wir sie auch weiter, weil wir nicht der richtige Ort für sie sind."
> (C/M1)

Generell können alle Frauen mit einem Beratungswunsch nach Terminabsprache zu Gesprächen ins Frauenhaus kommen.

> "Was man vielleicht noch sagen sollte an dieser Stelle, daß Frauen, die wir auch aufnehmen würden, die aber nicht selbst kommen wollen, daß wir denen immer sagen, wenn da irgendetwas ist, daß sie jederzeit kommen kann, ob Tag oder Nacht ... daß es jederzeit möglich ist. Das ist für die meisten Frauen, also für die wir zuständig sind, schon ein gutes Gefühl; und da gibt es welche, die ein halbes Jahr unsere Adresse im Portemonnaie haben und dann wirklich manchmal kommen." (C/M1)

Folgende Tabelle gibt Aufschluß darüber, in welcher Form präventive Beratung in Frauenhäusern stattfindet.

Tab. 2.02: **Formen der präventiven Beratung**

	%
Die Frauen kommen zu Gesprächen ins Haus	45
Wir schlagen ein Treffen außerhalb des Hauses vor [6]	49
Vorwiegend in Form von telefonischer Beratung	70
In der Beratungsstelle außerhalb des Frauenhauses	23

Mehrfachnennungen waren möglich (n=78)

Die Frauenhäuser, die nachgehende und präventive Beratung ausgelagert haben, beschränken sich in der Regel auf telefonische Beratung und verweisen häufig auf die außerhalb vorhandene Beratungsmöglichkeit. Der sehr hohe Anteil telefonischer Beratungen auch unter den Frauenhäusern, die keine spezifische Beratungsstelle anzubieten haben, läßt vermuten, daß hier bereits wichtige Informationen und Hilfestellungen gegeben und akut bedrohte Frauen dazu ermutigt werden, das Frauenhaus aufzusuchen. Aus der Sicht der Frauen kann dies aber auch bedeuten, daß es ihnen leichter fällt, telefonische Hilfe zu beanspruchen, weil sie lieber anonym bleiben wollen oder sich zu ängstlich und belastet fühlen, um ein persönliches Gespräch führen zu können.

Darüber, welches Ausmaß die präventive Beratung allgemein in der Frauenhausarbeit einnimmt, werden folgende Angaben gemacht: Bei 40% der Frauenhäuser beträgt der Anteil bis zu einem Zehntel der gesamten Arbeit, bei 21% der Frauenhäuser beträgt der Anteil bis zu einem Viertel; 16% der Frauenhäuser geben an,

---

[6] In welcher Form und an welchem Ort diese Treffen stattfinden, läßt sich aus dem Fragebogenmaterial nicht exakt bestimmen. Wir vermuten aber aufgrund unserer zusätzlichen Informationen aus der Detailanalyse, daß es sich bei diesen Treffen zum Teil um Hausbesuche Verabredungen in Frauenzentren, Frauencafés u.ä. handelt.

daß der Anteil der präventiven Beratung ein Viertel ihres gesamten Arbeitsaufwands übersteigt.[7)]
Angesichts der meist überfüllten Frauenhäuser und deren geringer Personalausstattung ist abzuschätzen, welche zusätzliche Belastung die Übernahme präventiver Beratungsleistungen bedeutet. Die Mitarbeiterinnen stellen einen Teil ihres Arbeitspotentials zur Verfügung und müssen an anderer Stelle Einschränkungen machen, weil für diese Beratung keine zusätzlichen Mittel vorhanden sind und es in vielen Regionen keine anderen frauenspezifischen Angebote gibt, an die sie die Frauen weitervermitteln könnten.

(2) **Präventive Beratung in Beratungsstellen**

In dieser Form wird präventive Beratung außerhalb des Frauenhauses angeboten. Die verschiedenen Orte der Beratung sind entweder Frauenhausberatungsstellen oder allgemeine Frauenberatungsstellen, die sich auch als zuständig für die Beratung mißhandelter Frauen begreifen. Den Öffnungszeiten entsprechend oder nach telefonischer Terminabsprache kommen die Frauen zur Beratung. In diesen Beratungsgesprächen erhalten die Frauen auch einen Überblick über zusätzliche Angebote der Beratungsstelle, außerdem werden Informationen über Angebote anderer Einrichtungen gegeben, und oft wird an andere Stellen weitervermittelt.

Der überwiegende Teil (zwei Drittel) der befragten Beratungsstellen orientiert sein Angebot vorrangig an mißhandelten Frauen und ehemaligen Frauenhausbewohnerinnen. Gleichzeitig bestehen aber meist noch zusätzliche Beratungs- und Gruppenangebote, die über den Problembereich von Mißhandlung hinausgehen. Die Klientel der Beratungsstellen ist demnach breiter gestreut; dies gilt vor allem für die allgemeinen Frauenberatungsstellen. An Beratungsstellen wenden sich auch Frauen mit Beziehungsproblemen, bei denen Gewalt nicht im Vordergrund steht. Frauen, die akut bedroht sind, wenden sich zur Beratung vermutlich eher direkt an die Frauenhäuser. Frauen, die in der Lage sind, eine Trennung längerfristig vorzubereiten, suchen Hilfe und Informationen eher in Beratungsstellen.

> "Die kommen meist von selber hierher, ... manche werden von offiziellen Ämtern geschickt. Und dann rufen die Frauen an, und dann sagen wir, ja, sie können zu dem und dem Zeitpunkt vorbeikommen ... (Es kommen Frauen) mit Problemen in allen möglichen Bereichen, seien es jetzt Beziehungsprobleme, sei es jetzt Arbeitssuche ... Teilweise hat man das Gefühl, die wollen einfach mal wieder richtig reden. Einfach, daß ihnen auch jemand mal zuhört ... Ja, oder auch, daß sie Sachen haben, wo sie noch niemals mit jemandem

---

[7)] Die Frauenhäuser, die auf Beratungsstellen verweisen, machen hierzu keine Angaben. Obwohl diese Zahlenangaben primär das subjektive Empfinden der Mitarbeiterinnen wiedergeben und nicht als präzise Angaben gewertet werden können, geben sie dennoch in etwa Auskunft darüber, welch relativ großen Raum die präventive Beratung in der Frauenhausarbeit einnimmt.

darüber gesprochen haben. Daß das ihnen eine so große Last ist, daß sie da endlich einmal jemand brauchen und nicht wollen, daß das in Privatkreisen abläuft und auch bekannt wird." (B/M1)

(3) **Ergänzende präventive Angebote**

Ein weiteres Potential für präventive Beratung liegt bei Beratungsstellen, die Hilfe für Opfer von Gewalt anbieten, ohne frauenspezifisch angelegt zu sein. Keines der befragten Frauenhäuser hat uns auf eine solche Einrichtung als Kooperationspartner hingewiesen; dies läßt sich als Indiz dafür interpretieren, daß solche Stellen keine nachgehende Beratung übernehmen, die ja zumeist die Basis für engere Zusammenarbeit mit den Frauenhäusern ist. Auch gibt es erst sehr wenige solcher Beratungsstellen. Anhand der Erfahrungsberichte der "Opferhilfe"-Beratungsstelle in Hamburg ist jedoch zu erkennen, daß solche Stellen, die in der Öffentlichkeit die Betroffenheit von Gewalt als ihren Arbeitsbereich zu erkennen geben, eine wichtige Aufgabe und auch eine mögliche Entlastung der Frauenhäuser in der präventiven Beratung übernehmen können.

Die Beratungsstelle "Opferhilfe" in Hamburg ist nach der "Hanauer Hilfe" die zweite Einrichtung dieses Typus' in der Bundesrepublik, die sich mit einem Angebot von Beratung und Hilfe an Opfer von Straftaten wendet. Träger ist der bundesweite Verein "Opferhilfe - Hilfe für Opfer von Straftaten e.V.", der 1984 in Bremen gegründet wurde; inzwischen sind infolge der Ausdifferenzierung der Arbeit eigenständige Untervereine gegründet worden. Das Angebot richtet sich an Opfer von Straftaten jeder Art, einschließlich solcher, die nicht angezeigt werden; anders als der "Weiße Ring" bietet die Stelle keine materiellen Entschädigungen an, dafür jedoch Bewältigungsmöglichkeiten für die psychischen und sozialen Folgen.

Entsprechend dieser allgemeinen Zielsetzung suchten anfänglich Opfer sehr unterschiedlicher Übergriffe die Beratungsstelle auf: Eigentums- und Betrugsdelikte, Gewaltdelikte, Nachbarschaftskonflikte u.a.. Dies hat sich jedoch rasch verändert. In zunehmendem Maße wurde die Beratungsstelle weitgehend bis ausschließlich von Opfern von Gewaltdelikten in Anspruch genommen, und zwar insbesondere von Frauen, die Vergewaltigung und Mißhandlung erlebt hatten. Waren nach einem Jahr schon zwei Drittel der Klientel weiblich, so war dies im zweiten Jahr des Bestehens der Beratungsstelle (1987/88) mehr als drei Viertel geworden. Mehr als die Hälfte der Ratsuchenden insgesamt waren Opfer von Gewalt innerhalb einer Beziehung; der Rest waren Opfer von Gewalt fremder Täter, wobei je die Hälfte vergewaltigte Frauen und Männer, die Körperverletzungen durch Fremde erlebt hatten, waren. Aus der Statistik und aus den Fallgeschichten des zweiten Jahresberichts wird deutlich, daß die "Opferhilfe" mit etwa der Hälfte ihrer Kapazität präventive Beratung für Frauen leistet, die in Ehen oder Beziehungen Gewalt erleiden (Opferhilfe 1987 und 1988).

Dieser Sachverhalt verweist auf einen bemerkenswerten Bewußtseinswandel seit der Einrichtung der ersten Frauenhäuser. Offensichtlich sind auch Frauen, die noch nicht zu einer Trennung entschlossen sind, heute in der Lage, die in der Ehe erlittene Gewalt der Kategorie einer Straftat zuzuordnen, denn sie wenden sich an eine Stelle, die ausdrücklich für Opfer von Straftaten zuständig ist. Selbst Vergewaltigung in der Ehe, wenn auch mit einem Tabu belegt und nur schwer ansprechbar, bewegt Frauen offenbar dazu, eine derart bezeichnete Stelle aufzusuchen. Ein Wandel des Rechtsbewußtseins bei Frauen ist erkennbar. Es darf angenommen werden, daß die Forderung der feministischen Notruf- und Frauenhausgruppen nach Strafverfolgung für Beziehungsdelikte den betroffenen Frauen neue Möglichkeiten der Hilfesuche eröffnet hat. Diese Bewußtseinsveränderung läßt sich in den Worten von van Stolk und Wouters als Übergang der Wahrnehmungsmuster vom Unglück (oder "Pech") zum Unrecht (van Stolk/Wouters 1987).

Obwohl mißhandelte Frauen nach wie vor Schwierigkeiten haben, sich aus einer gewaltförmigen Beziehung zu lösen oder diese zu verändern, so haben sie heute - anders als vor 15 Jahren - das deutliche Bewußtsein, ein von der Gesellschaft mißbilligtes, grundsätzlich strafbares Unrecht zu erleiden. Denn nur, weil sie sich als Opfer einer Straftat sehen, können mißhandelte und vergewaltigte Frauen Hilfe bei einer solchen Stelle suchen.

Dieser Bewußtseinswandel ist von der "Opferhilfe Hamburg" selbst nachhaltig unterstützt worden. Schon in der konzeptionellen Vorarbeit fiel die Entscheidung, den Arbeitsschwerpunkt der Stelle auf die Unterstützung von Frauen zu legen, die Opfer von Gewalt geworden sind, und dies ausdrücklich auch bei Gewalt in der Ehe. Dem entsprach die Öffentlichkeitsarbeit bei der Eröffnung der Stelle 1986: in den Zeitungsmeldungen wurde auf diesen Schwerpunkt hingewiesen. Hierdurch erhielt die Einrichtung teilweise das Profil einer spezifischen Beratungsstelle für vergewaltigte und mißhandelte Frauen. Aus dem Erfolg dieser Arbeit, die als präventive Beratung, z.T. auch mit längerfristig angelegten Therapien, angenommen wird, ist zu schließen, daß ergänzende präventive Beratung bei entsprechender Sensibilität auch von anderen Einrichtungen geleistet werden kann. Allerdings hat auch die "Opferhilfe Hamburg" den Status eines ungesicherten Sonderprojekts, das von einem autonomen Verein initiiert und mit ABM-Stellen in die Praxis umgesetzt wurde. Die in den vorhandenen Institutionen gebundenen Ressourcen kommen nach unserem Kenntnisstand noch nicht einer präventiven Beratung, die die Frauenhäuser entlasten könnte, zugute.

2.5 Zugänglichkeit und Klientel der präventiven Beratung

Wenngleich ein wesentlicher Bestandteil präventiver Beratung die Weitervermittlung an Frauenhäuser ist, befindet sich ein Großteil der Ratsuchenden bei der präventiven Beratung in einer anderen Situation als die Frauen, die in ein Frauenhaus gehen. Nach Einschätzung der Mitarbeiterinnen sowohl der Frauenhäuser wie auch der Beratungsstellen befindet sich ein Teil der Frauen, die eine präventive Beratung aufsuchen, in einer weniger ausgeprägten massiven Mißhandlungssituation. Oft sind diese Frauen aufgrund besserer ökonomischer und sozialer Ressourcen eher in der Lage, Hilfsquellen für sich zu mobilisieren. Die folgenden Zitate geben nach der Erfahrung der Mitarbeiterinnen einige typische Situationsmerkmale von Frauen wieder, die die präventive Beratung aufsuchen.

"Wir haben einen sehr großen Anteil an präventiver Beratung. Es sind viele Frauen, die mißhandelt worden sind und sich trennen wollen, aber nicht ins Frauenhaus wollen, z.B. weil sie aus einer anderen sozialen Schicht kommen ... weil sie meinen, das nicht nötig zu haben. Sie brauchen aber Information und Unterstützung und bekommen das von uns." (FS/M10)

"Wir haben eine Gruppe angeboten für Frauen, die sich trennen wollen. Es sind mittlerweile 30 Frauen aus dem Landkreis, die regelmäßig in diese Gruppe kommen, wobei es inzwischen zwei Gruppen sind, die sich einmal in der Woche treffen. Darunter sind auch Frauen, die geschlagen werden. Es sind aber für mein Gefühl anderen Frauen als die, die in ein Frauenhaus kommen. Die Mißhandlung ist nicht so akut und wird nicht von vornherein zum Thema." (FS/M19)

"Die meisten Frauen, die hierherkommen, die sprechen zum ersten Mal darüber, daß sie überhaupt geschlagen werden oder auch seelisch unterdrückt werden ... Und wir machen halt das Angebot an die Frauen, daß die auf jeden Fall zu Beratungsgesprächen hier wiederkommen können ... Viele Frauen kommen in die offene Beratung, die sich zwar trennen wollen, aber (noch) nicht gehen können. Für die kommt das Frauenhaus überhaupt nicht in Frage ... Einige Frauen gehen dann in die Gruppen ... Von einigen Frauen wird die Beratungsstelle nur einmalig in Anspruch genommen." (A/M1)

Die Einschätzung, daß Frauen aus einer "besseren" sozialen Schicht zur präventiven Beratung kommen, läßt nicht den Schluß zu, daß an Frauenhäuser ausschließlich Frauen aus sozial schwächeren Schichten weitervermittelt werden. Obwohl es empirisch nicht gesichert ist und wir uns auf Erfahrungsberichte beziehen, scheint die Klientel der präventiven Beratung im Vergleich zu Frauenhausbewohnerinnen zu einem größeren Anteil aus einer besser gestellten Lebenslage zu kommen.

Relativ häufig wird berichtet, daß Frauen in der Beratung zum ersten Mal von ihrer Gewaltproblematik sprechen. Im Gegensatz zu einigen behördlichen Einrichtungen, denen - nicht immer unbegründet - ein gewisses Amtsmißtrauen entgegengebracht wird, sichern die Frauenberatungsstellen Anonymität zu. Dies erleichtert es den Frauen, ihre persönlichen Probleme auszusprechen. Bei einigen Frauen stand die Gewaltproblematik bislang nicht im Vordergrund; sie wollen sich trennen und erahnen oder erfahren, daß mit der Umsetzung dieser Trennungsabsicht eine Dimension von Gewalt auftreten kann.

In unserer schriftlichen Befragung haben wir danach gefragt, von welchen anderen Stellen die Frauen von der Möglichkeit der präventiven Beratung erfahren; die folgende Tabelle stellt die Ergebnisse dar.

Tab.2.03: Zugangswege zur präventiven Beratung

	Beratungs- stellen %	Frauen- häuser %
Die Frauen erfahren von der Möglichkeit, sich präventiv beraten zu lassen durch:		
Eigene Öffentlichkeitsarbeit	83	24
andere Beratungsstellen	76	29
Ämter	24	45
Ärzte/Krankenhäuser	7	44
Privatpersonen	0	58
RechtsanwältInnen	10	25
Frauenprojekte	7	4
Insgesamt	n=29	n=71

Mehrfachnennungen waren möglich

Ein Bestandteil der Öffentlichkeitsarbeit ist die Erstellung und Verbreitung von Broschüren und Plakaten; in manchen Städten erscheinen die Adressen von Frauenberatungsstellen regelmäßig in der Tagespresse oder in Programmzeitschriften. Der geringere Anteil von Öffentlichkeitsarbeit für Beratung bei Frauenhäusern (24%) im Vergleich zu den Beratungsstellen (83%) hängt sicherlich damit zusammen, daß Frauenhäuser sich in ihrer Funktion als Aufenthaltsort für mißhandelte Frauen und weniger als Beratungsort präsentieren. Beratungsstellen müssen mehr als Frauenhäuser auf ihre Arbeit durch Broschüren und Plakate hinweisen; der hohe Anteil des Zugangs von Frauen über diese Informationen legt nahe, daß viele Frauen, die präventive Beratung aufsuchen, sich ihre Informationen über Hilfsmöglichkeiten selbst verschaffen, wobei auch andere Beratungsstellen als Informationsquellen dienen können (76%).

Der hohe Anteil der Vermittlung über Privatpersonen bei Frauenhäusern (58%) könnte zum einen daraus resultieren, daß in Privatkreisen die Existenz von Frauenhäusern als zuständiger Ort für eine Mißhandlungsproblematik bekannter ist, von Beratungsstellen hingegen keine Kenntnis besteht. Zum anderen könnte es sich bei den Privatpersonen um ehemalige Frauenhausbewohnerinnen handeln, die mit einer erhöhten Aufmerksamkeit gegenüber einer Gewaltproblematik andere Frauen auf die Beratungsmöglichkeit in Frauenhäusern hinweisen. Ärzte und Krankenhäuser sind sicherlich oft mit den Folgen massiver und lebensgefährlicher Mißhandlung konfrontiert und verweisen dehalb aus Sicherheits- und Schutzgründen direkt an die Frauenhäuser. Der relativ geringe Anteil an Vermittlung durch Ämter bei den Beratungsstellen scheint zu bestätigen, daß Frauen, die Frauenberatungsstellen aufsuchen, weniger zu behördlichen sozialen Diensten gehen.

2.6 Probleme und Grenzen der Arbeit der präventiven Beratung

Aus den praktischen Erfahrungen in diesem Arbeitsbereich haben sich im Laufe der Jahre einige Problempunkte herauskristallisiert, die sich sowohl auf die Art der Organisation wie auch auf Inhalte und Grenzen der präventiven Beratung beziehen.

Auf der organisatorischen Ebene steht die Frage nach dem geeigneten Ort für präventive Beratung im Vordergrund. Aus der schriftlichen Befragung der Frauenhäuser geht hervor, daß darüber zwar kontroverse Meinungen bestehen, die Mehrzahl der Frauenhäuser (rund zwei Drittel) sich aber für eine ausgelagerte präventive Beratung ausspricht. Knapp die Hälfte aller Frauenhäuser nennt als Grund für eine Auslagerung, daß dadurch die Anonymität des Frauenhauses besser gewährleistet ist. Des weiteren wird die Sorge geäußert, daß angesichts der beengten Wohnverhältnisse im Frauenhaus eine Beratung von Nicht-Bewohnerinnen die Privatsphäre der Frauenhausbewohnerinnen stören und einschränken würde. Für ein Viertel der Befragten ist die präventive Beratung im Frauenhaus als zusätzliche Belastung neben der Frauenhausarbeit problematisch. Bei 13 Frauenhäusern besteht die Einschätzung, daß Frauen eher eine Beratungsstelle aufsuchen, weil ihr gegenüber geringere Schwellenangst besteht.

Diejenigen Frauenhäuser, die im Frauenhaus den geeigneten Ort für präventive Beratung sehen, nennen als Hauptgrund, daß durch den Einblick in die Arbeitsweise und die Lebensbedingungen eines Frauenhauses Vorbehalte und Ängste gegenüber einem möglichen späteren Frauenhausaufenthalt abgebaut werden können. Für diese Mitarbeiterinnen ist präventive Beratung ein integraler Bestandteil der Frauenhausarbeit und sollte es auch bleiben.

Die Überlegungen über den geeigneten Ort der präventiven Beratung müssen dahingehend erweitert werden, welche zusätzlichen frauenspezifischen Einrichtungen am jeweiligen Ort vorhanden sind. In der Mehrzahl der von uns befragten Städte sind Frauenhäuser nach wie vor die einzigen Stellen, die frauenspezifische Beratung für mißhandelte Frauen anbieten. Solange keine anderen Möglichkeiten zur Verfügung stehen, müßte sich die Übernahme von präventiven Beratungsleistungen durch die Frauenhäuser konsequenterweise auch in einer Aufstockung der Personalmittel niederschlagen.

Die Hauptschwierigkeiten bei der inhaltlichen Gestaltung der Beratungsverhältnisse sehen die Mitarbeiterinnen einerseits in den objektiv eingeschränkten praktischen Hilfsmöglichkeiten, andererseits aber in den immanenten Grenzen des Beratungsverhältnisses.

Die allgemeine Problematik, daß nicht genügend gesellschaftliche Angebote zur beruflichen und finanziellen Stabilisierung für Frauen vorhanden sind, die auf sich gestellt sind, beeinflußt die Möglichkeiten von präventiver Beratung und bestimmt ihre Grenzen. Die Mitarbeiterinnen versuchen jedoch, im gegebenen Rahmen unbürokratische Hilfestellungen zu geben oder an andere Stellen weiterzuvermitteln. Als wesentliche Probleme erweisen sich für die Mitarbeiterinnen die Schwierigkeiten, die einer schnellen Vermittlung von Wohnraum entgegenstehen, da an den meisten Orten zu wenige erschwingliche Wohnungen auf dem Markt sind und alleinstehende Frauen mit Kindern zudem bei Vermietern oft auf Ablehnung stoßen. Von den Mitarbeiterinnen wird auch genannt, daß die Bereitstellung vorübergehender Wohnmöglichkeiten eine sinnvolle und notwendige Erweiterung ihres Beratungsangebots wäre. In Ermangelung anderer Wohnmöglichkeiten für bedrohte Frauen bleibt den Mitarbeiterinnen oftmals nur die Möglichkeit, einen Frauenhausaufenthalt als Schutz vor weiterer Gewalt zu empfehlen. Die Tatsache, daß bedrohte Frauen nach der Beratung in die bestehende Situation zurückkehren und sich nicht für einen Frauenhausaufenthalt entscheiden möchten, kann bei den Mitarbeiterinnen zu einem Konflikt führen.

"Wenn Frauen sagen, sie werden geschlagen und gehen dann nicht weg, finde ich das unheimlich schwer, das als ihre Realität zu akzeptieren. Wenn ich mir die Bedrohung durch den Mann in der Wohnung vorstelle, entsteht bei mir eine totale Ohnmacht und Hilflosigkeit ... Früher bin ich immer auf den Mann aggressiv geworden, mittlerweile werde ich aggressiv auf die Frau. Das ist nicht gut, das möchte ich auch verändern, aber das ist so etwas, das kenn' ich von mir." (A/M1)

Der überwiegende Teil der Frauen nimmt präventive Beratungsgespräche nur einmal in Anspruch, obwohl die Möglichkeit von kontinuierlicher Beratung überall gegeben ist. Offensichtlich scheint das Angebot, ohne langfristige Terminabsprache in intensiven einmaligen Einzelgesprächen sich aussprechen zu können und Hilfestellung zu erhalten, dem Bedürfnis vieler Frauen zu genügen. Welche Konsequenzen die Frauen aus diesen Beratungen ziehen bleibt offen. Vielleicht haben sie durch die Beratung ein Bild über die verschiedenen Möglichkeiten einer Veränderung ihrer Situation gewonnen, vielleicht resignieren sie aber auch angesichts der Vorstellung, die bevorstehende Veränderung nicht bewältigen zu können. Manchen Frauen vermag aber auch das Wissen, jederzeit wiederkommen zu können, eine gewisse Sicherheit vermitteln. Selbst wenn darüber keine Rückkoppelung besteht, ist es ja durchaus denkbar und möglich, daß sie an anderer Stelle eine weitere Unterstützung in Anspruch nehmen. Der Hinweis auf eigene Gruppenangebote der Beratungsstelle mag zum Zeitpunkt der Beratung nicht auf die gewünschte Resonanz stoßen, aber es ist nicht auszuschließen, daß Frauen zu einem späteren Zeitpunkt auf dieses Angebot zurückgreifen.

Die Mitarbeiterinnen erleben jedoch die vorwiegend einmalige Inanspruchnahme präventiver Beratung auch als Widerspruch zu ihrem eigenen Anspruch an eine sinnvolle und qualifizierte Beratung. Einige von ihnen betonen, daß erst eine langfristige Unterstützung eine angemessene Auseinandersetzung der Frauen mit ihrer Problematik ermöglicht, und äußern ihre Unzufriedenheit über das Verhalten der Frauen, die weiteren Gesprächen fernbleiben. Die nur einmalige Inanspruchnahme von Beratung, die - den Vorstellungen der Mitarbeiterinnen folgend - besser langfristig angelegt sein sollte, kann auch als eigenes Versagen erlebt werden.

3. Problemlagen ehemaliger Frauenhausbewohnerinnen

Die vorliegenden Untersuchungen über Frauenhäuser haben festgestellt, daß etwa die Hälfte der Bewohnerinnen bei ihrem Auszug zur Trennung entschlossen ist. Verläßliche Angaben über den Verbleib der Frauen und die tatsächlichen Trennungen lassen sich aber nur schwer machen. Frauen, die mit Verlassen des Frauenhauses den Entschluß gefaßt hatten, sich zu trennen, lassen sich oft nach einiger Zeit wieder auf den mißhandelnden Mann ein; Frauen, die vom Frauenhaus aus in die frühere Situation zurückgehen, entschließen sich später doch endgültig zur Trennung oder kehren ins Frauenhaus zurück.[1)]

Über die Situation und die Problemlagen der Frauen, die zum Mann zurückkehren, wissen wir nach wie vor verhältnismäßig wenig, sofern sie nicht später erneut mit dem Frauenhaus Kontakt aufnehmen. Da es bislang kaum gelungen ist, sie in die nachgehende Beratung einzubeziehen, wird diese Problematik im ersten Abschnitt dieses Kapitels dargestellt. Dabei konnte auf Material aus der entsprechenden Erhebung der Begleitforschung zum Berliner Frauenhaus zurückgegriffen werden.

Die Lebensumstände ehemaliger Frauenhausbewohnerinnen, die sich zur endgültigen Trennung entschlossen haben, sind durch typische äußere Anforderungen und persönliche Problemlagen charakterisiert und lassen sich von denen der vergleichbaren Gruppe alleinstehender Frauen mit Kindern im wesentlichen durch drei Merkmale unterscheiden:

(1) Durch die besondere Erfahrung der Loslösung aus einer Mißhandlungsbeziehung: die psychische Verarbeitung dieser Beziehung, die häufig fortbestehende Bedrohung nach der Trennung und die Erfahrung eines Frauenhausaufenthalts;

(2) durch die extrem offene und existentiell ungesicherte aktuelle Lebenssituation, die geprägt ist von vielen neuen, vorläufigen Entscheidungen;

(3) durch die daraus resultierende Massierung und Komplexität der Probleme, die zum einen direkt auf die Mißhandlung zurückzuführen sind und zum anderen mit dem Aufbau einer neuen Existenz entstehen.

Trotz der objektiv unterschiedlichen Ausgangssituationen und individuell abweichenden Problemlagen der Frauen lassen sich für die Phase der Neuorientierung nach dem Frauenhaus typische Verlaufsmuster erkennen. Die charakteristischen Problemlagen und Verlaufsmuster, die in diesem Kapitel dargestellt werden, beschreiben zugleich das Feld, in dem nachgehende Beratung angesiedelt ist.

[1)] Hagemann-White/Kavemann et al. 1981, S.330-333. Die geringen Zahlen der Befragten bei den anderen nachgehenden Frauenhausuntersuchungen (Rendsburg 9, Hannover 12) lassen hierüber keine Aussage zu.

3.1 Problemlagen der Frauen nach einer Rückkehr zum Mann

Berücksichtigt man, daß durchschnittlich etwa die Hälfte der Bewohnerinnen in die früheren Verhältnisse zurückkehrt [2] aber gleichwohl Adressatinnen von nachgehender Beratung sind, so ist es notwendig, nach dem Verbleib dieser Frauen und nach ihren Erwartungen an eine weitere Unterstützung zu fragen.

Die Entstehung des Arbeitsbereichs nachgehende Beratung verdankt sich hauptsächlich dem Interesse von Frauen, die sich zu einer Trennung entschlossen hatten. Von daher sind die Angebote nachgehender Beratung primär an deren Interessen und Problemen orientiert. Generell gilt aber für alle Frauen, die das Frauenhaus verlassen, daß sie diese weitergehenden Angebote in Anspruch nehmen können. Allerdings berichten die Mitarbeiterinnen in allen befragten Einrichtungen, daß Frauen nach einer Rückkehr zum mißhandelnden Mann nur selten die Angebote wahrnehmen. Dies trifft gleichermaßen für Einzelberatung, für Gruppenangebote sowie für die Teilnahme an Freizeitaktivitäten zu.

Die Frage, wie diese Frauen in die nachgehende Beratung mit einbezogen werden können, erweist sich bislang als ungelöstes Problem; die Notwendigkeit eines Angebots für sie wird jedoch allgemein gesehen. 93% der befragten Frauenhäuser in unserer Erhebung halten eine nachgehende Beratung für zurückgegangene Frauen für notwendig. Die Kompliziertheit des Problems zeigt sich jedoch darin, daß diese Frauenhäuser zugleich die Rückkehr zum mißhandelnden Mann als den Grund dafür ansehen, daß diese Frauen für eine nachgehende Beratung nicht erreichbar sind.

Die Hauptschwierigkeit läßt sich als das Problem der Erreichbarkeit kennzeichnen. Dabei spielt die relativ kurze Zeit, die viele dieser Frauen im Frauenhaus verbringen, eine entscheidende Rolle. Rund 35% der Frauen, die ein Frauenhaus aufsuchen, gehen bereits innerhalb von drei Tagen wieder zum Mann zurück.[3] Da in dieser Zeit kaum mehr als ein längeres Aufnahmegespräch möglich ist - und oft nicht einmal dies -, bleibt der Kontakt zu diesen Frauen notwendigerweise eingeschränkt. Allerdings kann dies auch dem Bedürfnis der Frau entsprechen, wenn der Weg ins Frauenhaus als eine Möglichkeit begriffen wird, nur vorübergehend den

---

[2] Angaben der Begleitforschungen: in Berlin (Hagemann-White/Kavemann et al. 1981, S.322) geschätzt als rund die Hälfte bei 28% keine Angabe; Hannover (Hille/Jaide 1984, errechnet nach der Tabelle auf S.31) rund 45% (12% keine Angabe); Rendsburg 48% (Bergdoll/Namgalies-Treichler 1987, S.153; ohne Einbezug der Kurzaufenthalte).

[3] Angabe der Berliner Begleitforschung; in Rendsburg wurden diese Frauen gar nicht befragt. Die Daten aus Hannover sind nicht vergleichbar, da andere Kategorien verwendet wurden. Der Anteil der Kurzaufenthalte ist am höchsten dort, wo die Aufnahme jederzeit und ohne Vorgespräch möglich ist - wie in Berlin.

gewalttätigen Konflikten zu entgehen, während eine Veränderung grundlegender Art nicht angestrebt ist:

> Einige Frauen kommen mehrmals ins Haus, immer nur für wenige Tage, weil sie hier Unterkunft und Schutz bekommen und Abstand halten können 'bis er sich wieder beruhigt hat'. Für sie ist es wichtig, eine Unterkunft zu haben, sich aussprechen zu können. Ihre Erwartungen bleiben darauf begrenzt. (Hagemann-White/Kavemann et al. 1981, S.248)

Ähnlich begrenzt ist der Kontakt zu den Frauen, die das Frauenhaus nach kurzer Zeit wieder verlassen, weil ihnen unter anderem die unzulänglichen räumlichen Verhältnisse nicht ausreichend privaten Raum bieten können und ihnen die Anforderungen eines gemeinschaftlichen Lebens in einem Frauenhaus nicht entsprechen. Ein solches Gemeinschaftsleben ist teils durch die Konzeption der Frauenhäuser beabsichtigt, zusätzlich aber aufgrund der beengten Verhältnisse erzwungen. Diese Frauen entwickeln meist eine ablehnende Haltung zum Frauenhaus und suchen vermutlich weitere Beratung bei anderen Stellen.

Aber auch Frauen, die sich erst nach längerem Aufenthalt und intensiver Beratung zur Rückkehr entschließen, suchen die nachgehende Beratung kaum auf. Es ist zu vermuten, daß ein Teil von ihnen ebenfalls ein solches Angebot - wie auch immer gestaltet - nicht annehmen würde. Bei nachgehenden Befragungen sagen manche Frauen, daß es ihnen peinlich gewesen wäre, noch einmal mit dem Frauenhaus Kontakt aufzunehmen. Die Beweggründe, die Frauen zur Rückkehr veranlassen, sind oft eher resignativer Natur. Die wenigsten Frauen glauben bei ihrer Rückkehr an eine wirkliche Veränderung in der Beziehung oder im Verhalten des Mannes. Nicht selten stellen die Frauen ihre eigenen Interessen wieder hinter die von Kindern und Mann zurück; sie wollen den Kindern die Familie nicht wegnehmen oder haben mit dem Mann Mitleid. Ihre bescheidenen Erwartungen scheinen sich auf die Hoffnung, nicht mehr geschlagen zu werden, zu beschränken. So ist ihre Perspektive vor allem auf das Wohl der anderen gerichtet. Dies beschreibt Steinert (in Steinert/Straub 1988) in Anlehnung an Gilligan als die Stufe der konventionellen Moral, auf der das Gute mit der Fürsorge für andere gleichgesetzt wird, und die nach Steinert charakteristisch für Frauen in der Mißhandlungssituation ist. Mit der Flucht in das Frauenhaus haben sie einen Schritt über diese Stufe hinaus getan und begonnen, nunmehr ihre eigenen Bedürfnisse und die der anderen in Beziehung zu setzen und Verantwortung für sich selbst zu übernehmen. Die wenigsten Frauen, die zum Mann zurückgehen, stehen selbstbewußt zu ihrer Entscheidung; für die allermeisten bedeutet es eine vorläufige Aufgabe des Versuchs, eigene Bedürfnisse zu bestimmen. Der Kontakt zur nachgehenden Beratung könnte diesen Kompromiß gefährden, indem sich die Frauen erneut mit der Vorstellung einer möglichen Trennung konfrontieren würden. Durch die (Wieder-)Begegnung mit den Mitarbeiterinnen und Bewohnerinnen erleben sie vermutlich die erfahrene Gewalt und

Erniedrigung nunmehr als selbstverschuldet; dies umso mehr als sie die angebotene Unterstützung und die Chance für eine Trennung nicht haben wahrnehmen können. Allerdings berichten Frauen, die zurückgegangen sind, oft auch, daß die Männer ihnen jeden Kontakt zu Bekannten aus der Zeit ihres Frauenhausaufenthalts verboten und Außenkontakte kontrolliert haben. Ambivalenz gegenüber der eigenen Entscheidung und Angst vor der Reaktion des Mannes tragen bei nicht wenigen Frauen dazu bei, daß sie einer vom Frauenhaus getragenen Beratung eher ausweichen.

Die mangelnde Inanspruchnahme bestehender Angebote darf jedoch nicht in einer Verallgemeinerung als Desinteresse an nachgehender Beratung gedeutet werden. Bei der Befragung ehemaliger Bewohnerinnen des Berliner Frauenhauses haben auch solche Frauen sich auf das Anschreiben hin gemeldet, die zunächst zum Mann zurückgegangen waren oder inzwischen wieder mit ihm zusammenlebten; mit insgesamt 15 dieser Frauen wurden längere Gespräche geführt. Die meisten Frauen, die noch mit dem Mann zusammenlebten, äußerten einen starken Wunsch nach Beratung und Unterstützung. Das Bild, das sich am häufigsten in diesen Interviews bietet, enthält drei Merkmale: die Rückkehr zum Mann ist unüberlegt und oft überfallartig geschehen; die Frau äußert keine anderen Gefühle in bezug auf den Mann als heftige Abneigung und Ekel, oft in drastischen Ausdrücken; die Sehnsucht nach einem "richtigen Familienleben" ist so stark, daß diese Frauen trotz allem zögern, sich zu trennen. Insgesamt scheint bei diesen Frauen das von Steinert beschriebene "Rettungsanker-Syndrom" ausgeprägt zu sein, das heißt eine Haltung, welche eine "Veränderung der Situation nicht durch selbstverantwortliches Handeln, sondern durch Aktivität eines anderen erreichen will." (Steinert/Straub 1988, S.121). Sowohl die damalige Eheschließung wie auch die Rückkehr zum Mann nach dem Frauenhaus erscheinen als von äußeren Bedingungen bestimmt - eher Ereignis als Entscheidung. Seinerzeit "rettete" der Mann sie aus einer unglücklichen Lebenssituation, sei dies ein bedrückendes Zuhause oder eine einsame und belastete Lage als alleinerziehende Mutter. Nach dem Frauenhaus ist sie weniger aus eigenem Entschluß denn als Folge seines Handelns oder der Bitten ihrer Kinder zu ihm zurückgegangen. Dazu schreibt Steinert:

> Wie in diesen Fällen schon deutlich geworden ist, haben die Frauen Probleme damit, eigene Bedürfnisse zu erkennen und konsequent dazu zu stehen, interaktiv Verantwortung dafür zu übernehmen und selbstverantwortlich zu handeln. Tenor der Darstellungsweise der Interaktionsprobleme ist das Aufzählen von zum Teil brutalen Anforderungen von seiten des Ehemannes und Anpassungsleistungen von seiten der Frauenhausfrauen. (ebd., S.130).

So überlassen diese Frauen die Verantwortung für ihr eigenes Leben denjenigen, die massiv Ansprüche an sie stellen, und können nur wenig zu ihren eigenen Motiven sagen. Die Rückkehr aus der Resignation "ist das Eingeständnis ihrer Inkompetenz, an ihren Lebensbedingungen noch irgendetwas zu verändern" (ebd., S.126). In dieser Situation hat ein Brief der wissenschaftlichen Begleitung mit der Bitte um ein Gespräch offensichtlich eine Hoffnung geweckt, daß es für sie einen Ausweg geben könnte, ohne daß sie selbst Handlungsperspektiven hatten. Der Wunsch nach Beratung und Unterstützung ist zwar deutlich, aber diffus.

Auch die Frauen, die nach einer Rückkehr zum Mann erneut ins Frauenhaus kommen, meinen im Rückblick, daß eine nachgehende Beratung in dieser Situation Sinn habe. Im Berliner Frauenhaus haben 31 Frauen, die erneut ins Frauenhaus kamen, entsprechende Fragen beantwortet. Die Hälfte von ihnen bejahte die Frage, ob eine nachgehende Beratung ihnen damals geholfen hätte (oder geholfen hat, denn einige von ihnen hatten regelmäßigen Kontakt zu "ihrer" Mitarbeiterin im Frauenhaus gehalten). Drei Viertel der Befragten äußerten sich dazu, was ihnen nach ihrem Auszug geholfen hätte. Regelmäßige Gespräche mit einer Mitarbeiterin wurden dabei an erster Stelle genannt (12 mal); den zweiten Rang (je sieben mal) nehmen einerseits der Wunsch nach Hilfe bei der Wohnungssuche, andererseits der Wunsch nach gelegentlichen Hausbesuchen ("daß jemand hin und wieder vorbeikommt") ein. Treffen mit anderen ehemaligen Bewohnerinnen werden auch öfters als möglicherweise hilfreich eingeschätzt.

Den Fragebögen war zu entnehmen, daß ein Teil dieser Frauen wenig in der Lage ist, eine eigene Entscheidung zu treffen und umzusetzen, sondern vielmehr schwankt, sich immer wieder "breitschlagen läßt" und dann erneut ins Frauenhaus kommt. Nicht wenige von ihnen waren schon zum dritten, vierten oder fünften Mal ins Frauenhaus gekommen. Bei anderen hingegen hat es den Anschein, als würden sie allmählich mit Unterstützung des Frauenhauses eine Trennung herbeiführen. Sie sind zum Teil ein- oder zweimal mehrere Monate lang im Frauenhaus gewesen. Einige erwähnen ausdrücklich, daß es ihnen geholfen hätte, mit einer Mitarbeiterin im Frauenhaus ihre Rückkehrabsichten durchzusprechen. Obwohl die wiederholte Rückkehr in desolate Verhältnisse resignativ wirkt, nennen fast alle Frauen konkrete Bedingungen, die sie an den Mann stellten, als sie zurückgegangen sind. Hier ist im Ansatz eine Veränderung in der Anspruchshaltung zu erkennen, wie auch Steinert sie bei diesen Frauen feststellte, auch wenn die Umsetzungswahrscheinlichkeit gering ist.

Bei einigen Frauen wird das Frauenhaus zum Symbol für die Berechtigung eigener Bedürfnisse überhaupt; im Wissen um die Möglichkeit, notfalls dort Aufnahme zu finden, können sie gegenüber dem Mann deutlicher Grenzen aufzeigen. Allerdings führt genau dies in nicht wenigen Fällen dazu, daß der Mann jeden Kontakt zum Frauenhaus unterbindet, wie in der Fragebogenerhebung mehrfach berichtet wurde. Dennoch ist für manche Frauen die Existenz des Frauenhauses eine wichtige Unterstützung, wenn sie entschiedene Forderungen an den Versuch eines weiteren Zusammenlebens stellen und ihr Bleiben an die Einhaltung dieser Bedingungen knüpfen:

"Also ich bin zurückgegangen, gut, aber direkt mit dieser Erwartung: wenn wieder was passieren sollte mit meinem Partner ... Jedenfalls, wenn es nicht gut geht, ich gehe sofort wieder ins Frauenhaus, weil da nicht nur Negatives war, sondern auch viel Positives, eigentlich." (A/F1)

Alles in allem haben wir wenig Grund zu der Annahme, daß Frauen, die zu einem mißhandelnden Mann zurückgekehrt sind, kein Interesse an einer nachgehenden Beratung hätten. Das von den meisten Frauenhäusern und Beratungsstellen genannte Problem, daß die Angebote der nachgehenden Beratung diese Frauen nicht erreichen, sollte nicht vorschnell als Zeichen einer geringen Ansprechbarkeit der Frauen selbst gedeutet werden. Eher wäre zu vermuten, daß die Angebote nicht geeignet sind, diese Frauen zu erreichen. Denn es scheint deutlich, daß diese Frauen aus verschiedenen Gründen meist nicht in der Lage sind, Initiative zu ergreifen. Vermutlich müßten Beratung und Unterstützung, die für die Situation des erneuten Zusammenlebens mit dem Mann gelten sollen, den Frauen frühzeitig und ausdrücklich angeboten werden durch Personen, die sie während ihres Aufenthalts kennenlernen. Selbst dann ist es fraglich, ob sie von sich aus anrufen würden oder ob der verbreitete Wunsch nach einer weiteren Beratung erst dann wirksam würde, wenn die Mitarbeiterin ihrerseits schreiben oder anrufen würde. Das ist jedoch insoweit eine äußerst schwierige Angelegenheit, als es ebenfalls Frauen gibt, die durch einen Anruf vom Frauenhaus verstärkt bedroht wären, sofern der Mann davon erfährt. Schon aus diesem Grunde haben die Frauenhäuser nur selten Versuche in diese Richtung unternommen.

Aber abgesehen von dem eher praktischen Problem der Erreichbarkeit und dem eher geringen Aktivitätsniveau der zum Mann zurückgegangenen Frauen gegenüber Angeboten der nachgehenden Beratung, finden sich in den von uns geführten Gesprächen immer wieder Hinweise auf grundsätzliche Schwierigkeiten hinsichtlich der Beziehungen zwischen diesen Frauen und den Mitarbeiterinnen und derzeitigen Bewohnerinnen der Frauenhäuser.

Es ist zu vermuten, daß psychologische Barrieren und unbewußte Erwartungen sowohl bei den Bewohnerinnen wie auch bei den Mitarbeiterinnen das Verhältnis zwischen ihnen nach dem Auszug mit beeinflussen: steht doch das Verhalten der Frauen, die in gewalttätige Beziehungen zurückkehren, in Widerspruch zu den Absichten und Zielsetzungen der Frauenhäuser. Zu den Verhaltensunsicherheiten, die in diesen Situationen einfließen, äußern sich sowohl Bewohnerinnen wie auch Mitarbeiterinnen.

Die Mitarbeiterinnen können ihre Enttäuschung über den Schritt der Frauen nicht verbergen, obwohl sie den zurückgegangenen Frauen das Angebot machen, jederzeit wiederkommen zu können, und obwohl sie Verständnis für die Entscheidung der Frauen äußern.

> "Das ist eine herbe Enttäuschung, wenn man sich sehr engagiert hat für die Frau, wenn man sich persönlich sehr eingebracht hat, dann finde ich das schon schlimm." (B/M1)

Ihre Enttäuschung läßt sich aber nicht nur aus dem Gefühl erklären, hinsichtlich der Zielsetzung ihrer Arbeit versagt zu haben. Sie reagieren auch persönlich betroffen angesichts der Bedrohung und dem Risiko, das mit diesem Schritt zur Rückkehr verbunden sein kann. Ihre Hilflosigkeit und Enttäuschung, die den Mitarbeiterinnen anzumerken ist oder die sie auch offen äußern, wirkt sich auch auf die Frauen aus.

So erinnert sich eine ehemalige Bewohnerin:

> "Das stimmt. Obwohl ich immer noch unterscheiden muß zwischen den Mitarbeiterinnen. Es gibt hier Mitarbeiterinnen, die vielleicht immer die Frau aufnehmen, ihr neuen Mut machen. Dann gibt es wieder andere Mitarbeiterinnen, die sagen schon beim zweiten Mal 'Siehste, habe ich dir doch gesagt'." (C/F1)

Oder

> "Es gibt Frauen, die können sich leichter entscheiden, es gibt Frauen, die tun sich schwerer. Und die Frauen, die sich schwerer tun, ... kriegen irgendwo Vorwürfe, die trauen sich nämlich dann nicht." (C/F1)

Besonders die Frauen, die ihren eigenen Schritt zur Rückkehr selbst mehr oder weniger als irrational empfinden, verlassen das Frauenhaus mit dem Gefühl, ein weiteres Mal persönlich versagt zu haben, und mit dem Eindruck, weitere Hilfe nicht mehr in Anspruch nehmen zu dürfen oder zu wollen.

Auch innerhalb der Gruppe der Bewohnerinnen löst die Entscheidung, zurückzugehen, ambivalente Gefühle aus. Wechselseitig entstehen Zweifel an der Richtigkeit des eigenen Entschlusses, und die entgegengesetzten Haltungen lassen sich kaum vermitteln. Frauen, die zurückgehen, haben das Gefühl, nicht mehr dazuzugehören. Selbstkritisch erinnert sich eine ehemalige Bewohnerin an eine Frau, die zum Mann zurückgegangen ist:

> "Die ist wieder zurück, und die hat das irgendwie vertuscht. Da hat sie sich geschämt, daß sie wieder zurückgegangen ist. Eigentlich haben wir alle abfällig über Männer geredet. Und vielleicht war das auch mit ein Grund, weil sie es nicht geschafft hat." (B/F4)

Der Kontakt mit mißhandelten Frauen, die in die früheren Verhältnisse zurückkehren, erfordert eine besondere Sensibilität von Mitarbeiterinnen und Bewohnerinnen. Die Frauen stehen weiter unter dem Eindruck der erlebten Gewalt und reagieren oft eher abwartend und zurückhaltend.

Nachgehende Beratung, wie sie heute angeboten wird, setzt voraus, daß die Frauen aktiv den Kontakt zu anderen betroffenen Frauen oder zu Mitarbeiterinnen suchen, daß sie frei über ihre Zeit verfügen können und daß sie konkrete Erwartungen an die Veränderung ihrer Situation haben. Diese Prämissen für die Inanspruchnahme orientieren sich an der Lebenssituation der Frauen, die sich vom mißhandelnden Mann getrennt haben. Frauen, die in die frühere Situation zurückkehren, haben andere Bedingungen. Steinert und Straub (1988), die im Zusammenhang ihrer Forschung ein starkes Interesse am Zustandekommen des Kontakts mit ehemaligen Bewohnerinnen hatten, schildern die Notwendigkeit besonderer Vereinbarungen und Arrangements:

> Oft mußte die Abwesenheit des Mannes genutzt und der Besuch heimlich gemacht werden. Einige zogen es vor, zu uns zu kommen, einen Einkaufsbummel oder ähnliches vortäuschend. In einem Fall wurde ein Besuch im Hallenbad inszeniert - und selbst der mußte hart erkämpft werden. (ebd., S.20)

Bislang liegen kaum Ansätze oder konzeptionelle Überlegungen für eine nachgehende Beratung vor, die auf diese Bedingungen eingehen würden. Aus der Diskussion des Fachseminars, das wir mit Mitarbeiterinnen der nachgehenden und der präventiven Beratung veranstaltet haben, haben wir jedoch den Eindruck gewonnen, daß neue Lösungen und Wege gesucht werden, wie die Beratung die Frauen, die zum Mann zurückgegangen sind, doch noch erreichen kann.

Die Mitarbeiterinnen scheinen sich der Problematik durchaus bewußt zu sein, daß diese Frauen durch die bestehenden Angebote kaum motiviert werden können, daß jedoch zugleich kein generelles Desinteresse an nachgehender Beratung angenommen werden kann. Sie erkennen gleichfalls, daß ein Kontakt zu diesen Frauen häufig nur zustandekommen kann, wenn die Aktivität von den Mitarbeiterinnen ausgeht, und daß dies in der Konsequenz die Bereitschaft zu Hausbesuchen einschließt. Die Brisanz, die mit einem solchen Angebot verknüpft ist, liegt darin, daß zumeist die Anwesenheit des mißhandelnden Mannes einkalkuliert werden muß. Über die Schwierigkeit, die dieser Umstand den Mitarbeiterinnen bereitet, wurde offen diskutiert. Die Entscheidung darüber, sich auf eine solche Situation einzulassen, scheint in die individuelle Verantwortung der einzelnen Mitarbeiterin gelegt zu werden. Dabei spielt die Zugehörigkeit zu unterschiedlichen frauenpolitischen Ausrichtungen oder unterschiedlicher Trägerschaft der Frauenhäuser offenbar keine maßgebliche Rolle.

Die Mehrheit der Mitarbeiterinnen in der nachgehenden Beratung lehnt Begegnungen mit einem mißhandelnden Mann ab; sie empfindet das Risiko als zu hoch, die Belastung als nicht zumutbar, oder kann diese Auseinandersetzungen nicht als Teil ihres Aufgabenbereichs ansehen. Es gibt jedoch auch Mitarbeiterinnen, die zumindest in Ausnahmefällen die Anwesenheit der Männer akzeptieren - besonders dann, wenn andere Möglichkeiten der Kontaktaufnahme ausgeschlossen sind.

"Ganz besonders bei ausländischen Frauen wirkt es sich positiv aus. Bei ihnen ist es meist so, daß sie nicht aus irgendwelchen Vorstellungen von Liebe zurückgegangen sind, sondern daß der große Druck auch von der ganzen Familie und Verwandtschaft wichtig war. Für sie ist es sehr wichtig, daß sie nach wie vor jemanden haben, die auf ihrer Seite steht, und gerade bei diesen Männern macht es einen Eindruck, daß die Frau von der Seite einer deutschen Einrichtung Unterstützung hat. Sie halten sich dann eher zurück." (FS/M4)

"Wir machen Hausbesuche bei Frauen, die zurückgegangen sind. Das machen wir vor allem dann, wenn wir den Verdacht haben, daß bei den Kindern Mißhandlung oder sexueller Mißbrauch gewesen ist oder sein könnte; dann werden wir auch von uns aus aktiv. Auch allgemein rufen wir Frauen, die zurückgegangen sind, zum Teil an. Wenn sie das wollen, kommen wir auch bei ihnen vorbei." (FS/M7)

Beide Mitarbeiterinnen, die diese Position vertreten, arbeiten in einem autonomen Frauenhaus.

Über die Ausnahmesituation hinaus gibt es auch die Einschätzung, daß diese Frauen grundsätzlich das Angebot eines Hausbesuchs erhalten sollen, ohne Rücksicht darauf, ob der mißhandelnde Mann anzutreffen sein könnte. Diese Ansicht beruht auf der Überzeugung, daß eine offensive Unterstützung der Frauen durch die Mitarbeiterin in Anwesenheit des Mannes die Position der Frauen stärkt und ihnen Möglichkeiten eröffnet, ihre Situation zu verändern.

"Dadurch (Hausbesuche) vermitteln wir den Frauen das Gefühl, daß sie nach wie vor von uns angenommen werden, und das macht es ihnen leichter, wenn sie sich doch trennen wollen, wieder zu uns zu kommen. Es stärkt auch ihr Selbstbewußtsein. Außerdem finde ich es gut und wichtig, daß der Mann weiß, auch wenn die Frau zurückkommt, steht jetzt hinter ihr jemand, sie hat auch Unterstützung." (FS/M4)

Vermutlich sind solche Besuche nur dann realisierbar, wenn die Mitarbeiterin die Anwesenheit des Mannes akzeptiert, das Gespräch mit ihm nicht verweigert und so der Frau signalisiert, daß sie deren Entscheidung zur Rückkehr annimmt. Gleichzeitig kann die Mitarbeiterin so die Chance nutzen, sich parteilich für die Frau einzusetzen und gegen die Mißhandlung Stellung zu beziehen.

Allerdings ist die Gesprächsdynamik in diesen Situationen trotz einer selbstbewußten und sensiblen Haltung der Mitarbeiterin keineswegs kalkulierbar; auch eine Eskalation bis hin zur Gewalttätigkeit ist möglich. Dies macht die ablehnende Einstellung vieler Mitarbeiterinnen zu einem solchen Unterstützungsangebot verständlich. Zumeist wird den Frauen signalisiert, daß sie die nachgehende Beratung gern in Anspruch nehmen können, sofern dies an einem Ort geschehen kann, der eine Begegnung mit dem Mann ausschließt. Dies wird nur selten in Anspruch genommen. Der Schwerpunkt der Arbeit liegt in aller Regel - unabhängig von der Trägerschaft und der konzeptionellen Ausrichtung des Frauenhauses - bei den Frauen, die sich vom Mann getrennt haben.

3.2 Lebensbedingungen und äußere Belastungen nach einer Trennung

Es sind zunächst äußere Bedingungen und Anforderungen, welche die neue Lebenssituation nach einem Frauenhausaufenthalt entscheidend beeinflussen: Lebensunterhalt, Wohnungen und oft auch fortgesetzte Bedrohung. Da die Entscheidung über Rückkehr oder Trennung oft auch durch die Konfrontation mit diesen Bedingungen, von denen die Frauen über andere Bewohnerinnen im voraus einiges erfahren, getroffen wird, ist dies zunächst ein zentraler Bereich, auf den sich die Hilfen beziehen. Oft vermag die Beratung allerdings genau in dieser Hinsicht am wenigsten auszurichten. Es sind dies die Rahmenbedingungen, deren Kenntnis für ein Hilfsangebot notwendig ist.

3.2.1 Wohnungssuche und eigene Wohnung nach dem Frauenhausaufenthalt

Die erste Voraussetzung für die Gestaltung einer neuen, eigenständigen Existenz ist der Bezug einer eigenen Wohnung, und hierin liegt bereits ein großes praktisches Problem. Die Frauenhausbewohnerinnen können neben der Suche einer neuen Wohnung auch auf die Möglichkeit zurückgreifen, ihre Ansprüche auf die alte Wohnung geltend zu machen. Für den überwiegenden Teil der Frauen kommt diese Lösung nicht in Frage, weil sich mit der Rückkehr in die alte Wohnung die Gefahr der weiteren Bedrohung durch den Mann vergrößert. Gleichzeitig ist die alte Wohnung der Ort der früheren Mißhandlungen, und manche Frauen möchten nicht mehr auf diese Weise mit den schmerzlichen Erinnerungen daran konfrontiert werden. Aber auch die Frauen, die versuchen, ihren Anspruch auf die alte Wohnung juristisch durchzusetzen, müssen damit rechnen, daß dies von vielen Schwierigkeiten und Verzögerungen begleitet sein kann.[4]

Der Wohnungsmarkt ist generell angespannt, und aus finanziellen Gründen haben Frauenhausbewohnerinnen kaum Zugang zum freien Wohnungsmarkt, sondern sind auf öffentlich geförderte Wohnungen angewiesen. Hierfür sind Wohnberechtigungsscheine notwendig, deren Vergabe in der Regel mit langwierigen bürokrati-

---

4) Vgl. dazu Terlinden/Dörhofer 1987, Kap.1 und 2.

schen Verfahren und entsprechend langen Wartezeiten verbunden ist. Nicht zuletzt sind Frauenhäuser auch deshalb oftmals überfüllt, weil die Bewohnerinnen nur eingeschränkte Chancen als Nachfragerinnen auf dem Wohnungsmarkt haben und Benachteiligungen erfahren. Dies zwingt sie zu einem unverhältnismäßig langen Frauenhausaufenthalt; mehrere Frauenhäuser berichteten uns, daß sich in der letzten Zeit die Verweildauer im Frauenhaus erheblich verlängert hat.

Die Diskriminierungen, die Frauen bei der Wohnungssuche erleben, sind auf ein Zusammenwirken mehrerer Faktoren zurückzuführen:

> Die psychosozialen Ursachen der Diskriminierung, die mißhandelten Frauen, die in ein Frauenhaus geflüchtet sind, die Lösung ihrer Wohnungsfrage erschwert, liegen in fünf Gegebenheiten: alleinstehende Frau, alleinerziehende Mutter, Mißhandelte, Frauenhausbewohnerin, Sozialhilfe-Empfängerin. Schon jeder einzelne der genannten Punkte verleiht Frauen ein mehr oder weniger beträchtliches Stigma des "Unnormalen". Bei unserer Bezugsgruppe kommen - meist - alle zusammen. (Terlinden/Dörhofer 1987, S.28)

Erschwerend kommt hinzu, daß die Frauen bei ihrer Wohnungssuche aus Gründen der Sicherheit Wohngegenden vermeiden müssen, in denen eine Begegnung mit dem Mann möglich ist. Bedrohlich sind für sie bestimmte Konstellationen wie Parterrelage, Balkon usw., wo er sich leicht Zugang zu der Wohnung verschaffen könnte.

Sozialhilfe-Empfängerinnen erfahren eine zusätzliche Einschränkung bei ihrer Wohnungssuche. Bis vor wenigen Jahren konnten sie relativ sicher damit rechnen, daß die Mietübernahme durch die Sozialämter bei öffentlich geförderten Wohnungen gewährleistet ist. Neuere Ausführungsvorschriften zur Mietübernahme definieren nun, wieviele Quadratmeter zu welchem Mietpreis einer oder mehreren Person/en zustehen. Wenn Frauen eine Wohnung beziehen möchten, deren Größe und Miethöhe auch nur geringfügig von den festgelegten Normen der Sozialämter abweichen, müssen sie mit einer Ablehnung der Mietübernahme rechnen. Die Chancen, eine Wohnung zu finden, reduzieren sich erheblich, wenn dabei noch die Anforderungen der Sozialämter mitberücksichtigt werden müssen.

Ist schließlich eine Wohnung gefunden worden, müssen die Frauen Umzug, Renovierung und Einrichtung der neuen Wohnung organisieren:

> "Was ich für Arbeit und für Mühe hatte! Ich kann mir auf die Schulter klopfen und sagen : Das hast du ganz allein geschafft. Hat mir im Endeffekt keiner geholfen, nur eine Frau - und die konnte noch nicht mal tragen. Da haben Leute im Haus gestanden, und ich habe gefragt: Könnten Sie nicht mal zupacken? ... Ich habe den Hausmeister angesprochen, habe ihm jedesmal eine Schachtel Zigaretten, irgendetwas gegeben ... (Es war) ganz knapp gewesen, jemanden zu kriegen ... Heute habe ich noch nicht die Hälfte angebaut." (A/F4)

Durch die Aussagen dieser Frau, die sich leicht auf die Situation vieler anderer Frauen übertragen lassen, wird sichtbar, wie notwendig materielle und personelle Hilfen in der ersten Zeit des Umzugs sind. Bei der Einrichtung der neuen Wohnung können die Frauen selten auf den ihnen zustehenden Anteil des alten Hausrats und Mobiliars zurückgreifen, weil die Aufteilung des Hausrats erst zu einem viel späteren Zeitpunkt im Scheidungsverfahren geregelt wird. Manchmal ist früheres gemeinsames Eigentum nicht mehr zugänglich, weil der Mann es zerstört hat, oder weil er die Übergabe zum neuen Anlaß für Druck und Bedrohungen nimmt. So sind viele Frauen bei der Einrichtung ihrer neuen Wohnung auf Spenden und dürftige materielle Zuwendung vom Sozialamt angewiesen. Die Bewilligung von Möbeln und Hausrat kann sich unter Umständen sehr lange hinziehen und verursacht für die erste Zeit nicht selten unzumutbare Wohn- und Lebensbedingungen. Diese belastenden Voraussetzungen erschweren es zwangsläufig, die Umstellung auf die neue Wohnung zu bewältigen.

3.2.2 Weitere Bedrohung nach dem Frauenhausaufenthalt

Die Erfahrungen ehemaliger Frauenhausbewohnerinnen bestätigen leider viel zu oft, daß mit der Trennung vom Mann und dem Einzug in die neue Wohnung der weiteren Bedrohung kein Ende gesetzt ist.[5] Selbst wenn die Frauen sich bemühen, durch Auskunftssperre die neue Adresse geheimzuhalten, und Behörden mehr als in früheren Jahren darauf achten, in ihrer Korrespondenz die neue Anschrift nicht mitzuteilen, finden sich dennoch Möglichkeiten für den Mann, ihren Aufenthaltsort zu erfahren. Allein der Kontakt zu den Kindern, das Besuchsrecht, die Schule oder der Kindergarten ermöglichen es dem Mann, eine Verbindung zu der Frau aufzunehmen. Einige Frauen geben von sich aus ihren neuen Aufenthaltsort bekannt, weil sie zum Zeitpunkt der Trennung die Einschätzung haben, daß der zukünftige Kontakt ohne Druck und Bedrohung sein könnte. Sehr oft jedoch eskalieren anfänglich "friedliche" Kontakte zu neuen, massiven Gewalttätigkeiten. Für die Frauen ist es schwierig, einzuschätzen, unter welchen Bedingungen diese Gewalt aufhören könnte, weil selbst eine rechtskräftige Scheidung viele Männer nicht von dem Versuch abzuhalten vermag, vermeintliche Rechte und Ansprüche gegenüber der Frau durchzusetzen.

Vielfältige Formen der Bedrohung können dazu führen, daß das neue Leben der Frau von permanenter Angst bestimmt ist. Die Bedrohungen und Belästigungen reichen von Telefonterror, gewaltsamem Eindringen in die neue Wohnung, Androhung der Entführung der Kinder, Auflauern auf der Arbeitsstelle oder bei Ämtern

---

[5] Da dieser Sachverhalt bekannt ist, haben wir ihn in unserer Studie nicht näher untersucht und beziehen uns hier hauptsächlich auf eigene Erfahrungen in der nachgehenden Beratung sowie auf die Berliner Begleitforschung (Hagemann-White/Kavemann et al. 1981, Kap.10.2).

bis hin zum brutalen Zusammenschlagen auf der Straße. Als Konsequenz der bereits erfahrenen oder noch zu befürchtenden Bedrohung ist der neue Wohnort für die Frauen mit vielen Einschränkungen verbunden: sie suchen Anonymität, indem sie z.b. eine Auskunftssperre über ihre neue Adresse erteilen, Namensschilder an der Wohnungstür weglassen und sich nicht ins Telefonbuch eintragen lassen. Oftmals können sie die Wohnung kaum oder nur zu bestimmten Tageszeiten verlassen, weil sonst die Gefahr zu groß ist, von dem Mann entdeckt zu werden. Auch müssen sie die alte Wohngegend teilweise meiden, und Kontakte zu früheren Bekannten und Nachbarn können nicht mehr aufrecht erhalten werden. Nicht selten lösen die Gewaltausbrüche und Belästigungen des Mannes bei den neuen Nachbarn Ärger und Unverständnis aus, wodurch die ohnehin bestehende Isolation der Frauen zusätzlich verstärkt werden kann.

Für manche Frauen ist ein erneuter Frauenhausaufenthalt der einzige Ausweg aus dieser bedrohlichen Isolation. Die Perspektive, wieder völlig neu anfangen zu müssen, führt unweigerlich zu einem großen Verlust von Zuversicht und von der Hoffnung, jemals wieder ein Leben ohne Angst führen zu können.

3.2.3 Soziale und ökonomische Situation ehemaliger Frauenhausbewohnerinnen

In keiner der bisher vorliegenden empirischen Studien wurde die sozio-ökonomische Herkunft mißhandelter Frauen systematisch erhoben.[6] Die wenigen Studien zum Thema lassen aber die Annahme zu, daß mißhandelte Frauen bezüglich ihres sozialen Status' oder ihrer Schicht- und Bildungszugehörigkeit keiner spezifischen Teilgruppe der Bevölkerung zuzuordnen sind (vgl. Hagemann-White/Kavemann et al. 1981; Clausen 1981; Sack/Eidmann 1985). Faktoren wie Berufsausbildung und Erwerbstätigkeit scheinen ähnlich verteilt zu sein wie bei anderen Frauen. Der überwiegende Teil der hilfesuchenden mißhandelten Frauen ist verheiratet und scheint der Altersgruppe der 20- bis 50jährigen zuzugehören (Clausen 1981). Den Ergebnissen der Untersuchung von Sack und Eidmann zufolge wird rund die Hälfte aller Ehe- und Partnerkonflikte gewalttätig ausgetragen, relativ unabhängig von ökonomischen und soziostrukturellen Faktoren:

> Familiäre und private Konflikte werden weitgehend privatautonom zu lösen gesucht, und daher werden die Schranken gegenüber der Einschaltung und Inanspruchnahme öffentlich zur Verfügung gestellter Hilfs- und Interventionsangebote nur unter eng umgrenzten Bedingungen durchbrochen. (Sack/Eidmann 1985, S.24)

---

[6] Hille/Jaide (1984) haben Schulbildung, Berufsausbildung und Niveau der Erwerbstätigkeit für 52 Frauen erhoben; diese Zahl ist jedoch zu gering, um Verallgemeinerungen zuzulassen.

Nur ein Teil aller mißhandelten Frauen sucht Hilfe in einem Frauenhaus, vor allem, wenn soziale und ökonomische Bedingungen (geringe finanzielle Mittel, keine alternative Wohnmöglichkeit, zu versorgende Kinder) die Bewältigung ihrer Notsituation mit eigenen Mitteln oder durch Hilfe aus dem privaten Umfeld verhindern. Wenngleich Frauenhäuser vornehmlich von ökonomisch schlechter gestellten Frauen aufgesucht werden, sind sie für alle Frauen - unabhängig von ihren materiellen und sozialen Ressourcen - bei besonders eskalierter Bedrohung der einzige Ort, der Schutz und Sicherheit gewährleistet.

Unter den immer noch bestehenden strukturellen Einschränkungen für Frauen, ein ökonomisch abgesichertes und selbständiges Leben zu führen, verschlechtert sich die materielle Situation der Frauen, die ein Frauenhaus aufsuchen, in erheblichem Maße. Mit der anhaltend überproportionalen Frauenarbeitslosigkeit wird auch die finanzielle Abhängigkeit vom Ehemann größer. Die meisten Frauen geben ihre Erwerbstätigkeit mit der Geburt des ersten oder des zweiten Kindes vorübergehend auf und haben dadurch entweder keine oder eine unzureichend gesicherte Arbeitsstelle. Nicht selten verlieren bisher erwerbstätige Frauen durch ihre kritische Mißhandlungssituation ihren Arbeitsplatz. In Ermangelung anderer Einkünfte ist ein großer Teil der Frauenhausbewohnerinnen zur Existenzsicherung auf die Hilfe zum Lebensunterhalt nach dem Bundessozialhilfegesetz angewiesen.[7]

Mit der unzulänglichen ökonomischen Versorgung, der Belastung von Müttern in der Alleinverantwortlichkeit für ihre Kinder und den vielfältigen Anforderungen bei der Organisierung der neuen Lebenssituation ist die Zukunft vieler Frauen zum Zeitpunkt ihres Auszugs aus dem Frauenhaus völlig ungesichert.

Exemplarisch für die Situation ehemaliger Frauenhausbewohnerinnen sind die Sozialdaten der von uns befragten 19 Frauen aus vier Städten. 15 von ihnen lebten allein bzw. mit ihren Kindern zusammen, drei lebten mit einem neuen Freund oder Ehemann, und eine Frau lebte wieder mit ihrem früheren Mann zusammen. Die Mehrheit hat mindestens zwei Kinder, und der weitaus größte Teil der Kinder ist

---

[7] Im Bundesbericht zur Lage der Frauenhäuser sind Sozialdaten von 1.644 Frauenhausbewohnerinnen veröffentlicht. Danach steigt der Anteil von Sozialhilfe-Empfängerinnen von 35% vor dem Frauenhausaufenthalt auf 73,5% im Frauenhaus (2. Bericht 1988). Im Erhebungszeitraum der wissenschaftlichen Begleitung des ersten Berliner Frauenhauses war der Anteil der Sozialhilfe-Empfängerinnen zum Zeitpunkt ihres Frauenhausaufenthalts mit 36,3% weitaus geringer. Diese Zahlendifferenz ist überraschend; eine Annäherung der Zahlen ist dennoch denkbar, wenn die allgemeine ökonomische Verschlechterung seit 1979 sowie der Anstieg von Sozialhilfe-Empfängern insgesamt in Rechnung gestellt werden. Regionale Differenzen könnten auch unterschiedliche Ergebnisse hervorrufen. Außerdem wurden die Berliner Daten unter der Voraussetzung einer hohen Fluktuation erhoben, die in den meisten Frauenhäusern nicht herrscht. Der Anteil der Sozialhilfe-Empfängerinnen unter den Frauen, die länger als drei Tage bleiben, wäre auch damals höher ausgefallen; unter den Bewohnerinnen, die einen ausführlichen Erhebungsbogen im Berliner Frauenhaus ausfüllten, betrug dieser Anteil knapp 50%.

unter 14 Jahre alt. Die Altersstruktur entspricht auch der bei anderen Erhebungen (vgl. Hagemann-White/Kavemann et al. 1981, S.57).

Tab.3.01: Alter der Frauen und ihrer Kinder

Alter der Frauen	Anzahl	Alter der Kinder	Anzahl
19-25 Jahre	1	0- 2 Jahre	2
26-30 Jahre	7	2- 5 Jahre	6
31-40 Jahre	6	6-10 Jahre	12
41-50 Jahre	3	11-14 Jahre	8
älter als 50 Jahre	2	15-18 Jahre	4
		älter als 18 Jahre	5
Insgesamt	19		37

Tab.3.02: Kinderzahl der befragten Frauen

Anzahl der Kinder	Anzahl der Frauen
ohne Kind	1
ein Kind	6
zwei Kinder	7
drei Kinder	3
vier Kinder	2
Insgesamt	19

Neun Frauen haben eine Berufsausbildung, 11 waren vor ihrem Frauenhausaufenthalt einmal berufstätig; die meisten haben aber mit Heirat und Geburt eines Kindes ihre Erwerbstätigkeit aufgegeben. Vier Frauen gehen jetzt einer Berufstätigkeit nach, sieben erhalten Sozialhilfe, und zwei von ihnen erhalten zu Rente bzw. Unterhalt ergänzende Sozialhilfe. Zwei Frauen leben vom Einkommen des Mannes, und zwei von ihnen beziehen Arbeitslosengeld.

Die materielle Situation dieser ehemaligen Frauenhausbewohnerinnen ist durchaus als typisch anzusehen. Relativ hoch ist der Anteil von Frauen, die durch Schwangerschaft und frühe Ehe keine Berufserfahrungen sammeln konnten, bevor sie Hausfrauen wurden. Insgesamt machen die Daten deutlich, wie nahe sich die Frauen am Rande des Existenzminimums bewegen.[8]

"Also für mich ist eines ganz sicher. Ich möchte nie wieder in diese existentielle Notsituation geraten, in die ich gekommen bin. Das sitzt mir so im Nacken, daß ich natürlich mit aller Kraft versuche, eine berufliche Situation zu finden, die mir mehr Sicherheit gibt für die Zukunft." (A/F2)

Zu der extrem dürftigen finanziellen Situation kommt hinzu, daß die materielle Versorgung meist von der Entscheidung Dritter abhängig ist. Die Abhängigkeit von Ämtern bei der Beanspruchung von Sozialleistungen oder das Einklagen von Unterhaltsansprüchen beim Ehemann werden von vielen Frauen als besonders demütigend und diskriminierend erlebt. Abgesehen davon, daß "Hilfe zum Lebensunterhalt" oder auch Arbeitslosenunterstützung und Rente bekanntermaßen eine äußerst knappe, an Armut grenzende Kalkulation bei der Organisation des Haushalts notwendig machen, ist die Beantragung der Leistungen mit viel Mühe und oftmals auch mit dem Erleben von behördlicher Schikane verbunden.

Ein Ausweg aus dieser Abhängigkeit wäre eine existenzsichernde Erwerbstätigkeit.[9] Allerdings sind Berufsrückkehrerinnen allgemein eine Problemgruppe auf dem Arbeitsmarkt; selbst bei Vorliegen einer abgeschlossenen Ausbildung haben sie ausgesprochen eingeschränkte Chancen. Beim Fehlen einer Erstausbildung und vor dem Hintergrund einer meist brüchigen Erwerbsbiographie haben viele mißhandelte Frauen kaum Aussichten, eine Arbeitsstelle zu finden, durch die sie sich selbst und ihre Kinder ernähren könnten. Für Frauen mit kleinen Kindern ist ohne Kinderbetreuung eine Berufstätigkeit kaum möglich. Die frühere Berufstätigkeit liegt bei einem Teil der Frauen viele Jahre zurück, und ihre Qualifikationen entsprechen nicht mehr den heutigen Anforderungen. Viele Frauen waren auch in typischen "dazuverdienenden", gering entlohnten Hilfstätigkeiten beschäftigt und würden sich nun mit der Wiederaufnahme solcher Tätigkeiten keinen ausreichenden Lebensunterhalt verschaffen können.

---

8) Die Daten entsprechen im wesentlichen den Ergebnissen der Befragung ehemaliger Bewohnerinnen in der Begleitforschung des ersten Berliner Frauenhauses (Hagemann-White/Kavemann et al. 1981) sowie der Untersuchung zur Wohnsituation nach Verlassen des Frauenhauses (Terlinden/Dörhofer 1987).

9) Die Erwerbsquote alleinerziehender Mütter lag 1983 bei den ledigen bei 64,2%, bei den geschiedenen Müttern bei 68%. Die Haushalte mit weiblichem Haushaltsvorstand sind im Vergleich zu denen mit männlichem Haushaltsvorstand in den unteren Einkommensbereichen deutlich überrepräsentiert. 39,9% der erwerbstätigen alleinstehenden Mütter hatten 1982 ein monatliches Nettoeinkommen von weniger als 1.400,--DM. Diese Zahlen stammen aus Veröffentlichungen des Bundesministeriums für Jugend, Familie und Gesundheit (zitiert nach Terlinden/Dörhofer 1987, S.20-22.).

Allgemein besteht bei den Frauen durchaus der Wunsch, arbeiten zu gehen. Dies ist die wiederholte Erfahrung der nachgehenden Beratung, die uns in Expertingesprächen mitgeteilt wurde, entspricht aber auch den Befunden empirischer Untersuchungen, wonach bei einem längeren Zeitabstand nach dem Frauenhausaufenthalt der Anteil der erwerbstätigen Frauen steigt.[10] Einige Frauen unternehmen konkrete Schritte, sich über Umschulung oder Ausbildung für den Arbeitsmarkt zu qualifizieren. Der Wunsch nach finanzieller Verbesserung und Unabhängigkeit von staatlicher Unterstützung wird jedoch dadurch untergraben, daß von einer Erwerbstätigkeit nur geringfügige Verbesserungen der finanziellen Lage zu erwarten wären.[11] Der fehlende finanzielle Anreiz und die Perspektive, trotz Erwerbstätigkeit weiterhin auf zusätzliche staatliche Hilfen (Wohngeld, ergänzende Sozialhilfe, Unterhalt für die Kinder usw.) angewiesen zu sein, bringt die Frauen in eine widersprüchliche Situation. Sie verbinden mit Berufstätigkeit einen Gewinn an Selbständigkeit und Unabhängigkeit; gleichzeitig lassen jedoch die realen Gegebenheiten die Umsetzung dieser Perspektive kaum zu.

Abgesehen von den nur bedingt zu erwartenden Verbesserungen über eine Erwerbstätigkeit muß diese Perspektive in der ersten Zeit nach dem Auszug aus dem Frauenhaus in den Hintergrund gestellt werden, da die Frauen ausreichend damit beschäftigt sind, die vielfältigen, mit der neuen Lebenssituation verbundenen Aufgaben zu erfüllen. Dazu gehören die schon beschriebene Wohnsituation und die Beschaffung der dürftigen, von der Entscheidungsgewalt Dritter dominierten materiellen Ressourcen. Zusätzlich müssen sich Mütter um eine neue Schule oder einen Kindergartenplatz für ihre Kinder kümmern und diese bei der Eingewöhnung unterstützen. Verheiratete Frauen, die sich scheiden lassen wollen, müssen den mitunter äußerst komplizierten Anforderungen im Scheidungsverfahren nachgehen. Bis zur endgültigen Scheidung, die in der Regel erst nach einem Jahr ausgesprochen wird, sind nur vorläufige Regelungen wirksam.

Besonders problematisch ist für Frauen mit Kindern die Regelung der elterlichen Sorge. Nicht immer können die Frauen damit rechnen, daß ihnen die elterliche Sorge zugesprochen wird, und allzu oft kommt es vor, daß das im Scheidungsverfahren geäußerte väterliche Interesse primär dafür eingesetzt wird, die Ehefrauen zu einer Rückkehr zu bewegen. Die verschiedenen Interessen am Erreichen des Sorgerechts bringen unzählige Verhandlungen und persönliches Erscheinen bei Gerichten, Rechtsanwälten und Jugendämtern mit sich. Viele Frauen sind

---

[10] Vgl. Hagemann-White/Kavemann et al. 1981, S.312. Den starken Wunsch der ehemaligen Bewohnerinnen nach Erwerbstätigkeit bestätigen auch Terlinden/Dörhofer (1987) sowie Brückner (1987).

[11] Darauf weisen auch Hille/Zacharias (1987, S.96) hin.

über die damit verbundenen Begegnungen mit dem Mann gezwungen, ihre frühere Mißhandlungsgeschichte erneut zu aktualisieren.

Ein weiterer Problembereich bei Scheidungsverfahren ist die Regelung des Unterhalts. Obwohl vielen Frauen - sofern z.b. abzusehen ist, daß ihnen die elterliche Sorge zugesprochen wird - ein Anspruch auf Unterhalt zusteht, können sie selten damit rechnen, diese Unterstützung tatsächlich zu erhalten. Meist verfügen die Männer nicht über ein entsprechend hohes Einkommen, oder sie zeigen sich wenig kooperativ im Nachweis ihrer Einkommensverhältnisse, was unweigerlich zu Verzögerungen von verbindlichen Lösungen führt.[12] Sozialhilfe-Empfängerinnen müssen gegenüber ihrem Mann eine Unterhaltsklage einreichen, auch wenn sie das Einkommen ihres Mannes sicher einschätzen können, um zu beweisen, daß kein Unterhaltsanspruch besteht.

In der Rückschau äußern viele Frauen für sich die Einschätzung, daß sie trotz der zum großen Teil von außen auferlegten, erschwerten Bedingungen in ihrer neuen Lebenssituation dennoch persönlich dazugewonnen hätten: sie sehen als Gewinn aus dieser Zeit einen größeren Einblick und mehr Vertrauen in ihre Rechte sowie ein vorher nicht vermutetes Handlungspotential im Durchsetzen ihrer Rechte. Das Zusammenwirken von vielen, gleichzeitig bestehenden, konflikthaften Gegebenheiten, die sich auf die materiellen Grundlagen der Lebenssituation auswirken, hat zur Folge, daß eine längere Zeit benötigt wird, um schließlich mehr Klarheit und mehr Zuversicht in die Entwicklung und Gestaltung einer langfristigen Perspektive zu finden.

3.3 Psychosoziale Faktoren in der Phase der Neuorientierung

3.3.1 Einleitung

Die Situation ehemaliger Bewohnerinnen und ihr Beratungsbedarf sind keineswegs allein durch die schwierigen äußeren Bedingungen bestimmt; vielmehr spielen psychosoziale Aspekte ihrer Situation eine zentrale Rolle. Im folgenden gehen wir den Fragen nach, (1) welche typischen Verläufe von Neuorientierungs- und Stabilisierungsprozessen nach Verlassen des Frauenhauses erkennbar werden; (2) welche psychosozialen Faktoren diese erleichtern bzw. erschweren und (3) welche Unterschiede bzw. Übereinstimmungen sich hierzu in der Einschätzung und in den

---

[12] Wie wenig aussichtsreich die Chancen auf Erhalt von genügendem Unterhalt sind, verdeutlichen folgende allgemeine Zahlen: nur 29% aller geschiedenen Mütter erhalten Unterhalt, und zwar im Durchschnitt weniger als 500,--DM monatlich; nur 5% können davon leben; mehr als ein Drittel erhält Sozialhilfe. ("Scheidung" 1987).

Vorstellungen einerseits der betroffenen Frauen, andererseits der Mitarbeiterinnen der Frauenhäuser und Beratungsstellen zeigen.

Ehemalige Frauenhausbewohnerinnen sehen sich vor die Aufgabe gestellt, sich mit ihrer Person in allen mitmenschlichen Beziehungen neu ins Verhältnis zu setzen. Hier kollidieren die Anforderungen der neuen Lebenssituation mit dem vertrauten Selbstbild, und zwar sowohl mit seinen verläßlichen wie auch mit seinen beschädigten Anteilen.

Das eigene Selbstverständnis speist sich aus zwei wesentlichen Quellen: zum einen aus Erwartungen und Anforderungen, die aus einer spezifisch weiblichen Sozialisation resultieren, und zum anderen aus den wirklichen und den vermuteten Erwartungen der Menschen, die in verschiedenen Bereichen des Lebens der Frauen eine Rolle spielen. Zwar haben die äußeren und inneren Schwierigkeiten im Leben der ehemaligen Frauenhausbewohnerinnen ein bedeutendes und oftmals so beherrschendes Gewicht, daß die Frauen vor anderen und auch vor sich selbst vielfach als resignativ und schwach erscheinen und als defizitär wahrgenommen werden. Parallel dazu wirken dieselben Frauen aber auch stark. Sie organisieren ihr neues Leben in vielen sozialen und lebenspraktischen Bereichen mit Hilfe der starken Anteile ihrer Persönlichkeit, die wohl die gleichen sind, die sie dazu bewegt haben, die Mißhandlungssituation zu verlassen und vielleicht sogar, solange darin auszuharren.

Das von Margrit Brückner in "Die janusköpfige Frau" herausgearbeitete Begriffspaar "Lebensstärke" und "Beziehungsschwäche" als polare und gleichzeitig vorhandene charakteristische Eigenschaften besonders von Frauen, die in Mißhandlungsbeziehungen gelebt haben, beschreibt zutreffend die unterschiedlichen Kräftepotentiale, die auch während des Prozesses der Neuorientierung wirksam sind. Mit "Lebensstärke" werden die Selbstanteile beschrieben, "die der Eigenständigkeit dienen und von den Frauen positiv besetzt sind: z.B. die Bewältigung des Alltags und die Berufstätigkeit"; mit "Beziehungsschwäche" die "Selbstanteile, die bei Eingehen einer Liebesbeziehung fortschreitende Selbstaufgabe zu implizieren scheinen und einen zunehmenden Verlust von Autonomie bewirken" (Brückner 1987, S.12).

Ehemalige Frauenhausbewohnerinnen sehen sich nach der Trennung vor die Notwendigkeit gestellt, ihre in der Mißhandlungsbeziehung verlorengegangene Autonomie zurückzugewinnen.

3.3.2 Die Übergangsphase vom Frauenhaus in die eigene Wohnung

Den Wechsel vom Frauenhaus in die neue Wohnung sowie die ersten Monate nach Verlassen des Frauenhauses beschreiben die ehemaligen Bewohnerinnen im Rückblick als kritische Übergangsphase. Zunächst löst der Entschluß, das Frauenhaus zu verlassen, in ihnen widersprüchliche Erwartungen und Gefühle aus: auf der einen

Seite möchten sie zurück in den normalen Alltag, um ein selbständiges Leben zu führen, auf der anderen Seite entstehen Zweifel und Ängste, den neuen Anforderungen nicht gewachsen zu sein.

Diese ambivalente Haltung läßt sich auch nach dem Umzug in die neue Wohnung an den psychischen Reaktionen der Frauen und in der Verarbeitung der neuen Lebenssituation erkennen. Unmittelbar nach dem Auszug überwiegen jedoch in der Regel die negativen Eindrücke im Erleben der Frauen.

Das gravierendste Problem in der ersten Zeit nach Verlassen des Frauenhauses besteht für die ehemaligen Bewohnerinnen im Fehlen von sozialen und persönlichen Beziehungen. Verlassen die Frauen das Frauenhaus, so befinden sie sich zum zweiten Mal in einer Situation der Trennung und Loslösung aus einem ihnen vertrauten sozialen Zusammenhang. Dies gilt weitgehend unabhängig von Unterschieden der individuellen und sozialen Ausgangslagen der Frauen.

Um die Krisenhaftigkeit dieser Situation beurteilen zu können, ist es sinnvoll, sich die Gesamtsituation vor dem Verlassen des Frauenhauses zu verdeutlichen.

Die Entscheidung, Schutz in einem Frauenhaus zu suchen, ist für mißhandelte Frauen in der Regel mit dem vorübergehenden Verzicht auf das bisherige soziale Umfeld bzw. mit dem gänzlichen Abbruch privater und familiärer Beziehungen und sozialer Kontakte verbunden. Im Extremfall, der jedoch nicht selten vorkommt, sind bedrohte Frauen aus Sicherheitsgründen gezwungen, in der Anonymität zu leben; sie müssen z.B. ihren Arbeitsplatz aufgeben und können das Frauenhaus nur in Begleitung verlassen. Dieser oft radikale Bruch mit ihrem bisherigen Leben, der für die Kinder in gleicher Weise gilt, wird durch das gemeinschaftlich organisierte Zusammenleben im Frauenhaus teilweise ausgeglichen. Aus dieser ihnen vertraut gewordenen Umgebung wechseln die Frauen zunächst in eine wenig strukturierte, offene Lebenssituation, die sie erneut als Verlassensein und als Alleinsein erleben.

Viele Frauen, auch die, die sich mit Engagement und Entschiedenheit getrennt haben, erleben, daß die neue Lebenssituation schwieriger zu bewältigen ist als sie erwartet haben. Der Alltag in einer ihnen oft fremden Umgebung, getrennt von Freunden und Familie, wird von den Frauen mit diffusen Stimmungen von Einsamkeit, Langeweile, Angst vor erneuter Bedrohung und einem generellen Mangel an Erlebnismöglichkeiten beschrieben. Vor allem das Alleinsein im Kontrast zu den vielfältigen Kommunikationsmöglichkeiten im Frauenhaus, das Fehlen einer vertrauten Person, der sie sich zuwenden können, benennen die ehemaligen Bewohnerinnen als enorme Belastung und als ihr größtes Problem.

Rückblickend konnten sich die Frauen in den Gruppengesprächen mit uns eindrücklich an diese Zeit erinnern.

"Es ist auch eine unmittelbare Isolation dann von einer Stunde zur anderen, weil nicht mehr diese vielen Leute um einen sind. Vorher war man nicht allein, und dann ist man sehr viel allein oder überwiegend; wobei das mit oder ohne Kinder nochmal ein Unterschied ist." (A/F2)

"Ja, das Schlimmste war die Einsamkeit; so mit den ganzen Problemen allein fertig zu werden. Und daß man auf sich allein gestellt ist und für die Kinder Vater und Mutter sein muß ... Und wenn man irgendwie Probleme hat ... sitzt man abends ganz allein und kann praktisch gegen die Wand reden, so ungefähr." (C/F1)

In unserer schriftlichen Befragung der Frauenhäuser und Beratungsstellen haben wir nach den häufigsten Schwierigkeiten gefragt, mit denen nach Einschätzung der Mitarbeiterinnen ehemalige Frauenhausbewohnerinnen immer wiederkehrend konfrontiert sind; dabei haben wir die befragten Einrichtungen gebeten, diese Probleme je nach ihrer Wichtigkeit in eine Reihenfolge zu bringen.[13] Diese Angaben, die im folgenden in Tabellenform zusammengefaßt sind, geben Aufschluß über das Gewicht der jeweiligen Problembereiche in der Einschätzung der Mitarbeiterinnen der Frauenhäuser und der Beratungsstellen.

In der Rangfolge der Bezeichnung der drei wichtigsten Schwierigkeiten, mit denen sich ehemalige Bewohnerinnen konfrontiert sehen, steht aus der Sicht der Frauenhäuser das Problem der sozialen Isolierung mit 22 von 60 Nennungen an erster Stelle. Die zweithäufigste erstrangige Nennung (20 von 60 Fällen) gilt der Kategorie "Resignation und Überforderung durch die neue Lebenssituation". Auch bei den Nennungen insgesamt stehen "soziale Isolation" und "Resignation und Überforderung durch die neue Lebenssituation" in der Hierarchie der Nennungen mit 69% (51 von 74 Frauenhäusern) obenan.

Bei den Beratungsstellen gelten die häufigsten Nennungen der "Resignation und Überforderung durch die Bewältigung der neuen Lebenssituation"; 13 der insgesamt 20 Beratungsstellen, die eine Rangfolge angaben, nannten diesen Problembereich an erster Stelle, und drei Viertel aller befragten Beratungsstellen wählten diese Kategorie unter den drei wichtigsten Schwierigkeiten. In dieser Angabe ist das Problem der sozialen Isolation versteckt enthalten, die - wie die Gespräche belegen - einer der Hauptgründe ist, die entschlossene Entscheidung zur Trennung ins Wanken zu bringen.

Bei den insgesamt vorgenommenen Nennungen kommt die Bedeutung einer weiterbestehenden Bedrohung mit 53% der Angaben der Frauenhäuser deutlicher

---

[13] Ein Teil der Befragten (14 Frauenhäuser und 10 Beratungsstellen) hielten offensichtlich mehrere Problembereiche für gleichermaßen belastend und gaben keine Reihenfolge an; andere verzeichneten zwar eine Reihenfolge, deuteten aber durch Anmerkungen an, daß ihnen dies schwer fiel. Wir berücksichtigen daher in unserer Interpretation des Stellenwerts der einzelnen Problembereiche nicht nur die Nennungen an erster Stelle, sondern immer auch alle Nennungen.

zum Ausdruck; sie wird bei den ersten Nennungen relativ selten als häufigstes Problem überhaupt bezeichnet.

Tab.3.03: Hauptprobleme ehemaliger Frauenhausbewohnerinnen aus der Sicht der Frauenhäuser - Nennung an erster Stelle -

	Träger des Frauenhauses				Frauenhäuser insgesamt	
	autonom		nicht autonom			
Hauptproblem ehemaliger Frauenhausbewohnerinnen						
weitere Bedrohung	4	9%	2	6%	6	8%
Überforderung durch Behörden	2	5%			2	3%
Resignation und Überforderung durch die neue Lebenssituation	9	21%	11	34%	20	27%
unsichere materielle Situation	2	5%	2	6%	4	5%
keine besonderen Trennungsprobleme	5	12%	1	3%	6	8%
soziale Isolation	15	36%	7	22%	22	30%
Insgesamt	37	100%	23	100%	60	100%

Tab.3.04: Hauptprobleme ehemaliger Frauenhausbewohnerinnen aus der Sicht der Frauenhäuser - Nennungen insgesamt -

	Träger des Frauenhauses				Frauenhäuser insgesamt	
	autonom		nicht autonom			
Probleme ehemaliger Frauenhausbewohnerinnen						
weitere Bedrohung	22	52%	17	53%	39	53%
Überforderung durch Behörden	12	29%	8	25%	20	27%
Resignation und Überforderung durch die neue Lebenssituation	25	60%	26	81%	51	69%
unsichere materielle Situation	26	62%	16	50%	42	57%
keine besonderen Trennungsprobleme	10	24%	12	38%	22	30%
soziale Isolation	31	74%	20	63%	51	69%
Insgesamt	42	100%	32	100%	74	100%

Die Prozentangaben beziehen sich auf die Gesamtzahl der Fragebögen. Mehrfachnennungen waren möglich (n=74).

Tab.3.05: Hauptprobleme ehemaliger Frauenhausbewohnerinnen aus der Sicht der Beratungsstellen - erste Nennungen -

	Nennung an erster Stelle	in %
Überforderung durch Behörden	2	7
Resignation und Überforderung durch die neue Lebenssituation	13	42
Unsichere materielle Situation	2	7
Wunsch, andere Frauen zu treffen	2	7
Wunsch nach persönlichem Gespräch	1	3
Keine Reihenfolge angegeben	10	32
Keine Angabe	1	3
Insgesamt	31	100

Tab.3.06: Hauptprobleme ehemaliger Frauenhausbewohnerinnen aus der Sicht der Beratungsstellungen - Nennungen insgesamt -

	Anzahl der Nennungen	in %
Überforderung durch Behörden	16	53
Resignation und Überforderung durch die neue Lebenssituation	23	77
Unsichere materielle Situation	12	40
Probleme in der Beziehung zu einem Mann	10	33
Wunsch, andere Frauen zu treffen	12	40
Freizeitangebote	1	3
Wunsch nach persönlichem Gespräch	14	47

Die Prozentangaben beziehen sich auf die Gesamtzahl der Fragebögen, die zu dieser Frage eine Angabe enthielten (n=30).

Übereinstimmend berichteten die ehemaligen Frauenhausbewohnerinnen in den Gruppengesprächen, daß sich in dieser Übergangsphase die psychischen Probleme, die aus der erlebten Mißhandlung resultieren, neu beleben und verstärken und zu einer tiefgreifenden Verunsicherung ihrer Gesamtsituation führen können. Denn erst nach dem Verlassen des Frauenhauses werden ihnen die umfassenden Auswirkungen der Trennung bewußt. Sie realisieren die Folgen der Mißhandlung, die sie und ihre Kinder bewältigen müssen. Die Erfahrung, allein auf sich zurückgeworfen zu sein, mit niemandem den Alltag gemeinsam planen zu können und sich nirgends zugehörig zu fühlen, führt zu Ängsten und massiven Minderwertigkeitsgefühlen.

"Im Frauenhaus haben mir meine Bekannten gefehlt ... da fiel mir nach einiger Zeit auf, daß ich keinen Menschen mehr hatte, neue Leute erst suchen mußte, die erst ansprechen mußte, und daß keiner sagt: 'Hallo, wie geht's?'. Und das war sehr schwer. Ich hätte schon gern einen gebraucht, der mal gesagt hätte: 'Komm mit!' oder irgendwas. Ich wollte ja was kennenlernen, wollte was sehen; aber ich bin nicht kontaktarm, das bin ich nicht, aber ich kann auch nicht zu jemandem hingehen und sagen: 'Woll'n wir was unternehmen?', den ich gar nicht kenne." (A/F4)

Mißhandelte Frauen haben oft jahrelang versucht, die Beziehung oder ihre Familie nicht zerbrechen zu lassen. Sie erleben daher das Alleinsein als Leere, aber auch als Ausdruck eigenen Scheiterns und persönlichen Versagens.

"Ich hab' das sehr stark empfunden, daß ich ganz stark zurückgeworfen war auf mich selber, wobei die tägliche Gestaltung ganz allein mir obliegt. Es ist so, wenn man mit jemandem zusammenlebt, daß doch irgendwas geschieht und gewisse Dinge erwartet werden, und man auch im gewissen Rahmen geführt wird, beauftragt ist und so alles, was dazugehört ... Und nun geschieht alles nur, weil ich es initiiere, weil nichts da ist, was erwartet wird." (A/F2)

"Für mich war das Angst ... Angst, weil ich nie allein gelebt habe. Ich war immer bei meinen Eltern und bei meinem Mann; ich war nie allein. Angst und Einsamkeit." (C/F3)

Die sehr junge Frau, die diese letzte Aussage macht, ist Türkin.
  Bei allem, was die Frauen nun tun, fehlt eine Bestätigung von außen. Wenn eine der Frauen dazu sagt: "... obwohl, die hat man zuhause ja auch nicht gehabt", so läßt diese Aussage darauf schließen, daß die "negative Bestätigung" durch den Mann auch die Funktion haben kann, die eigenen als Stärken erlebten Qualitäten gegen die Abwertung durch den Anderen zu behaupten und für das eigene Selbstbewußtsein zu retten. Eine negative Resonanz ist weniger schlimm als gar keine. Die Verunsicherung, die nun aus der Reaktionslosigkeit auf das eigene Tun erfahren wird, erschwert die Wiederaufrichtung des Selbstbewußtseins.

Verlusterfahrungen zusammen mit den nicht vergessenen Demütigungen aus der erlebten Mißhandlung können einen Zustand von Resignation bis hin zur Lähmung bewirken. Die psychischen Folgen sind oft Gefühle von Wertlosigkeit und Depression mit den damit einhergehenden körperlichen Symptomen. Auch Alkohol- und Tablettenmißbrauch kann die Folge sein, als Versuch, diesem desolaten Zustand zu entkommen.

So beschreibt eine ehemalige Frauenhausbewohnerin, wie sie trotz Vorwarnung durch andere Frauen dieses drohende Gefühl der Ausweglosigkeit, "das schwarze Loch" nicht abwenden konnte.

"Bis es auf einmal da war. Das merkte ich gar nicht, da rutschte ich einfach rein, und da kommt man nicht mehr zurück. Das war 'ne ganze Zeit, das war eine Phase da gewesen, wo ich damals dachte, es geht nicht mehr weiter. Ich hab' mich ganz unwohl gefühlt, daß ich gesagt habe: Mensch, du bist nichts wert, du kannst nichts; hab' selber an mir gezweifelt ... Ich habe eine Zeit gehabt, da hab' ich gedacht ... ich habe keine Lust mehr, zu gar nichts mehr. So wahnsinnig war ich. Ich habe mir selber nichts mehr zugetraut. Es war Ende, total Nullpunkt. Bis ich dann selber ... irgendwann mal sagte ... jetzt ist Feierabend ... du willst doch leben, das ist die Hauptsache." (A/F4)

Obwohl dieselbe Frau das Aufgefangensein während der Dauer des Frauenhausaufenthalts als große Unterstützung erlebt hat, beschreibt sie, wie ihr in einer bestimmten Zeit dieser Phase kein Rat geholfen hätte:

"Hätt' mir keiner was sagen können. Auch hier die Beratungsstelle. Hat mir nichts mehr gebracht. Das mußte ich ganz allein mit mir abmachen ... da bin ich ganz ehrlich. Selber mußte ich da raus." (A/F4)

Selbst in einer solchen Situation kann das Wissen von der Existenz einer Gesprächs- und Beratungsmöglichkeit eine Unterstützung bedeuten, da die innere Entscheidung, etwas "mit sich selbst abzumachen" dann einen anderen Stellenwert gewinnt. Angesichts der Tatsache, daß die reale Lage der Frauen sich in dieser Zeit zur objektiven Überforderung steigern kann, ermöglicht ihnen das Vorhandensein einer vertrauenswürdigen und notfalls zugänglichen Beratung, ihr Alleinsein mit den Problemen als Übernahme der Verantwortung für das eigene Leben und nicht als bloße Verlassenheit zu erfahren.

Obwohl die ehemaligen Bewohnerinnen in der Rückschau ihre Lebenssituation besonders für die erste Zeit nach Verlassen des Frauenhauses vorwiegend negativ beschreiben, berichten sie gleichzeitig von Momenten einer positiven Situationsdeutung, die sich mit der Bewältigung der Krise zunehmend verstärken. Die Selbsteinschätzung schwankt zwischen Gefühlen der Unzulänglichkeit und des Versagens und solchen von Staunen und Stolz über die an sich selbst erlebte Stärke im Umgang mit Situationen, denen sie oft zum ersten Mal allein gegenüberstehen.

> "Ich seh' zum ersten Mal, was ich kann und was ich nicht kann. Ich hab' das vorher auch gemerkt oder gewußt, aber ich geb' zu, zu manchen Dingen habe ich immer so einen Dreh gehabt: Das schaffe ich nicht ... Aber jetzt muß ich ja." (A/F7)

> "Und vorher, das kannte ich nicht, selbständig zu sein, weil ich immer meinen Mann fragen mußte, was ich mache ... Und dann mußte ich selbständig sein für meinen Sohn und für mich ... Das hat lange gedauert ... Dabei hat das Frauenhaus mir sehr viel geholfen ... Und ich war einfach froh, daß ich für mich alles selbst entscheiden kann und für mein Kind ... Das war ein ganz neues Leben für mich ... Und jetzt bin ich sehr glücklich." (C/F3)

In diesen Aussagen kommt der von vielen Frauen erfahrene Unterschied zwischen vorher erlebter Abhängigkeit und Unselbständigkeit, aber relativer Sicherheit - zumindest den gesellschaftlichen Status betreffend - und neu erfahrener Selbständigkeit und Entscheidungsfreiheit, aber begleitet von Verunsicherung und Vereinzelung besonders deutlich zum Ausdruck.

Sich durch das "Tief" allein durchzukämpfen, verstärkt die Kraft für ein eigenständiges weiteres Leben. Nach einer solchen Nullpunkt-Erfahrung verändert sich die Situation im günstigen Fall zum Positiven.

> "Ja, von da an geht es. Dann rechnest du mit Tiefs. Ich rechne heute zum Beispiel mit einem Tiefschlag. Kommt was Gutes, kommt was Schlechtes. So geht's auch bergauf und bergnieder ... Ich fang' mich ab. Ich fang' mich selber ab. Das habe ich gelernt. Vorher habe ich immer gesagt: Im Frauenhaus ist ja jemand, der fängt mich auf." (A/F4)

> "Das ist der Punkt, wo man gelernt hat, sich auf sich selbst zu verlassen." (A/F2)

In der Regel grenzen die Frauen diese Phase der extremen Selbstverunsicherung, die begleitet ist von depressiven Stimmungen, auf die ersten Wochen und Monate nach Verlassen des Frauenhauses ein. Doch erst nach längerer Zeit gelingt eine wirkliche Stabilisierung - stark verknüpft auch mit dem Gelingen der Konsolidierung der äußeren Situation. Dies wird von den Frauen als ein längerdauernder Prozeß beschrieben:

> "Es kann sich in die Länge ziehen ... zum größten Teil habe ich immer erlebt, daß es länger gedauert hat. Nie jetzt kurzfristig ..." (A/F4)

Es besteht unter den befragten Frauen Übereinstimmung darüber, daß "... unter einem Jahr eigentlich so in der Regel gar nichts geht", um wieder "in den Tritt" (A/F2) und zu einer Identitätsfindung zu kommen.

"Man lernt sich selber kennen ... das muß sein, bevor du etwas machst, sonst kannst du gar keine eigenen Schritte gehen ... Das geht gar nicht so schnell. Man muß erst einmal sich selber finden." (A/F4)

Manche Frauen bekommen zu dem Erlebten einen so großen Abstand, daß die Mißhandlung in ihrer Erinnerung ganz unwirklich wird:

"... ich habe das meiste schon vergessen, das heißt, vergessen nicht, aber ich kann mir das nicht mehr so richtig vorstellen, wie es war ... Zum Beispiel, wie schlimm das war ... wie sich mein Mann aufgeführt hat, wie die Schläge waren, wie das andere war. Das kann ich mir gar nicht mehr richtig vorstellen, eben weil da schon so viel Zeit vergangen ist ... Und jetzt bin ich eben wieder ich selber ... ich bin selbständig, ich bin ich. Vorher war ich das ja nicht ... Ich möchte einen Beruf und einigermaßen Einkommen, und dann später ... vielleicht einmal eine feste Beziehung." (B/F3)

Solche Frauen erleben an sich Seiten eines veränderten Selbstbildes und neuer Freiheiten, indem sie selbständig, ohne männliche Bevormundung für sich und die Familie Entscheidungen treffen und sich ohne Angst vor Gewalt wieder eine eigene Privatsphäre aufbauen. Das so wiedergewonnene Selbstvertrauen und die Entschlußkraft ermutigen sie dazu, ihre Situation trotz der objektiven Schwierigkeiten auch weiterhin selbst zu gestalten.

Die Lebensplanung anderer Frauen verläuft schmerzlicher, und oftmals löst sich der Zwiespalt, in dem sie sich befinden, nicht auf. Das betrifft vor allem die Frauen, denen es nicht gelingt, ihrem Leben nach eigener Interpretation einen neuen Sinn zu verleihen. Extrem belastet bei der Entwicklung einer neuen Lebensperspektive sind alleinstehende Frauen ohne Familienzusammenhang - und hier noch einmal Ausländerinnen -, besonders dann, wenn sie arbeitslos und ohne berufliche Perspektive sind. Ihre Isolation ist besonders gravierend, da sie auf keinen sozialen Zusammenhang zurückgreifen können, der, ohne daß sie ihn erst selbst herstellen müssen, vorhanden ist, wie dies an einem Arbeitsplatz oder an einem Ausbildungsort in der Regel der Fall ist. Selbst Frauen, die von sich sagen, daß sie normalerweise leicht Kontakt schließen, fühlen sich in dieser belasteten Zeit sehr isoliert und finden nur mit Überwindung die Kraft, sich an andere, ihnen fremde Menschen zu wenden.

Besonders für ältere Frauen bedeutet der Schritt in ein eigenständiges Leben meist einen tieferen Einschnitt, der oft nur in äußerster Bedrängnis unternommen wird. Ihre Perspektiven für die Zukunft sind weit weniger aussichtsreich, und es überrascht nicht, daß sie sich oft für eine Rückkehr zum Mann entscheiden in dem vollen Bewußtsein, nur die Wahl zwischen zwei unglücklichen Lebensmöglichkeiten zu haben. Schon im Frauenhaus entlasten ältere Frauen nicht selten Mütter, indem sie großmütterliche Aufgaben übernehmen. In Einzelfällen finden sie auch nach dem Auszug auf diese Weise wenigstens vorübergehend einen sozialen Mittelpunkt. Für sie behalten die im Frauenhaus geknüpften Kontakte ganz besondere Bedeutung.

Ein weiteres Dilemma besteht, wenn Frauen, für die die Trennung mit einem erheblichen materiellen und sozialen Abstieg - möglicherweise bis zum Empfang von Sozialhilfe - verbunden ist, es sich nicht zutrauen, einen ihren früheren Vorstellungen vergleichbaren inneren und äußeren Status aus sich selbst heraus zu erreichen. Das gilt in besonderem Maße für Frauen, die mit einem besser verdienenden Mann verheiratet waren und wegen der Kinder selbst aus dem Beruf ausgeschieden sind; insbesondere dann, wenn sie selbst sich aufgrund ihres Bildungsweges in einem sozialen Lebenskreis zuhause fühlen, dessen Mitglieder nur selten auf Sozialhilfe zurückgreifen müssen. Von solchen Frauen wird das jetzige Leben als stark defizitär empfunden. Einerseits bestehen höhere Ansprüche an die Lebensqualität, andererseits gibt es weniger Zuversicht und oft auch geringe Vorstellungen, wie sich Ansprüche verwirklichen lassen, die an die als positiv erlebten Anteile des Lebens vor der Trennung anknüpfen und diesen vergleichbar sind.

3.3.3 Die Bedeutung von Frauenbezügen und Selbsthilfekontakten

Ehemalige Frauenhausbewohnerinnen sind auch über die Zeit unmittelbar nach dem Verlassen des Frauenhauses hinaus darauf angewiesen, die Kontakte, die sie hier geknüpft haben, aufrecht zu erhalten. Sie erleben sehr einschneidend, daß eine Frau, die sich allein in der Öffentlichkeit bewegt, nicht der gesellschaftlichen Norm entspricht und an vielen Stellen auf Diskriminierung und abschätzige Behandlung stößt. Umso stärker erleben Frauen sich als gegenseitigen Schutz, besonders bei hinzukommenden persönlichen Unsicherheiten in unvertrauten öffentlichen Situationen.

Man kann hier von "sozialen Übergangskontakten" sprechen, die nicht selten die Grundlage auch längerfristiger Freundschaften bilden.

> "Da haben sich bei uns wirklich viele kennengelernt ... da waren wir ... sehr erstaunt, ... daß da Kontakte über viele Jahre hinweg (bestanden), wo wir gar nicht mehr wußten, daß die Frauen zusammen im Frauenhaus waren oder sich darüber haben kennenlernen können. Also, es war echt verblüffend."
> (B/M1)

Solche Zusammenhänge werden begünstigt, wenn Frauen nicht in zu großen Entfernungen voneinander wohnen. Das heißt, daß die Bedingungen für die Entstehung solcher sozialen Netze in kleineren Städten vorteilhafter sind. In großen Städten gibt es aus diesem Grunde Bemühungen, für ehemalige Bewohnerinnen in den verschiedenen Stadtteilen möglichst mehrere nicht weit voneinander entfernt liegende Wohnungen zu finden.

Zwar haben die meisten Frauen Frauenfreundschaften und Unterstützung durch andere Frauen in der Zeit vor der Mißhandlungsbeziehung erfahren; sie haben diese Beziehungen aber entweder gezwungenermaßen - weil sie in der Ehe durch eine systematische Isolierung verhindert wurden - oder freiwillig aufgegeben,

"... weil sich das so ergeben (hat), ich konnte das beides offensichtlich damals nicht miteinander verbinden." (A/F3)

Wir fanden in unseren Gesprächen die Einschätzung aus anderen Studien (z.B. Hagemann-White/Kavemann et al. 1981) bestätigt, daß die im Frauenhaus erlebten Erfahrungen von gegenseitiger Hilfe, von gemeinsamen Unternehmungen und von wechselseitigem Verständnis im offenen Gespräch ein verändertes Verhältnis zu Frauen bewirkt haben. Die Erwartungen der Frauen aneinander sind allerdings wohl besonders hoch. Die im Frauenhaus erfahrene große Solidarität während der Ausnahmesituation der Lösung aus einer Mißhandlungsbeziehung steht im Kontrast zu der jahrelangen Erfahrung, im sozialen Umfeld keine verläßliche Unterstützung gefunden zu haben und der Mißhandlung und Demütigung ausgeliefert zu sein. Dieser extreme Kontrast im Erleben von sozialen Beziehungen hinterläßt einen Bodensatz von Mißtrauen oder Enttäuschungsbereitschaft, aber auch lebhafte Hoffnungen auf eine neue Qualität in Beziehungen zu Frauen, die Ähnliches erlebt haben.

Die unerwartete persönliche Stärkung, die aus den Solidaritätserfahrungen im Frauenhaus erwachsen ist, beschreiben die Frauen wie folgt:

"Ich war so stark geworden im Frauenhaus, daß ich mich sogar gegen meine Mutter aufgelehnt hab' ... Die Stärke war in dem Sinne, ... es kam von innen her, die Stärke ... Ich brauchte nicht Ängste oder was in mich reinfressen ... Und dann habe ich viele Leute, wo ich sagte: Also auf die kannst du, wenn was passiert ... Und wenn du nur was loswirst und kannst mit wem reden ... Das war die Stärke für mich, daß ich nie allein dastand." (A/F4)

"... da war eine unheimlich nette Clique; wir haben manchmal nachts bis drei, vier Uhr gesessen und gequatscht. Und das fand ich so toll. Wir konnten reden, wir sind mal rausgegangen ... was ich alles nicht kannte. Ich hatte einfach keine Angst. Wenn man mit mehreren zusammen war, brauchte man keinen Mann ... Wir haben soviel Spaß gehabt. Oder wenn andere mal weg wollten, dann habe ich auf die Kleinen aufgepaßt, was mir auch wieder viel Spaß gemacht hat. Also, ich fand für mich positiv, daß ich überhaupt mal gesehen habe, wie andere Menschen empfinden, wenn sie von ihrem Partner weg sind; wie die Kinder denken, und jetzt auch danach ... wie das Kind sich verändert hat ... Das war für mich ungeheuer wichtig, weil ich es in der Ehe nicht durfte und das nicht erlebt habe." (A/F1)

Solche gemeinsamen Erlebnisse von Zusammengehörigkeit und gegenseitigem Verstehen lassen es verständlich erscheinen, daß die Frauen die Hoffnung und den Wunsch haben, diese Zusammenhänge auch nach dem Auszug aus dem Frauenhaus aufrechtzuerhalten, und daß sie auf Verluste dieser zwischenmenschlichen Bezüge empfindlich reagieren.

Kontrastierend zu der positiven Beurteilung von Frauensolidarität finden sich in den Gesprächen auch skeptische Stimmen, die die mangelnde Beständigkeit solcher Frauenbeziehungen bedauern, besonders auch, wenn neue Beziehungen zu Männern wieder eine Rolle spielen. Hier zeigen sich Enttäuschungen, die sich zwar ebenso in sozialen Beziehungen allgemein finden lassen, aber auf dem konkreten Hintergrund der Situation nach dem Frauenhaus besonders stark empfunden werden. Brüche und Verluste sind auch deshalb nicht überraschend, weil die Gemeinsamkeit, aus der die Freundschaften entstanden sind - nämlich der gleichzeitige Frauenhausaufenthalt -, allein nicht für eine langfristig bedeutsame neue soziale Beziehung tragfähig sein kann. Wenn die Kontakte wieder versanden, führt das zwar zu Enttäuschungen, aber die Erfahrungen von Solidarität und der Einblick in andere Lebens- und Denkweisen bleiben erhalten und werden als Verstärkung des Selbstbewußtseins und als Erweiterung der eigenen Sichtweise erlebt.

Im ganzen läßt sich sagen, daß die als positiv erfahrenen Bezüge zu Frauen und die Wertschätzung von Frauenfreundschaften auch längerfristig Einfluß auf das Wachsen von Selbstbewußtsein haben:

> Andere Frauen positiv zu erleben, steht in Wechselwirkung damit, sich selbst höher zu bewerten. Die Entwertung ihrer Person, die die Frau in der Mißhandlungsbeziehung verschärft erlebt hat, beruhte auf der Geringschätzung des weiblichen Geschlechts: weil sie eine Frau ist, hatte sie nichts zu sagen, konnte ihr Körper von einem Mann benutzt und mißhandelt werden, hatte sie die Verantwortung für Hausarbeit und Kindervorsorgung und war zugleich dem Urteil eines anderen ausgeliefert, ob sie es auch recht macht. Mit der Auflehnung gegen diese gesellschaftliche Selbstverständlichkeit geht eine höhere Bewertung der Frau einher, eine Wertverschiebung, die sowohl sie selbst in ihrem Selbstwertgefühl wie auch andere Frauen als Schwestern, die Gleiches erleben wie sie, betrifft. Mehrere Frauen berichten, daß sie mit Bekanntschaften von früher heute nichts mehr anfangen können, weil diese Bekanntschaften noch die übliche Geringschätzung von Frauen im Vergleich zu Männern selbstverständlich teilen.
> (Hagemann-White/Kavemann et al. 1981, S.342 f.)

3.3.4 Alleinerziehende Mütter und die Situation der Kinder

Es verwundert nicht, daß die Trennung aus der Mißhandlungsbeziehung auch Auswirkungen auf das Verhältnis der Frauen zu ihren Kindern hat. Der überwiegende Teil der Frauen hat den Entschluß, der Mißhandlungsbeziehung ein Ende zu setzen, mit Rücksicht auf die Kinder so lange wie möglich hinausgezögert. Am Ende entscheiden sich die Frauen zu einer Trennung sehr häufig aus Verantwortung gegenüber den Kindern, wenn deren seelische oder körperliche Unversehrtheit durch die Zumutungen von Gewaltszenen, deren Augenzeugen oder gar Opfer sie sind, merkbar verletzt ist. Erst wenn die Frauen ohne den gewalttätigen Mann leben, merken sie im Rückblick, wie tief er auch in ihre Beziehungen zu den Kindern eingegriffen hat. Erst jetzt können sie nach eigenem Ermessen den Alltag gestalten und auf die Bedürfnisse der Kinder eingehen, anstatt sich nach rigiden Vorgaben zu richten, die die Gewaltandrohungen des Mannes direkt oder indirekt erzwungen haben. Allein schon diese Eigenständigkeit im Alltag entlastet die Frauen seelisch und entspannt ihr Verhältnis zu den Kindern.

> "Das ist gar nicht zu vergleichen mit daheim ... Am Tag merkt man das eigentlich nicht so, beim Kochen, Aufräumen und Saubermachen. Die Arbeit bleibt ja dasselbe, bloß mit dem Unterschied, wenn ich heut' nicht will, dann mach' ich das eben morgen. Also, es ist keiner da, ... also, daß jemand kommandiert. Aber abends, das hab' ich dann schön gefunden ... also, wenn ich um acht ins Bett hab' wollen, hab' ich gewußt, wenn die Kinder schlafen, da hast du deine Ruhe. Und vorher hatte ich das nicht. Da waren die Kinder ... im Bett, da ist der Mann dann angekommen, total voll; und dann ist der Zirkus losgegangen." (B/F3)

Mitarbeiterinnen der nachgehenden Beratung berichten von ihrem Eindruck, daß bei vielen Frauen, die während der Zeit des Aufenthalts im Frauenhaus sehr stark mit den eigenen Problemen und der Organisation des zukünftigen Lebens beschäftigt waren, nach dem Auszug das Interesse an den Kindern wieder zunimmt.

Zugleich kommen allerdings neue Belastungen im Verhältnis zu den Kindern hinzu. Abgesehen von den äußeren, aus der Umstellung auf die neue Lebenssituation folgenden Problemen, die z.B. durch Schulwechsel oder durch materielle Entbehrungen entstehen, haben die Frauen mit Schwierigkeiten zu kämpfen, die aus dem Druck der alleinigen Verantwortung für die Kinder hervorgehen, zumal bei den Kindern die Erinnerungen an das Erlebte und dessen Spuren noch offen oder verdeckt nachwirken.

Eine amerikanische Studie (Hughes/Barad 1983) kommt zu dem Ergebnis, daß Kinder von mißhandelten Frauen überdurchschnittlich häufig Anzeichen von Angst, Ängstlichkeit und Rückzug sowie Beeinträchtigungen in den schulischen Leistungen zeigen. Nach Hughes/Barad litt ein Drittel von 200 Kindern unter somatischen und psychischen Problemen oder an Verhaltensstörungen. Hier zeigen sich auch geschlechtsspezifisch unterschiedliche Reaktionen: Mädchen werden eher als passiv und in sich zurückgezogen beschrieben, Jungen - besonders im Schulalter - als aggressiv und zerstörerisch. Außerdem wurde beobachtet, daß die Mütter, die für ihre Kinder Alleinverantwortung tragen, dazu neigen, diese negativer zu beurteilen als andere dies tun.

Sowohl die Frauenhausbewohnerinnen als auch die Mitarbeiterinnen, mit denen wir gesprochen haben, bestätigen dieses Bild; sie berichten jedoch auch, daß solche Symptome, besonders die schulischen Leistungen betreffend, sich unter dem Einfluß der von Gewaltszenen befreiten neuen Situation vermindern. Dennoch bleibt die Beziehung zu den Kindern von den Folgewirkungen der Gewalterlebnisse belastet. Es fällt den Frauen in mehrfacher Hinsicht schwer, ihren Töchtern und/oder Söhnen bei Verhaltensschwierigkeiten mit Gelassenheit und Verständnis zu begegnen. Da die Mütter sich unter dem Druck befinden, den Vater ersetzen zu müssen, übernehmen sie häufig die der gesellschaftlichen Norm entsprechende Strenge, die üblicherweise dem Vater zukommt. Viele Frauen fühlen sich dafür verantwortlich, daß die Familie zum Schaden der Kinder nicht mehr vollständig ist. Obgleich sie sich oftmals zur Trennung erst entscheiden, wenn sich bei den Kindern sichtbare Schwierigkeiten als Folge der gegen die Mütter gerichteten Gewalt zeigen, fühlen sie sich schuldig - ganz besonders dann, wenn ein Kind unter dem Verlust des Vaters leidet. Das erschwert es ihnen, mit dem Kind offen über solche Probleme zu reden oder auch selbst Rat zu suchen.

3.3.5 Die Bedeutung von Beziehungen zu Männern

Als wesentlich für eine wirkliche Ablösung von der Mißhandlungsbeziehung nennt unter anderem Conroy (1982) die Auseinandersetzung mit der Trauer, die aus dem Verlust der positiven Anteile der Beziehung zu dem gewalttätigen Partner, die als Liebe erlebt wurden, herrührt. Auch wenn die "guten Zeiten" immer seltener geworden waren oder schon sehr weit zurückliegen, bedeutet die Trennung, jede Hoffnung auf eine Wiederbelebung solcher Momente in der Beziehung endgültig aufzugeben. Der Prozeß der Trauerarbeit muß von Erfahrungen begleitet werden, die als Erfolge und Stärken erlebt werden können, um wirklich zu einem inneren Abschluß mit dieser Vergangenheit zu gelangen.

Frauen, denen dies nicht gelingt, finden sich mit der neuen Lebenssituation entweder schwer ab oder neigen dazu, auch nach einem längeren Trennungsversuch mit neuer, schwach genährter Hoffnung in eine unveränderte Situation zurückzugehen.

So sind Trennung, Ablösung und Verarbeitung der Mißhandlungssituation als mühsamer Prozeß zu sehen, der anfällig für Rückfälle ist. Ein Teil der seelischen Kräfte wird für die Bewältigung der anstehenden Aufgaben abgezogen, um den Entschluß zur Trennung als richtige Entscheidung gegenüber der wiederkehrenden

Unsicherheit und der Überforderung durch die neue Lebenssituation aufrechtzuerhalten. Gegen diese Verunsicherung wirkt das inzwischen gewachsene Bewußtsein von der eigenen Kraft, mit deren Hilfe die Frauen etliche, meist schwer erkämpfte Erfolge erzielt haben, die wieder aufzugeben sie nicht so leicht bereit sind. Die meisten Frauen haben sich die Entscheidung zur Trennung sehr schwer gemacht, und obwohl sie wissen, daß sie nach einem weiteren gescheiterten Rückkehrversuch in die alte Beziehung wieder auf die Hilfe durch die Frauenhäuser zurückgreifen könnten, ist die Erinnerung an die Schmerzhaftigkeit, die vertraute Existenz aufzugeben und einen neuen Anfang zu wagen, vielen Frauen auch nach längerer Zeit noch gegenwärtig genug, um sie in ihrer Trennungsentscheidung zu bestätigen.

"Also, wenn ich zurückgegangen wäre, dann hätte ich keinen neuen Anfang geschafft, weil - ich hab' ja gewußt, wie lange das dauert. Ich habe ja zwei Jahre gebraucht, bis ich weg bin." (B/F4)

Die Erfahrung, daß eine alleinstehende Frau ohne einen Mann an ihrer Seite weniger gilt, teilen ehemalige Frauenhausbewohnerinnen mit anderen alleinlebenden Frauen. So wächst mit der Zeit der Wunsch nach einer neuen Beziehung an, und auch die Bereitschaft, lieber Kompromisse einzugehen als weiterhin allein zu leben. Auch wenn sich das Männerbild der Frauen verändert hat, und ein erheblicher Teil von ihnen mit kritischer und vorsichtiger Distanz an zukünftige Männerbeziehungen herangeht, schließt dies natürlich nicht aus, daß sich im konkreten Zusammenleben "alte" Strukturen wieder durchsetzen können. Immerhin weiß der neue Partner, daß die Frau Mißhandlung schon einmal jahrelang hingenommen hat, und dieses Wissen kann sein Verhalten beeinflussen, wenn es zu den ersten alltäglichen Streitigkeiten kommt.

Es scheint aber, daß die Frauen weniger lange in solchen Beziehungen aushalten und zu ihrer Veränderung die ihnen nun bekannten Ressourcen - das Frauenhaus bzw. die dortige Beratung oder aber informelle Kontakte zwischen ehemaligen Frauenhausbewohnerinnen - nutzen können. Im ganzen entsprechen ihre Lebenspläne und -wünsche hinsichtlich der Beziehungen zwischen Frauen und Männern meist dem gängigen Muster. Es kann sogar sein, daß die Erfahrung einer demütigenden und gewalttätigen Beziehung den Wunsch nach der Normalität verstärkt. Ihre schlechten Erfahrungen mit der Lebensform Familie halten sie nicht davon ab, den Traum vom ordentlichen Familienleben doch noch verwirklichen zu wollen. Die perspektivischen Lebensvorstellungen bei dem größten Teil der ehemaligen Frauenhausbewohnerinnen beinhalten eine neue Beziehung zu einem Mann und aus dieser oft auch Kinder, unabhängig davon, ob sie schon welche haben.

Wir konnten zwischen dem Selbstbild der Frauen und dem Bild, das die Mitarbeiterinnen von ihnen haben, hinsichtlich zahlreicher Aspekte Übereinstimmung finden, aber gerade im Hinblick auf das Männerbild und auf Beziehungen zu Männern lassen sich Unterschiede feststellen zwischen den Vorstellungen der Frauen und dem, was die Mitarbeiterinnen für eine "gelungene Bewältigung" der neuen Lebenssituation halten, zu der sie mit ihrer parteilichen Unterstützung beitragen wollten. Die Differenz bezieht sich nicht (wie vielfach Vorurteile besagen) auf die Frage, *ob* Frauenhausbewohnerinnen zukünftig Beziehungen zu Männern aufnehmen, sondern darauf, *wie* solche Beziehungen aussehen können, die eine erneute Mißhandlung ausschließen. Das Konzept der gleichberechtigten Partnerschaft, das die Mitarbeiterinnen überwiegend für sich selbst vertreten, und das Ideal der Selbstbestimmung, welches erfordert, schon den Anfängen einer Unterdrückung oder eines Herrschaftsverhältnisses zu wehren, werden von den ehemaligen Frauenhausbewohnerinnen zwar bewundert, erscheinen ihnen aber zugleich (dies durchaus realistisch) als schwer vereinbar mit einem "normalen" Familienleben und mit den Erwartungen der konkreten Männer, die ihnen als mögliche Partner für eine neue Beziehung begegnen. Als Folge zeigen die Frauen gewisse Hemmungen, ihre neuen Beziehungen den Mitarbeiterinnen zur Kenntnis zu geben; die Mitarbeiterinnen wiederum sind vielfach enttäuscht, wenn sie entdecken, auf welche Beziehungsstrukturen die Frauen sich erneut einlassen. So ist der Bereich "neue Beziehungen" ein empfindliches Terrain auch für eine nüchterne nachgehende Beratung.

3.4 Schlußbemerkung

Unsere Ergebnisse erlauben den Schluß, daß weder die inneren und äußeren Gründe für eine mehr oder weniger gelungene Bewältigung der Situation noch die hierfür angewandten Strategien eine Typologisierung der Frauen zulassen. Es lassen sich zwar vergleichbare Verarbeitungsverläufe mit eher positivem oder negativem Resultat skizzieren; zugleich muß jedoch betont werden, daß ehemalige Frauenhausbewohnerinnen keine homogene Gruppe sind.

Es gibt im äußerlich beobachtbaren Verhalten sowie in den vorübergehend erlebten inneren Zuständen von mißhandelten Frauen zwar Erscheinungen, die dazu verführen, sie hinsichtlich ihrer Fähigkeit und ihres Willens zur Veränderung ihrer Lebenslage einem bestimmten Typus zuzuordnen und damit Vorurteile zu bestätigen. Die Wirkungen von erlebter Gewalt, von einer Flucht und einem Bruch mit dem bisherigen Leben erzeugen vorübergehend typische Verhaltensmuster. Wenn diese mißverstanden und als mitgebrachte Eigenschaften der Frauen selbst gedeutet werden, entstehen Zuschreibungen, die einer individualisierten und der Unterschiedlichkeit zwischen den Frauen gerecht werdenden Hilfe im Wege stehen. Die Menschen ihrer Umwelt, einschließlich der Anbieter von Hilfe, gelangen dann leicht zu der Annahme, daß den mißhandelten Frauen zur Veränderung ihrer bedrängten Lage generell Fähigkeit, eigener Antrieb und Interesse zu einer Veränderung ihrer bedrängten Lage fehlen, während ihre Stärken, an die Unterstützung anknüpfen müßte, übersehen werden.

Bei näherem Hinsehen und zu einem späteren Zeitpunkt des Trennungs- und Ablösungsprozesses stellen die Mitarbeiterinnen in der nachgehenden Beratung häufig fest, daß Frauen, denen sie es nicht von vornherein zugetraut haben, zur Veränderung und Stabilisierung ihrer Situation unerwartete eigene und unterstützte Wege finden. Das Gleiche gilt umgekehrt: bei manchen Frauen erweist sich eine anfänglich starke Haltung als Fassade, die nicht durchgehalten werden kann. Erst im Laufe der Zeit, nachdem die materiellen Grundbedingungen für ein eigenständiges Leben geschaffen und die unausweichlichen Trauer- und Verlusterlebnisse überwunden sind, kann die Individualität der inneren Ressourcen, der Bedürfnisse und der Lebensstrategien zum Tragen kommen. Die Erfahrungen von Verschiedenheit und die immer neue Überraschung bei der Entwicklung der Frauen prägen bei einer längeren Tätigkeit in der nachgehenden Beratung die Sichtweise und das Vorgehen der Mitarbeiterinnen. Dies beschreibt eine von ihnen in den folgenden Worten:

"Die Frauen sind ja sehr unterschiedlich, die ins Haus kommen, und auch, wie sie nachher weiterleben, z.B. vom Status her, z.B. Bildung und Arbeit ..., wo wir einfach annehmen müssen, daß sie bessere Voraussetzungen haben, um zu einem Selbstwertgefühl zu kommen, mehr für sich tun können, also, die schonmal gearbeitet haben oder eine Berufsausbildung haben ... oder die sich einfach gut artikulieren können; wo man denkt, die schaffen für sich auch mehr. Also, da muß ich ganz ehrlich sagen, das kommt so nicht hin. Ich bin also auch mal darauf reingefallen und hab' wirklich gemeint, eine Frau, die da bessere Voraussetzungen mitbringt, auf eine Sache zuzugehen, daß das nicht unbedingt die Frauen sind, die dann auch besser mit sich umgehen können und mehr für sich tun. Absolut nicht." (C/M1)

4. Die Arbeit der nachgehenden Beratung

4.1 Organisatorische Struktur der nachgehenden Beratung

4.1.1 Organisatorische Modelle

Abhängig von den örtlichen Bedingungen, wie typischen regionalen und infrastrukturellen Gegebenheiten, dem jeweiligen Bedarf an nachgehender Beratung und/oder konzeptionellen Überlegungen, haben sich unterschiedliche Modelle entwickelt, nach denen die nachgehende Beratung organisiert ist. Trotz der empirischen Vielfalt im einzelnen lassen sich in bezug auf Anbieter und Ort der Beratung drei Organisationsformen unterscheiden.

In unserer Untersuchung trafen wir auf drei verschiedene Anbieter nachgehender Beratung: Frauenhäuser, Frauenhausberatungsstellen und allgemeine Frauenberatungsstellen. Den Anbietern sind unterschiedliche organisatorische Modelle zuzuordnen:

Modell	Anbieter
(1) *Intergrierte* nachgehende Beratung	Frauenhaus
(2) *Ausgelagerte* nachgehende Beratung	Frauenhausberatungsstelle
(3) *Ergänzende* nachgehende Beratung	Allgemeine Frauenberatungsstelle

(1)   **Integrierte nachgehende Beratung**

Die ins Frauenhaus integrierte nachgehende Beratung war historisch das Ausgangsmodell für diesen Arbeitsbereich. Zum Zeitpunkt der Erhebung war es nach wie vor das am weitesten verbreitete organisatorische Modell. 74 von 96 befragten Frauenhäusern bieten nachgehende Beratung in dieser Form an. Fast alle befragten Frauenhäuser haben langjährige praktische Erfahrungen mit nachgehender Beratung; bei mehr als der Hälfte von ihnen gehört sie seit über fünf Jahren zum Hilfsangebot.

Weiterführende Angebote für ehemalige Frauenhausbewohnerinnen bleiben weitgehend an den Ort Frauenhaus gebunden. Die Angebote umfassen in der Regel Einzelberatung, telefonische Beratung, Gruppentreffen und Freizeitaktivitäten. Darüber hinausgehende Angebote - z.b. Hausbesuche, Begleitung bei Ämterbesuchen oder Kinderbetreuung - werden je nach Konzeption und personeller Ausstattung unterschiedlich gehandhabt.

Neben diesen professionellen Hilfen ermöglicht integrierte nachgehende Beratung den
maligen Bewohnerinnen wird in der Regel das Angebot gemacht, jederzeit zu Besuch oder zur Beratung ins Haus kommen zu können.

Die Beratung ehemaliger Frauenhausbewohnerinnen wird in den meisten Frauenhäusern (62) von allen Mitarbeiterinnen anteilig durchgeführt. Die individuellen Beratungsverhältnisse bleiben so auch für die Zeit nach dem Frauenhausaufenthalt bestehen. In einigen Frauenhäusern (12) wird die nachgehende Beratung arbeitsteilig von speziellen Mitarbeiterinnen geleistet, die in der Regel kurz vor dem Auszug der Frauen die Gespräche aufnehmen. Zusätzlich arbeiten in 17 Frauenhäusern ehrenamtliche Mitarbeiterinnen in der nachgehenden Beratung; ein Drittel aller Frauenhäuser gibt an, daß auch ehemalige Bewohnerinnen in diesem Bereich mitarbeiten.

(2)   Ausgelagerte nachgehende Beratung

Dieses Modell geht von der räumlichen Trennung von Frauenhausarbeit und nachgehender Beratung aus. Gemeinsam mit der präventiven wird die nachgehende Beratung an einen externen Ort, in eine Frauenhausberatungsstelle, verlagert. Dies sind Beratungsstellen, die auf Initiative der Frauenhäuser oder in direkter Kooperation mit ihnen entstanden sind; in vielen Fällen sind sie dem Trägerverein des jeweiligen Frauenhauses zugeordnet. 22 der insgesamt 31 befragten Beratungsstellen sind dieser Organisationsform zuzurechnen. In der Regel hat die räumliche Trennung vom Frauenhaus zur Folge, daß das Team der Beratungsstelle die nachgehende wie auch die präventive Beratung in eigener Verantwortung organisiert und ausgestaltet. Lediglich in vier Beratungsstellen arbeiten arbeitsteilig bzw. im jährlichen Wechsel alle Mitarbeiterinnen der Frauenhäuser.

Die inhaltliche Gestaltung der Angebote wird trotz organisatorischer Eigenständigkeit in enger Zusammenarbeit mit den Frauenhäusern entwickelt; häufig arbeiten ehemalige Frauenhausmitarbeiterinnen in den Beratungsstellen.Die Angebote umfassen Einzelbetreuung, Gruppenangebote sowie telefonische Beratung. Knapp ein Viertel aller Beratungsstellen verfügt über gesonderte Angebote für Kinder.

Die Mitarbeiterinnen der Beratungsstellen arbeiten in der Regel wöchentlich einen bis zwei Tage in den Frauenhäusern, um mit den Frauen noch vor deren Auszug Kontakt aufzunehmen; sie nehmen meist an den Teambesprechungen und/oder

Hausversammlungen teil. Generell schätzen die Mitarbeiterinnen der Frauenhausberatungsstellen die Zusammenarbeit mit dem Frauenhaus aufgrund der engen organisatorischen Verflechtung als verläßlich ein und werten sie überwiegend positiv. Den gegenwärtigen Kontakt zum Frauenhaus beurteilen lediglich zwei Beratungsstellen negativ; dies führen sie auf unterschiedliche Auffassungen über die Arbeit der nachgehenden Beratung oder auf mangelnde Kooperationsbereitschaft des betreffenden Frauenhauses zurück. Eine engere Anbindung an das Frauenhaus wünschen sich lediglich drei der insgesamt 22 Beratungsstellen.

(3) Ergänzende nachgehende Beratung

Anders als die Frauenhausberatungsstellen, die sich vorrangig an mißhandelte Frauen und Frauen in manifesten Trennungskonflikten wenden, richten sich die allgemeinen Frauenberatungsstellen an Frauen mit unterschiedlichen Interessen- und Problemlagen. Neun der insgesamt 31 befragten Beratungsstellen sind dieser Kategorie der ergänzenden nachgehenden Beratung zuzuordnen.[1] Je nach Arbeitsschwerpunkt umfaßt das Angebotsspektrum Beratung über sexuellen Mißbrauch, Notruf für vergewaltigte Frauen, therapeutische Hilfen, Bildungsangebote oder auch Gesundheitsberatung. Die psychosoziale Beratung ist ebenso wie die Gruppenangebote überwiegend auf die langfristige Inanspruchnahme ausgerichtet. In bezug auf die Frauenhausklientel nimmt die präventive Beratung gegenüber der nachgehenden Beratung einen größeren Raum ein. Die Zusammenarbeit mit den Frauenhäusern kommt jeweils im Zusammenhang mit einzelnen Frauen zustande, die weiterberaten werden oder aber im präventiven Bereich Hilfe suchen; sie dient dem wechselseitigen Informationsaustausch.

Über die Qualität des Kontakts zu den Frauenhäusern äußert sich über die Hälfte der Mitarbeiterinnen der Beratungsstellen zurückhaltend. In einigen Fällen erklären sich die Mitarbeiterinnen das distanzierte Verhältnis aus den unterschiedlichen frauenpolitischen Positionen von Beratungsstelle und Frauenhaus. Dies betrifft vier Städte, in denen uns autonome Beratungsstellen Auskunft gegeben haben, während die örtlichen Frauenhäuser sich nicht der autonomen Frauenhausbewegung zurechnen.

Aus der Sicht der Frauenhäuser dürfte den allgemeinen Frauenberatungsstellen eine wichtige Funktion in bezug auf die präventive Beratung zukommen. Hinsichtlich der Praxis der nachgehenden Beratung erfahren die Mitarbeiterinnen der Frauenhäuser trotz der ergänzenden Beratung faktisch kaum einen Unterschied zu dem

---

1) Um den Rahmen der Untersuchung nicht zu sprengen, wurden nur solche Frauenberatungsstellen in die schriftliche Befragung einbezogen, die uns von einem Frauenhaus als Anbieter nachgehender Beratung genannt wurden.

Modell der integrierten nachgehenden Beratung, da sich die ehemaligen Bewohnerinnen - von Einzelfällen abgesehen - an das Frauenhaus zurückwenden.

Nach Einschätzung der befragten Frauenhausmitarbeiterinnen stehen sich als eigenständige Organisationsformen alternativ die beiden Modelle der integrierten und der ausgelagerten nachgehenden Beratung gegenüber. Allerdings scheinen sich die Frauenhäuser in der Frage, welchem Modell der Vorzug zu geben sei, bereits entschieden zu haben: der Trend in Richtung auf ausgelagerte nachgehende Beratung wird durch die Ergebnisse unserer Befragung bestätigt. Von insgesamt 74 Frauenhäusern, die nachgehende Beratung im Frauenhaus anbieten, erhoffen sich 42 Frauenhäuser von einer Auslagerung eine Verbesserung ihrer derzeitigen Beratungssituation. Unsere anfängliche Vermutung, daß die Tendenz zur Auslagerung der Beratungsangebote auch von der Größe der Frauenhäuser und von regionalen Unterschieden (Stadt-Land-Gefälle) abhängig sei, hat sich nicht bestätigt. Daß bislang trotzdem überwiegend die integrierte nachgehende Beratung angeboten wird, ist auf die fehlenden Finanzierungsmöglichkeiten für das in bezug auf Sachmittel und Personal aufwendigere Modell der ausgelagerten nachgehenden Beratung zurückzuführen.

Obwohl der Trend in Richtung auf ausgelagerte nachgehende Beratung deutlich erkennbar ist, gibt es durch die Mitarbeiterinnen der Frauenhäuser zu dieser Frage grundsätzlich kontroverse Einschätzungen. Befürworten die einen das Frauenhaus als den am ehesten geeigneten Ort für nachgehende Beratung, so sehen die anderen gerade in diesem Ort eher Nachteile für die Arbeit der nachgehenden Beratung.

4.1.2 Gegenüberstellung integrierter und ausgelagerter nachgehender Beratung

Eine Gegenüberstellung der beiden Hauptmodelle nachgehender Beratung läßt erkennen, daß allein schon durch die unterschiedliche Wahl des Ortes organisatorische Rahmenbedingungen gesetzt werden, die sich ihrerseits wiederum auf die Arbeitsbedingungen der Mitarbeiterinnen und die Struktur der Unterstützungsangebote auswirken. Im folgenden wird dieser Zusammenhang für beide Modelle dargestellt, wobei gleichzeitig auf die jeweiligen Grenzen bzw. Vor- und Nachteile dieser organisatorisch unterschiedlichen Modelle eingegangen wird.

(1)   Integrierte nachgehende Beratung

Die Mitarbeiterinnen, die das integrierte Modell befürworten, sehen dessen Vorzüge in folgenden Umständen:

- Die integrierte nachgehende Beratung kommt den Wünschen der ehemaligen Bewohnerinnen am nächsten;

- die professionelle Beratung kann von den Frauen spontan in Anspruch genommen werden;

- die integrierte nachgehende Beratung fördert das Selbsthilfeprinzip unter den Frauen.

Die Mitarbeiterinnen gehen davon aus, daß die ehemaligen Bewohnerinnen auch nach ihrem Auszug auf den sozialen Zusammenhang des Frauenhauses zurückgreifen und bevorzugt von den ihnen vertrauten Mitarbeiterinnen beraten werden wollen. Darüber hinaus soll die integrierte nachgehende Beratung die Möglichkeit wechselseitiger Kontakte und Hilfen zwischen den ehemaligen und den derzeitigen Bewohnerinnen fördern, indem die schon vorhandenen Kommunikationsstrukturen in Anspruch genommen werden.

Das Angebot, jederzeit zur Beratung oder zu Besuch ins Frauenhaus kommen zu können, eröffnet den Frauen weitgehende Möglichkeiten spontaner Hilfesuche, indem kaum zeitliche Absprachen und Vorausplanungen verlangt werden. Auch müssen sie kein bestimmtes Anliegen oder Problem vorbringen, das ihren Besuch rechtfertigt, was den oft diffusen Bedürfnislagen in der Phase der Neuorientierung entgegenkommt. Eine Mitarbeiterin formuliert diese Ansprüche wie folgt:

"Ja, das ist für uns auch wichtig, daß wir überhaupt die Möglichkeit für die Frauen geschaffen haben, daß sie jederzeit kommen. Für uns ist das ja eigentlich am wichtigsten, was unter den Frauen abläuft, der Erfahrungsaustausch und so." (B/M2)

Durch das doppelte Angebot von professioneller Beratung und wechselseitiger Hilfe wird den ehemaligen Bewohnerinnen die Möglichkeit geboten, nicht ausschließlich in der Rolle einer Hilfesuchenden ins Frauenhaus zu kommen. Viele "Ehemalige" wollen sich nämlich nicht nur in der ihnen zugeschriebenen Rolle als Hilfebedürftige sehen. Durch ihren Status als ehemalige Frauenhausbewohnerinnen fühlen sie sich mit der Situation und den Problemen der derzeitigen Bewohnerinnen vertraut und können ihnen aus dieser Position heraus Unterstützung geben. Eine Mitarbeiterin beschreibt das so:

"Zum Beispiel beim Auszug oder so, weil eine Frau, die schon ausgezogen ist, die tut sich in der Hilfestellung für eine andere viel leichter als die Frauen, die eben gerade noch im Haus sind und noch mit vielen anderen Sachen beschäftigt sind." (B/M2)

Die Bewohnerinnen sehen in den "Ehemaligen" diejenigen, die es "schon geschafft haben", und sie sind an diesem Erfahrungsvorsprung interessiert. Eine ehemalige Bewohnerin, die jetzt selbst in einem Frauenhaus arbeitet, erinnert sich, welchen Eindruck die erste Begegnung mit "Ehemaligen" auf sie gemacht hat:

"Also, ich kann mich noch gut an das erste Mal erinnern, wo welche ins Haus kamen ... Und ... also, ich war ausgesprochen verblüfft, wie lustig die waren, wie aufgelockert. Also, das war eine heitere Stimmung, und alles hat erzählt und geredet - und überhaupt nicht mehr über Probleme, sondern was so in der Welt passiert. Das hat mich schwer beeindruckt. (B/M3)

Allerdings scheinen diese von den Mitarbeiterinnen gewünschten Selbsthilfekontakte ambivalent strukturiert zu sein. Obwohl in den Interviews das wechselseitige Interesse von ehemaligen und derzeitigen Bewohnerinnen an diesen Begegnungen genannt wird, können diese Kontakte in der Realität an latenten, unausgesprochenen Vorurteilen beider Seiten scheitern. Ehemalige Bewohnerinnen fühlen sich unsicher gegenüber den Bewohnerinnen, weil sie glauben, "nicht mehr dazuzugehören"; umgekehrt entwickeln die Bewohnerinnen Minderwertigkeitsgefühle gegenüber den "Ehemaligen", weil diese in ihren Augen die Probleme schon bewältigt haben. Lassen sich diese wechselseitigen Projektionen nicht auflösen, kommt es zu frustrierenden Begegnungen:

"Es kamen welche, aber ich will ganz ehrlich sein ... Ich war froh, als die wieder weg waren. ... Also die, die jetzt schon länger raus sind - habe ich bemerkt -, die haben sich benommen, als wären sie 'Wir sind jetzt welche, und wer seid ihr?'." (A/F4)

Daraus ergibt sich, daß die wechselseitige Hilfe der Frauen nicht ohne eine entsprechende Initiative und Vermittlung der Mitarbeiterinnen auskommt; sie kann jedoch, wie einige Erfahrungsberichte deutlich machen, durch eine vorsichtig strukturierte Hilfe zur Selbsthilfe gefördert werden.

Neben diesen genannten Ansatzpunkten für nachgehende Beratung weist integrierte nachgehende Beratung ein weiteres Spezifikum auf. Die derzeitigen Bewohnerinnen, die die zukünftige Klientel nachgehender Beratung sind, erhalten durch die Kontakte mit "Ehemaligen" bereits während sie noch im Frauenhaus leben einen Einblick in ihre zukünftige Lebenssituation. Hierdurch konkretisieren sich ihre Vorstellungen von den auf sie zukommenden Problemen, und vermutlich wird so der Wechsel vom Frauenhaus in die eigene Wohnung weniger angstbesetzt vorstellbar. Außerdem lernen die derzeitigen Bewohnerinnen auf diesem Wege die Arbeitsweise der nachgehenden Beratung kennen und sind nicht auf die eher abstrakte Vermittlung und Erklärung der weiterführenden Angebote durch die Mitarbeiterinnen angewiesen.

Angesichts der genannten Anforderungen an die Mitarbeiterinnen stellt sich die Frage, wie diese zusätzlichen Aufgaben, die über die angebotenen Einzelberatungsgespräche hinausgehen, in die vorhandenen Arbeitsstrukturen integriert werden.

Durch die Integration der nachgehenden Beratung in die tägliche Frauenhausarbeit werden die Arbeitsanforderungen an die Mitarbeiterinnen komplexer. Die Verantwortung der Mitarbeiterinnen und ihre Ansprechbarkeit für die Frauen werden auf die Zeit nach dem Verlassen des Frauenhauses ausgedehnt. Die Beratung kann sich nicht mehr auf einen eindeutigen zeitlichen Abschluß hin orientieren. Sie schließt nun den weiteren Lebensweg der Frauen und ihrer Kinder mit ein, und es wird dadurch schwieriger, den "Erfolg" der eigenen Arbeit zu sehen, der vorher mit dem Auszug aus dem Frauenhaus unterstellt werden konnte. Ferner weitet sich die Anzahl der zu betreuenden Frauen kontinuierlich aus; zu den aktuell neuen Bewohnerinnen tritt die schwieriger zu überschauende, wachsende Anzahl der "Ehemaligen".

Zugleich müssen die Mitarbeiterinnen sich zusätzliches Fachwissen aneignen, um die ehemaligen Bewohnerinnen bei ihren Kontakten mit sozialen Einrichtungen und Institutionen angemessen beraten zu können. Mit dem Einzug in die eigene Wohnung entstehen neue, zum Teil spezielle Bedürfnisse, Ansprüche auf staatliche Leistungen (etwa Hilfe in besonderen Lebenslagen nach dem Bundessozialhilfegesetz, Wohngeld oder Leistungen nach dem Arbeitsförderungsgesetz) und auch Probleme (so z.B. Fragen, die im Problemkreis einer Mieterberatung auftreten können). Eigene Kenntnisse für eine Beratung in vielen Lebenslagen oder die Kompetenz, gezielt zusätzliche Unterstützungsangebote zu empfehlen, werden benötigt.

Allgemein erhöht das offene Beratungsangebot die ohnehin schon hohen Anforderungen an die Flexibilität der Mitarbeiterinnen, die bei Bedarf spontan auf die mannigfachen Beratungswünsche der "Ehemaligen" reagieren müssen. Die Wünsche dieser Frauen an Intensität und Dauer der Beratungsgespräche lassen sich nicht immer erfüllen. An dieser Stelle zeigen sich in der Praxis der integrierten nachgehenden Beratung arbeitsorganisatorische Probleme. Die Mitarbeiterinnen erleben diese Situationen als besonders streßbelastet:

"Und dann klingelt das, da steht eine Frau vor der Tür. Eine ehemalige Frau, die will mit uns Kaffee trinken und klönen, und was weiß ich was ... So, nun sind wir aber am Arbeiten wie verrückt ... 'Du, ich habe gerade zu tun' und 'Komm doch wieder' und 'Willst du einen Augenblick warten?'." (C/M1)

Einen möglichen Ausweg aus dieser sie überfordernden Arbeitssituation sehen einige Mitarbeiterinnen in der Forderung nach speziellen Mitarbeiterinnen für nachgehende Beratung:

"Und es ging dann so und so, und dann haben wir auch gemerkt, daß wir also gut beschäftigt sind ... Und so entstand die Idee, wir bräuchten eigentlich noch jemand dazu und eigentlich auch für die nachgehende Beratung." (C/M1)

Eine arbeitsteilige Regelung soll die Mitarbeiterinnen vor überhöhten Anforderungen schützen, die aus der Erweiterung ihres Arbeitsbereichs um die nachgehende Beratung resultieren. Mit der Entflechtung beider Bereiche soll die Arbeit der nachgehenden Beratung überschaubarer und durch die Spezialisierung von Mitarbeiterinnen effektiver gestaltet werden.

Insgesamt zeigt sich anhand dieser Auswahl einiger Charakteristika, die strukturell mit der integrierten nachgehenden Beratung verbunden sind, ein zentrales Problem dieses Modells: Wie lassen sich die Bedürfnisse und Wünsche der ehemaligen Bewohnerinnen an die nachgehende Beratung mit den Ansprüchen der Mitarbeiterinnen an einen sinnvollen Ablauf ihrer Arbeit in Einklang bringen?

Diese Frage weist auf ein generelles Problem hin, das wir in der folgenden Darstellung des Modells der ausgelagerten nachgehenden Beratung mit berücksichtigen werden.

(2) Ausgelagerte nachgehende Beratung

Dieses Modell läßt sich weitgehend als alternativ zu der integrierten Beratung verstehen. Eine wesentliche Begründung für die Auslagerung ist der häufige Hinweis auf unzureichende Arbeitsmöglichkeiten im Frauenhaus; in der entschiedensten Formulierung heißt es, daß die Arbeit der nachgehenden Beratung " ... auf jeden Fall zu kurz kommt, wenn sie im Haus stattfindet" (FS/M14). Mit der Wahl eines anderen Ortes verändern sich die organisatorischen Rahmenbedingungen grundlegend.

In ihrem Votum für eine ausgelagerte nachgehende Beratung lassen sich die Mitarbeiterinnen in der Hauptsache von folgenden Erwartungen leiten:

- Verbesserung der Arbeitsbedingungen der Mitarbeiterinnen,

- Verbesserung der Beratungs- und Angebotsstruktur für ehemalige Frauenhausbewohnerinnen.

Die Forderung nach Auslagerung der nachgehenden Beratung begründen die Mitarbeiterinnen an erster Stelle mit ihrem eigenen Wunsch nach "vernünftigen" Arbeitsbedingungen. Durch die räumliche Trennung von Frauenhausarbeit und nachgehender Beratung entsteht ein organisatorisch abgegrenzter Arbeitsbereich mit eigenen Räumlichkeiten. Anders als im Frauenhaus, wo die nachgehende Beratung sich bereits festgefügten Arbeitsstrukturen unterordnen muß, können die Mitarbeiterinnen in einer Beratungsstelle ihre Arbeit nach eigenen inhaltlichen und zeitlichen Vorstellungen selbst bestimmen.

Ferner verbindet sich mit der Forderung nach Auslagerung der Wunsch der Mitarbeiterinnen nach qualifizierter Tätigkeit. Darunter verstehen sie auch die Ausweitung ihres Tätigkeitsbereichs um die präventive Beratung und die Möglichkeit zusätzlicher Angebote, besonders themenzentrierter Gruppenangebote.

"Das ist der Wunsch, endlich einmal Ruhe bei der Arbeit zu haben, sich nicht so stark mit rein praktischen Dingen abgeben zu müssen, wie Transport von

Möbeln, der Wunsch, strukturierter arbeiten zu können, mehr Gruppenarbeit machen zu können, und der Wunsch, mehr Ergebnisse zu sehen." (FS/M18)

Die Mitarbeiterinnen begründen ihre Option für das ausgelagerte Modell vornehmlich mit einer Verbesserung der inhaltlichen Arbeit. Dabei stellen sie aber nicht ausreichend in Rechnung, daß mit der Auslagerung aus dem Frauenhaus ein erheblicher Zeitaufwand für organisatorische Rückvermittlung und Informationsaustausch nötig wird, der wiederum von der inhaltlichen Arbeit abgeht. So müssen einerseits die Arbeitsbeziehungen zwischen den Mitarbeiterinnen der Beratungsstellen und denen der Frauenhäuser koordiniert werden; andererseits muß die Kontaktaufnahme zwischen den Beratungsstellenmitarbeiterinnen und denjenigen Frauenhausbewohnerinnen, die demnächst die nachgehende Beratung in Anspruch nehmen werden, organisatorisch geregelt werden. Diese Aufgaben werden weitgehend von den Mitarbeiterinnen der nachgehenden Beratung übernommen; sie nehmen an den Teamsitzungen der Frauenhäuser teil, besuchen die Hausversammlungen, stellen den Kontakt zu den zukünftig ehemaligen Bewohnerinnen her und koordinieren ihre Beratung mit den jeweils für die Frauen zuständigen Mitarbeiterinnen. Darüber hinaus werden Besuche der Frauenhausbewohnerinnen in der Beratungsstelle organisiert, damit diese nach ihrem Auszug leichter Kontakt aufnehmen können. Es scheint, daß sowohl die entsprechenden Informationen wie auch die notwendigen Abstimmungen am ehesten erreicht werden können, wenn die Mitarbeiterinnen der Beratungsstellen bereits mit dem Arbeitsablauf in einem Frauenhaus vertraut sind. Diese Erwartung wird in dem Ergebnis deutlich, daß 80% der befragten Frauenhäuser als erforderliche Qualifikation verlangen, daß die Mitarbeiterinnen der ausgelagerten nachgehenden Beratung vorher "... im Frauenhaus gearbeitet haben müssen".

Das zweite Argument der Mitarbeiterinnen für eine Auslagerung der nachgehenden Beratung beruht auf der Einschätzung, daß dies im Interesse der ehemaligen Frauenhausbewohnerinnen sei, und nennt Vorteile, die sich für diese aus der Wahl eines externen Beratungsortes ergeben. Ausgelagerte nachgehende Beratung soll den Frauen die Ablösung vom Frauenhaus erleichtern. Dieser Einschätzung liegt die Annahme zugrunde, daß sich durch den Frauenhausaufenthalt die soziale Isolation der Frauen verstärkt und die Bewohnerinnen als sogenannte "Frauenhausfrauen" diskriminiert werden.

Durch die Kontakte mit anderen Besucherinnen der Beratungsstelle, die ebenfalls deren Angebote in Anspruch nehmen, soll es den ehemaligen Bewohnerinnen erleichtert werden, sich von diesem Gefühl der Stigmatisierung zu befreien und gleichzeitig neue soziale Kontakte aufzunehmen.

"Ich möchte nicht, daß die Beratung sich konzentriert auf mißhandelte Frauen und auf die nachgehende Beratung der Frauen, die im Frauenhaus waren, weil dann sozusagen ein geschlossener Kreis sich bildet. Es sieht dann so aus, als müßte man die Probleme wie Wohnungsnot, Kindergartenmangel nur für die Gruppe der körperlich mißhandelten Frauen mit Ausnahmeregelungen lösen. Es sind aber Probleme, deren Lösungen politisch für alle Frauen durchgesetzt werden müssen." (FS/M8)

In der Beratungsstelle sollen die ehemaligen Bewohnerinnen durch die erweiterte Klientel konkret erfahren können, daß auch Frauen, die nicht in einem Frauenhaus waren, von männlicher Gewalt betroffen sind.

In der Realität wird dieses Kontaktangebot von den ehemaligen Bewohnerinnen jedoch kaum genutzt. Möglicherweise kann hier das gleiche Erklärungsmuster, mit dem die Mitarbeiterinnen ein Interesse der ehemaligen Bewohnerinnen an diesen Kontakten unterstellen, die Zurückhaltung der Frauen verständlich machen. Vermutlich sehen die ehemaligen Bewohnerinnen in den "Nicht-Frauenhausfrauen" auch Betroffene von männlicher Gewalt, aber aus dieser abstrakten Gemeinsamkeit resultiert nicht unbedingt ein Bedürfnis nach persönlichen Kontakten. Gerade im Vergleich mit anderen Frauen bleiben die ehemaligen Bewohnerinnen diejenigen, die aufgrund ihrer Bedrohung sowie des Fehlens materieller Ressourcen und privater Unterstützung einen Frauenhausaufenthalt nicht umgehen konnten.

Außerdem vernachlässigt das Argument der gemeinsamen Betroffenheit die Frage, welche Interessen die anderen Besucherinnen der Beratungsstellen an den Kontakten mit den "Frauenhausfrauen" haben könnten. Frauen, die sich präventiv beraten lassen, leben aktuell in sie belastenden Beziehungen zu Männern und suchen auch nach Lösungsmöglichkeiten, die nicht unbedingt eine Trennung zur Folge haben. Treffen diese Frauen mit ehemaligen Frauenhausbewohnerinnen zusammen, deren Mißhandlungsgeschichte von außen besonders extrem erscheint, so kann das Bedürfnis entstehen, sich von diesen Frauen zu distanzieren, um die eigene Suche nach Auswegen nicht durch zusätzlich mobilisierte Ängste zu gefährden. Ehemalige Frauenhausbewohnerinnen reagieren vermutlich auf solche Berührungsängste besonders sensibel, gerade weil sie sich häufig von außen als sogenannte "Frauenhausfrauen" stigmatisiert fühlen. Hinzu kommt, daß auch in den meisten Frauenhausberatungsstellen die präventive Beratung überwiegt und so bei ehemaligen Bewohnerinnen der Eindruck entstehen könnte, "nicht mehr so wichtig" zu sein.

Trotz der erkennbaren Schwellenängste ehemaliger Bewohnerinnen gegenüber den Beratungsstellen halten die Mitarbeiterinnen das Modell der ausgelagerten nachgehenden Beratung insgesamt gesehen für vorteilhaft für die Frauen. Diese Einschätzung ist in den arbeitsorganisatorischen und inhaltlichen Verbesserungen für den Arbeitsbereich begründet, die den Mitarbeiterinnen die Überzeugung vermitteln, unter diesen Voraussetzungen eine bessere Qualität der Beratung bieten zu können.

Die Entscheidung über den geeigneten Ort für die nachgehende Beratung verläuft offensichtlich auf zwei Ebenen: einerseits müssen die berechtigten Ansprüche der Mitarbeiterinnen an eine sinnvolle Gestaltung ihres Arbeitsbereichs, andererseits die Bedürfnisse und Erwartungen der ehemaligen Bewohnerinnen berücksichtigt werden. Obwohl die Mitarbeiterinnen in ihre Argumentation beide Perspektiven einfließen lassen, bleibt für den Fall der mehrheitlich gewünschten Auslagerung der nachgehenden Beratung offen, wessen Interessen eine Auslagerung eher entgegenkommt. Eine Mitarbeiterin der nachgehenden Beratung benennt diesen Widerspruch hinsichtlich der unterschiedlichen Präferenzen von Mitarbeiterinnen und betroffenen Frauen:

> "Ich habe überhaupt nicht die räumlichen Bedingungen im Frauenhaus, die ich bräuchte. Ich hätte gern einen eigenen Raum, einen Schreibtisch, einen Arbeitsplatz. Aber ich befürchte, die Frauen würden das nicht wollen, daß die nachgehende Beratung außerhalb ist. Es sind vor allem die Mitarbeiterinnen im Frauenhaus, die ganz klar die Nachberatung ausgelagert sehen möchten; am liebsten würden sie auch die Beratungsarbeit selbst im Frauenhaus außerhalb machen können. Was die ehemaligen Bewohnerinnen aber von sich aus wollen, sind eher, zu Festen ins Haus kommen oder dort zu Besuch kommen können." (FS/M8)

Gegenüber diesem Einwand, daß integrierte nachgehende Beratung den Wünschen der Frauen mehr entgegenkomme, argumentieren die Befürworterinnen der Auslagerung jedoch, daß es sinnlos sei, auf die spontanen Bedürfnisse der Frauen Rücksicht nehmen zu wollen, ohne dies in der Realität des Frauenhausalltags ausreichend zu können:

> "Das sind Kränkungen, die wir faktisch den Frauen zufügen, ohne es zu wollen, weil wir ihnen Angebote machen, die wir nicht einlösen können. Ich glaube, eine nachgehende Beratung kann den ehemaligen Bewohnerinnen nur gerecht werden, wenn sie ausgelagert wird." (FS/M14)

So wird eine prinzipielle Unvereinbarkeit von Frauenhausarbeit und nachgehender Beratung angenommen. Dabei wird allerdings von der Annahme ausgegangen, daß die nachgehende Beratung sich der Frauenhausarbeit unterzuordnen habe. Eine echte Integration müßte jedoch zur Voraussetzung haben, daß beide Arbeitsbereiche gleichberechtigt in ein gemeinsames Konzept einbezogen und aufeinander abgestimmt würden. In der Praxis erweisen sich denn auch die unterschiedlichen Arbeitsweisen und internen Abstimmungen in den Frauenhäusern als wesentlich mitentscheidend für das Gelingen des integrierten Modells. So ergeben sich nicht selten Konflikte und Frustrationen für die Mitarbeiterinnen aufgrund von unklaren Abgrenzungen beider Arbeitsbereiche.

> "Bei uns ist die nachgehende Beratung mit im Frauenhaus, aber es ist total unterschiedlich, wie die Mitarbeiterinnen die Übergabe (an die spezielle Mitarbeiterin) vermitteln. Es gibt einige, die den Frauen sehr deutlich machen,

daß sie jetzt bei mir weiterberaten werden, und andere, die sich gar nicht eindeutig verhalten. Es wäre nicht schlimm, wenn eine Mitarbeiterin in einem Fall ausnahmsweise selbst die Beratung weitermachen würde, wenn sie das offenlegt." (FS/M10)

Generell muß man aber sehen, daß die Entscheidung über den geeigneten Ort der nachgehenden Beratung auch eine Entscheidung darüber verlangt, auf welche Phase nach dem Auszug aus dem Frauenhaus bei der Beratung der "Ehemaligen" der Schwerpunkt gelegt werden soll, und welche unterschiedlichen Erwartungen der Frauen an nachgehende Beratung man berücksichtigen sollte.

Es ist zu vermuten, daß die integrierte nachgehende Beratung verstärkt Frauen anspricht, die weiterhin Interesse an Kontakten zu Bewohnerinnen haben und auf die kommunikativen Möglichkeiten, die das Frauenhaus bieten kann, nicht verzichten wollen. Besonders für die erste Zeit nach dem Verlassen des Frauenhauses scheint dieser unspezifische soziale Rückbezug auf das Frauenhaus von Bedeutung zu sein.

Andererseits wenden sich diejenigen Frauen vermutlich bevorzugt an Beratungsstellen, die in der Lage sind, ihre Erwartungen an die Beratung zu formulieren und Hilfe für sich zu mobilisieren; dies ist ihnen häufig erst zu einem späteren Zeitpunkt möglich. Die Beratungsstellen können mit ihren langfristig ausgerichteten Angeboten diesen Frauen eher Orientierungsmöglichkeiten bieten und an einer Veränderung ihrer Situation mitarbeiten.

Das externe Beratungsangebot mit seiner räumlichen und atmosphärischen Distanz zum Frauenhaus dürfte auch den Frauen entgegenkommen, die den Frauenhausaufenthalt negativ erlebt haben. Ebenso ist davon auszugehen, daß für Frauen, die zum mißhandelnden Mann zurückgegangen sind, der Kontakt zu den Beratungsstellen weniger emotional belastet ist.

Aus Rücksicht auf solche unterschiedlichen Interessenlagen der Frauen überlassen einige Frauenhäuser, die über eine Frauenhausberatungsstelle verfügen, den ehemaligen Bewohnerinnen die Wahlmöglichkeit zwischen Frauenhaus und Beratungsstelle. Die praktischen Erfahrungen mit diesem Modell eines kombinierten Angebots scheinen jedoch eher die These zu stützen, daß der Großteil der Frauen sich bevorzugt an das Frauenhaus wendet.

4.2 Inhaltliche Struktur der nachgehenden Beratung

Die Arbeit der nachgehenden Beratung läßt sich in Arbeitsbereiche aufschlüsseln, welche sich zwar in der Praxis überschneiden und vermischen, dennoch aber unterscheidbar sind und auch unterschiedlich gewichtet werden können. Auf der Grundlage unseres Materials lassen sich folgende Bereiche näher beschreiben: (1) praktische Unterstützung, (2) individuelle Unterstützung, (3) Freizeit- und Erlebnismöglichkeiten, auf soziale Zusammenhänge gerichtete Unterstützung, (4) problemorientierte Gruppen, auf Veränderung der Frauen gerichtete, pädagogisch ausgerichtete Angebote, (5) Angebote für Kinder, (6) Wohnprojekte.

Die konkreten Angebote, welche ehemaligen Frauenhausbewohnerinnen zur Verfügung stehen, müssen daran gemessen werden, wie sie für die Lösung ihrer zahlreichen Probleme Hilfestellung und Unterstützung geben können. Daher fassen wir hier aus den vorangegangenen Kapiteln die Problemstellungen, soweit sie die Angebotsebene beeinflussen, noch einmal kurz zusammen.

Die Probleme der Frauen resultieren zum einen aus den äußeren Bedingungen ihrer neuen Lebenssituation und sind zum anderen mit psychosozialen Faktoren verbunden. Die Frauen setzen zur Lösung ihrer Probleme das in ihnen gleichermaßen vorhandene Potential an Stärken und Schwächen ein. Dementsprechend erscheint es sinnvoll, daß auch die Unterstützungsangebote nicht nur von den Schwächen der Frauen ausgehen, sondern genauso an ihre Stärken anknüpfen.

Die Schwierigkeiten, die der Bewältigung der neuen Lebenssituation entgegenstehen, können ihren Ursprung auf drei Ebenen haben:

- auf der Ebene der sozialen und ökonomischen Strukturen,

- auf der Ebene der durch eine geschlechtsspezifische Sozialisation gelernten und verinnerlichten Normen,

- auf einer mit der besonderen Individualität der jeweiligen Frau verknüpften Ebene.

Alle drei Ebenen wirken zusammen und haben je spezifischen Einfluß auf die Möglichkeit, die komplexen Probleme der ehemaligen Bewohnerinnen einer Lösung zugänglich zu machen.

Der Inhalt der Arbeitsbereiche der nachgehenden Beratung ergibt sich aus den oben genannten drei "Problemquellen". Der Zusammenhang zwischen den Notlagen der Frauen und den bekannten, sie benachteiligenden Strukturen erklärt die große Bedeutung von Angeboten, die auf die Unterstützung in alltäglichen und praktischen Belangen und auf eine ausreichende materielle Absicherung gerichtet sind. Der ursächliche Beitrag einer auf weibliche Unterordnung ausgerichteten Sozialisation bedeutet, daß psychologische und psychosoziale Angebote einen weiteren wichtigen Arbeitsschwerpunkt bilden, um ehemals mißhandelte Frauen auf dem Weg zu einem eigenständigen Leben zu stabilisieren.

Schließlich wird die Herstellung eines für die Beratung notwendigen Vertrauensverhältnisses zu der unterstützungsuchenden Frau auch davon abhängig sein, wie gut es gelingt, auf ihre individuelle Eigenart einzugehen. Denn trotz zum Teil verallgemeinerbarer Problemlagen können ehemalige Frauenhausbewohnerinnen nicht als eine homogene Gruppe angesehen werden, die sich in bezug auf Unterstützungsangebote und deren erwartete Wirkungen "über einen Kamm scheren lassen". Die in der Praxis entstandene Kenntnis der großen Unterschiede in Herkunft, Persönlichkeit und Problemlagen von mißhandelten Frauen hat dazu geführt, daß die AnbieterInnen nachgehender Beratung den Anspruch erheben, sich mit einem möglichst vielfältigen Angebot auf die je konkreten, oft auch recht diffusen Bedürfnisse der Frauen sensibel einzustellen.

Entsprechend umfangreich und komplex ist potentiell der Arbeitsbereich der nachgehenden Beratung, der ein ganzes Spektrum von Angeboten umfaßt, die sich an einzelne Frauen, teils auch an ihre Kinder oder an mehrere Frauen gleichzeitig richten. Es ist zu beobachten, daß sich die Formen der Angebote in den unterschiedlichen organisatorischen Modellen nicht wesentlich unterscheiden, wohl aber ihre Gewichtung und inhaltliche Ausgestaltung.

4.2.1 Konzeptionelle Alternativen für die Angebotsstruktur

Wir haben im ersten Kapitel beschrieben, wie sich die nachgehende Beratung aus der konkreten Frauenhausarbeit heraus entwickelt hat, indem die Mitarbeiterinnen auf die Wünsche nach Unterstützung reagiert haben, die die Frauen nach dem Verlassen des Frauenhauses an sie richteten. Dieser historische Zusammenhang mit der Frauenhausarbeit hat dazu geführt, daß Teile des konzeptionellen Selbstverständnisses der Frauenhausarbeit auch als Grundlage für die Arbeit der nachgehenden Beratung übernommen wurden. Hierzu gehört der Anspruch einer ganzheitlichen Beratung, das heißt, daß ähnlich wie im Frauenhaus die Bereitschaft besteht, sich für die ganze Vielfalt der Probleme ansprechbar zu zeigen, wenn auch nicht unbedingt mit dem Anspruch, sie zu lösen. Es liegt auf der Hand, daß ein einzelner Beratungsort schon eine bemerkenswerte interdisziplinäre Personalausstattung haben müßte, um so vielfältigen Problemen gleichermaßen gerecht werden zu können. Da dies nicht der Fall ist, haben sich als zwei Lösungsmöglichkeiten (1) Delegation, (2) Schwerpunktsetzung herausgebildet.

(1) Delegation: Die Zuständigkeit für unterschiedliche Probleme verteilt sich auf verschiedene Einrichtungen mit unterschiedlichen Kompetenzen. Eine solche Aufspaltung der Unterstützung und Beratung ist aber auch problematisch; die Erfahrung hat gezeigt, daß die Schwellenangst bei vielen Frauen ein nicht unerhebliches Hindernis ist, Hilfen von ihnen fremden Stellen in Anspruch zu nehmen. Auch erleben die Frauen verschiedenartige Probleme als miteinander verquickt und haben oft Schwierigkeiten, sie entsprechend den jeweiligen Zuständigkeiten herauszutrennen. Von daher ist es zunächst von großer Wichtigkeit, daß sich die Frauen nicht von vornherein aus verstreuten Hilfsangeboten die für sie geeigneten heraussuchen müssen, sondern daß es eine Einrichtung gibt, wo sie "als ganze Person" mit all ihren Problemen erscheinen, und wo besonders die erlebte Mißhandlungsgeschichte vertrauensvoll einbezogen werden kann. Von hier aus können nach einer angemessenen Einschätzung der Gesamtsituation spezifische Probleme an andere kompetente Stellen delegiert werden.

(2) **Schwerpunktsetzung**: Die Mitarbeiterinnen treffen in diesem Fall die Entscheidung, die Angebotsmöglichkeiten einzugrenzen und vorrangig Angebote mit einem bestimmten Schwerpunkt zu machen. Die Auswahl der Angebote der Beratungseinrichtungen bewegt sich innerhalb der oben genannten inhaltlichen Bereiche. Trotz versuchter Schwerpunktsetzung scheinen Enttäuschungen und Frustrierungen nicht vermeidbar zu sein. Die Zufriedenheit mit den Erfolgen in der Arbeit scheint davon abhängig zu sein, in welchem Maße es gelingt, sich ohne schlechtes Gewissen von nicht erfüllbaren Erwartungen zu distanzieren.

Die Lebenssituation der Frauen nach ihrem Auszug aus dem Frauenhaus wird von den Mitarbeiterinnen der Frauenhäuser und der Beratungsstellen weitgehend übereinstimmend interpretiert. Dies gilt mit Abweichungen sowohl für die Mitarbeiterinnen der autonomen wie auch für die der nicht-autonomen Einrichtungen. Die Wünsche der Frauen nach bestimmten Unterstützungsangeboten der nachgehenden Beratung jedoch, die aus dieser Deutung und aus den geäußerten und vermuteten Bedürfnissen von Bewohnerinnen abgeleitet werden, müssen nicht mit den wirklichen Bedürfnissen der Frauen übereinstimmen. Zum Teil scheint die Annahme berechtigt, daß eine solche Übereinstimmung tatsächlich nicht besteht; dies wäre eine mögliche Schlußfolgerung aus der unterschiedlichen Inanspruchnahme der Angebote. Allerdings kann es auch weitere Gründe geben, die die zurückhaltende Aufnahme mancher Angebote erklären.

Obwohl berechtigt angenommen werden kann, daß viele Frauen Unterstützung brauchen und auch wünschen, geschieht es, daß Angebote, die zur Verfügung gestellt werden, die Frauen entweder nicht erreichen oder zu einer Inanspruchnahme nicht motivieren. Anders als im Frauenhaus, wo das Beratungsverhältnis durch den Aufenthalt als vorhanden vorausgesetzt werden kann, muß es in der nachgehenden Beratung erst hergestellt werden. Die Bedingungen, unter denen dies gelingt, scheinen nicht immer vorhersehbar zu sein. Die ehemaligen Bewohnerinnen müssen entweder selbst kommen oder zumindest signalisieren, daß sie Unterstützung wünschen, oder die Mitarbeiterinnen müssen sie aufsuchen oder in anderer Form ihre Hilfe anbieten. Sie müssen sich zu diesem Problem der Erreichbarkeit verhalten: sei es, indem sie die Grenzen nachgehender Beratung, die sich hier ergeben, akzeptieren und darauf verzichten, zahlreiche unterstützungsbedürftige Frauen auch wirklich zu erreichen, sei es, daß sie bestimmte Hilfsangebote (wie z.B. Hausbesuche) erweitern oder "Motivationsarbeit" zu einem wichtigen Bestandteil ihrer Arbeit machen. Das Problemfeld ist jedenfalls immer wieder eine Quelle von Enttäuschungen.

Um solche Enttäuschungen und die damit verbundenen Versagensgefühle aufzufangen, ist es nötig, das mögliche Scheitern von Angeboten einzuplanen. Es handelt sich bei der nachgehenden Beratung um einen der sozialen Arbeitsbereiche, in denen es unumgänglich und "normal" ist, daß mehr Unterstützungsangebote gemacht werden müssen, als tatsächlich angenommen werden. Die Mitarbeiterinnen müssen sich dies bewußt machen und offensichtlich mit der Tatsache zurande kommen, daß es kein Rezept gibt, das den erhofften Erfolg der Arbeit zuverlässig garantiert, und daß immer wieder Erwartungen enttäuscht werden. Das heißt,

"... bei jeder Frau bei Punkt Null anzufangen; das heißt auch, wenn wir von einer Frau frustriert sind, daß wir die nächste dafür nicht unterschwellig bestrafen, sondern aus unserer Erfahrung, daß man nie vorher sagen kann, welche Frau sich wie entwickeln kann - egal, wie schlecht ihre Voraussetzungen mal sind, von soziologischen konkreten Fakten her gesehen - wenn man da so eine Eingangsanalyse machen würde." (C/M1)

Um sich diesen Standpunkt ohne Entmutigung immer wieder neu zu bestätigen, scheint die gegenseitige Unterstützung der Kolleginnen im Team von Bedeutung zu sein. Im Fall von ausgelagerter nachgehender Beratung handelt es sich jedoch häufig um einen Arbeitsbereich, in dem nur eine einzige Mitarbeiterin den Hauptteil der Arbeit trägt, so daß ein Erfahrungsaustausch und eine Rückenstärkung durch Kolleginnen nicht immer möglich ist.

Die Spezialisierung auf bestimmte Angebotsschwerpunkte erfolgt auf unterschiedliche Weise. Im allgemeinen entwickelt sich die Eingrenzung der Angebote sozusagen im Versuch-und-Irrtum-Verfahren aus den Erfahrungen ihres Gelingens oder Scheiterns. Es scheint, daß nicht nur die geäußerten und vermuteten Wünsche und Bedürfnisse der Frauen Inhalt und Art der Angebote bestimmen, sondern darüber hinaus zusätzliche Faktoren darauf Einfluß nehmen. Abgesehen von den Begrenzungen, die die finanziellen Gegebenheiten erzwingen, wirken sich auf die Auswahl der möglichen Angebote die folgenden Faktoren aus: zum einen das allgemeine Frauenbild der Mitarbeiterinnen sowie ihr besonderes Bild der von Mißhandlung betroffenen Frauen und zum anderen die Qualifikationen und persönlichen Fähigkeiten, die sie für diese Arbeit mitbringen.

Manche Einrichtungen gewichten das Unterstützungsangebot, indem sie ihren Schwerpunkt vom infrastrukturellen Mangel am Ort her bestimmen.

"Derzeit sind wir dabei, ganz klar einzugrenzen, welche Aufgaben anderen Stellen überlassen werden können. (Wir bieten an), was es sonst wirklich nicht gibt und für die mißhandelten Frauen fehlt. Wir haben festgestellt, daß es viele Beratungsstellen für Frauen gibt, daß sie aber das Thema Gewalt nicht ansprechen. Also müssen wir dies machen." (FS/M18)

Besonders in Großstädten mit einer relativ entwickelten Infrastruktur von Beratungsanbietern kann man finden, daß bei den Beratungsstellen für ihre Schwerpunktsetzung auch das Bedürfnis nach einem von außen erkennbaren Profil eine Rolle spielt, "um nicht für alles und nichts" zuständig zu sein.

Einrichtungen, deren Mitarbeiterinnen den Standpunkt vertreten, daß eine Veränderung der Situation betroffener Frauen mit Hilfe von Reflexions- und Problemaufarbeitungsprozessen stattfinden kann, betonen und favorisieren psychologisch orientierte Gruppenangebote. Hier scheinen Mitarbeiterinnen in Einrichtungen, deren Finanzierung über das Bundessozialhilfegesetz eine zeitliche Begrenzung des Aufenthalts im Frauenhaus zur Folge hat, einem zusätzlichen Druck ausgesetzt zu sein:

"Ich muß darauf drängen, daß bei der Frau sich was ändert, denn sie darf nicht beliebig oft ins Frauenhaus kommen. Wenn sie mehr als zweimal kommt, übernimmt das Sozialamt nicht mehr die Kosten. Daher müssen wir den Frauen von vornherein klar machen, daß sie ihre Schritte genau überlegen müssen. Vielleicht kommt daher der Druck bei mir, daß sich was bei ihnen ändern soll." (FS/M15)

Einige Stellen setzen ihre Schwerpunkte, indem sie sich auf die unmittelbare Bewältigung der aktuellen Situation der ehemaligen Bewohnerinnen beziehen. Andere nehmen deren zukünftige Situation in den Blick und versuchen, sie in Richtung auf eine Berufsperspektive und eine Erwerbstätigkeit zu beraten und zu motivieren. Damit erhält auch der Problembereich der Weiterbildung und Umschulung ein größeres Gewicht.

In einer der Städte unserer Detailerhebungen (B) beschreiben die Mitarbeiterinnen ihre eher an praktischen Angeboten orientierte Schwerpunktsetzung. In einem Lernprozeß sind sie von der Euphorie der ersten Frauenhausjahre, in der sie aus den betroffenen Frauen Mitstreiterinnen für die Emanzipation zu machen hofften, zu einer Reduzierung solcher überhöhten Ansprüche und zu einer die Frauen und sie selbst nicht überschätzenden Haltung gelangt. Sie zielen mit ihren Angeboten nicht so sehr auf die Veränderung der Frauen, sondern bemühen sich, sie darin zu unterstützen, sich bessere Voraussetzungen für die Veränderung ihrer Situation zu schaffen.

"(Die Frauen) haben irgendwie nicht die Tendenz zu Kopf und zu Psychologischem. Man muß Menschen einen Lebensraum schaffen, eine Lebensmöglichkeit, eine Überlebensmöglichkeit. Und das muß man vor allem im Bereich der materiellen Voraussetzungen machen. Und wenn die ... einmal da wären, dann wären diese Probleme schon einmal wesentlich geringer, dann könnte man auch bei den anderen Sachen noch weitermachen. Also der Schwerpunkt ist (so)." (B/M1)

"Das sind so Schwerpunkte in unserem Verständnis ... daß Frauen sich unabhängig machen sollen von Sozialhilfe, und daß sie sich also schon eine eigene Arbeit suchen sollen. Das würde ich auf jeden Fall sagen. Es ist ihnen auch selber ein großes Bedürfnis. Wir haben also festgestellt, von - ich weiß nicht - 23 Frauen, glaube ich, mit denen wir gesprochen haben, haben 20 oder 21 nach zwei Jahren eine Arbeit gehabt. Das ist schon viel." (B/M1)

"... also was unser Ziel ja eigentlich ist, das ist ja nicht, daß die Frauen einfach so die Putzjobs oder sowas ... kriegen, sondern die ganzen Möglichkeiten ausschöpfen, die sie haben." (B/M2)

4.2.2 Praktische Unterstützung

Bei der Beschreibung der äußeren Faktoren in der neuen Lebenssituation ehemaliger Frauenhausbewohnerinnen haben wir die dringende Notwendigkeit von materiellen und personellen Hilfen, besonders in der ersten Zeit nach dem Auszug aus dem Frauenhaus, aufgezeigt; Aufgrund der hier drängenden Probleme ist nachgehende Beratung naturwüchsig auch entstanden. Der Begriff "praktische Unterstützung" bezeichnet Angebote, die beabsichtigen, den Frauen bei der Bewältigung konkreter Alltagsprobleme zu helfen, für die sie nun alleinverantwortlich Lösungen finden müssen. Ihre Erwartungen richten sich zunächst an die Mitarbeiterinnen der Frauenhäuser und darüber vermittelt an die der Beratungsstellen, zu denen die Kontakte weniger unmittelbar und "erprobt" sind.

Diese Art von Unterstützung findet weitgehend als Einzelhilfe statt und bezweckt eine Veränderung der Situation der Frauen, weniger die Veränderung der Frauen selbst. Sie bedeutet, Information und Hilfestellungen bei den Schwierigkeiten zur Verfügung zu stellen, die mit dem neuen Status als Alleinlebende zusammenhängen. Unter dem Begriff "praktische Unterstützung" wird ein so breites Spektrum unterschiedlicher Angebote verstanden wie die Bereitstellung von:

- im wörtlichen Sinne praktischen Hilfen und Hilfsmöglichkeiten im Zusammenhang mit der neuen Wohnung, gegebenenfalls auch zupackende Hilfe beim Umzug und bei der Renovierung,

- Informationen zu rechtlichen Fragen, z.B. in Fragen der Scheidung und des Sorgerechts,

- Informationen über andere Einrichtungen, z.B. im Zusammenhang mit der Erziehung der Kinder, bei Therapiewunsch, bei Weiterbildungs- bzw. Ausbildungsplänen,
- Unterstützung im Umgang mit Ämtern und Gerichten, einschließlich Begleitung, und nicht zuletzt
- Unterstützung bei neuerlicher Bedrohung durch Gewalt.

Praktische Unterstützung in diesem umfänglichen Sinne leisten alle Frauenhäuser und Beratungsstellen, die nachgehende Beratung für ehemalige Bewohnerinnen anbieten. Unterschiede bestehen, was die Gewichtung der oben genannten Angebote und was den Umfang im Verhältnis zu weiteren Hilfsangeboten anderer Ausrichtung betrifft.

Einen besonders hohen Stellenwert hinsichtlich des Ausmaßes und des relativen Gewichts im Verhältnis zu anderen Tätigkeiten (z.B. Gruppenangebote, Öffentlichkeitsarbeit) scheint diese Arbeit in den Frauenhäusern zu haben, die nachgehende Beratung organisatorisch integriert haben. Dies erstaunt deswegen nicht, weil sie zusätzlich zu den praktischen Hilfestellungen für die aktuellen Bewohnerinnen geleistet wird.

"Ich würde grob sagen, es macht sicher circa 70% der Arbeit aus. Das sind Probleme mit Ämtern, mit akuter Bedrohung, mit Krankheit von Kindern, wenn Frauen berufstätig sind und mehrere Kinder haben etc.. Am Ende ist es auf Kapazitätsmangel zurückzuführen, daß wir in so hohem Maße damit beschäftigt sind, aber auch, weil es das ist, was die Frauen auch von uns verlangen." (FS/M14)

Die Frage, welchen Stellenwert die praktische Sozialarbeit innerhalb der Frauenhausarbeit einnehmen sollte, wird von den Mitarbeiterinnen kontrovers diskutiert. Diese Diskussion steht in Zusammenhang mit dem feministisch-emanzipatorischen Anspruch, der mit der Frauenhausarbeit verbunden ist. Die Kontroverse betrifft die unterschiedliche Bewertung von praktischer Sozialarbeit sowie die Frage, inwiefern sie emanzipatorischen Zielen dienen kann (vgl. Steinert/Straub 1988). Die Meinungen reichen von einer kategorischen Verneinung über eine pragmatische Akzeptierung bis hin zur ausdrücklichen Definition auch von praktischer Sozialarbeit als potentiell emanzipatorisch. Die folgenden Aussagen aus der Diskussion dieser Frage auf unserem Fachseminar geben das Spektrum der Meinungen zu diesem Thema wieder:

"Die praktische Sozialarbeit schluckt sehr viel Zeit. Das führt bei uns zu Ärger oder Wut, da wir uns ausgebeutet fühlen. Der Wunsch, daß sich bei den Frauen und für die Frauen etwas verändern sollte, ist vor allem unser Anspruch." (FS/M15)

> "Das entscheidende Kriterium wäre für mich, daß Öffentlichkeitsarbeit gemacht wird. Nur so kann deutlich gemacht werden, daß es nicht individuelle, sondern gesellschaftliche Probleme sind." (FS/M7)

> "Für mich ist die konkrete Einzelfallhilfe in der nachgehenden Beratung schon ein Bestandteil politischer Öffentlichkeitsarbeit. Indem ich mit den Frauen ... spreche, gebe ich Anstöße zu Bewußtseinsveränderungen bei ihnen. Damit ändere ich aber nicht nur ihr Bewußtsein individuell; diese Frauen gehen auch mit vielen anderen Menschen in der Gesellschaft um. Selbst wenn sie erneut in die gleiche Situation geraten, ... denke ich, daß sie eher darüber sprechen, eher etwas dagegen unternehmen." (FS/M17)

> "Als feministisch bezeichne ich das Ziel, daß Frauen so unabhängig wie möglich von dem einzelnen Mann und von der Männergesellschaft werden sollen, materiell wie emotional." (FS/M5)

Auf die Frage in unserer schriftlichen Erhebung, welche die von den Frauen beim Auszug aus dem Frauenhaus am häufigsten geäußerten Wünsche an nachgehende Beratung sind, steht der Wunsch nach "praktischer Unterstützung beim Umzug" mit 38% der Angaben an erster Stelle. Demgegenüber nehmen "praktische Angebote" im wörtlichen Sinne bei der Auflistung der Hilfen, die den Frauen tatsächlich angeboten werden, einen vergleichsweise untergeordneten Rang ein: die entsprechende Kategorie erscheint unter den Angaben von 74 Frauenhäusern bei Mehrfachnennungen nur viermal. Diese Diskrepanz spiegelt den Widerspruch zwischen den Erwartungen der Frauen und der Einschätzung der Mitarbeiterinnen über den emanzipatorischen Gehalt von praktischer Sozialarbeit wider.

Besonders kontrovers sind die Meinungen darüber, inwieweit die Unterstützung beim Umzug in die neue Wohnung und bei deren Renovierung zu den Aufgaben von nachgehender Beratung gehören sollte. Hier gehen die Meinungen weit auseinander. Zu Beginn der Einrichtung der Frauenhäuser haben die Mitarbeiterinnen sich aktiver an der Organisation der Umzüge beteiligt; die meisten sehen heute solche körperlich anstrengenden Arbeiten nicht als ihre Aufgabe an.

> "Wir haben 'ne ganze Menge gemacht ... (aber) das geht einfach irgendwo zu weit. Das kann nicht der Sinn unserer Arbeit sein ... Kaputtgeschleppt haben wir uns ... Dann haben wir das überhaupt ganz abgelehnt." (C/M2)

Bei weniger aufwendigen praktischen Hilfen verhalten sich die Mitarbeiterinnen zum Teil "gerecht ungerecht"; sie versuchen, die persönliche Situation der einzelnen Frau und ihre privaten Möglichkeiten und Ressourcen einzuschätzen und richten ihr Engagement auch danach ein. Folgende Aussagen geben einige Haltungen der Mitarbeiterinnen in dieser Frage wieder:

"Wir können nie sagen, ... das machen wir alles, und das machen wir nicht, sondern jede Situation ist immer wieder neu und anders ... Wir besprechen untereinander, wie siehst du das: können wir das machen, oder geht das zu weit?" (C/M1)

"Wenn ich bestimmte praktische Sachen gerne mache, frage ich nicht nach dem Sinn, aber ich denke ganz allgemein, daß es für die Frau gut ist, zu erleben, daß auch Frauen solche Arbeiten machen können. Bei anderen praktischen Dingen wie Möbeltragen, fühle ich mich hingegen ausgenutzt. Wichtig ist, ob ich bei diesen praktischen Hilfen selbst Spaß dran hab'." (FS/M21)

"Im Laufe der letzten fünf Jahre haben wir die Entwicklung gehabt, daß der gegenseitige Austausch unter den Frauen so tragfähig wurde, daß sie diese praktische Unterstützung immer mehr unter sich regeln. Die Folge ist, daß in meiner Arbeit solche Einzelfallberatungen und praktischen Hilfeleistungen fast gar nicht mehr vorkommen." (FS/M17)

"Oft sind die praktischen Probleme, weswegen Frauen zur Beratung kommen, in Wirklichkeit eher Vorwand oder Anlaß ... Im Gespräch stellt sich heraus, daß sie andere Probleme haben." (FS/M8)

Häufig helfen sich die betroffenen Frauen gegenseitig. Aber auch ihre Möglichkeiten sind begrenzt, und die Organisation der Transporte ist mehr dem Zufall überlassen. In manchen Frauenhäusern steht den Frauen für kleinere Lasten ein Kleintransporter zur Verfügung. Zur Abhilfe bei den Problemen, die mit dem Umzug in die neue Wohnung verbunden sind, wäre die Einrichtung und Finanzierung gezielter und praktikabler Unterstützung wünschenswert. Nicht jede Frau ist in der Lage, eine Lampe zu installieren, und nicht jede ist in einer solchen Situation geneigt, es zu lernen. Alle betroffenen Frauen, die sich an den Gesprächen beteiligt haben, betonen die Dringlichkeit solcher ganz praktischen, auch handwerklichen Unterstützung.

Bei aus dem Frauenhaus ausgelagerter Beratung finden in einzelnen Fällen die Organisation und die Durchführung des Umzugs von der Beratungsstelle aus statt. Dies geschieht in der ausdrücklichen Absicht, auf diese Weise den Kontakt zu den zukünftigen Klientinnen herzustellen bzw. zu vertiefen, um den Vertrauensvorsprung, den die Mitarbeiterinnen aus dem Frauenhaus durch die längerfristige und konstante Beratungsbeziehung entwickeln konnten, aufzuholen.

Angebote, bei denen es um konkrete Informationen zu sachlichen Fragen geht, verlangen von den Mitarbeiterinnen, daß sie sich fortlaufend über Veränderungen und Auslegungen von Gesetzestexten und Vorschriften von Ämtern und Behörden, mit denen die Frauen zu tun haben, informieren. Dies gilt besonders auch für Einrichtungen nachgehender Beratung, die einen Schwerpunkt ihrer Arbeit darin sehen, die Frauen auf eine berufliche Perspektive hin zu beraten.

Im Kapitel 3 wurden die Schwierigkeiten, die ehemaligen Frauenhausbewohnerinnen im Zusammenhang mit notwendigen und mehr oder weniger freiwilligen Kontakten zu Ämtern und Behörden entstehen, ausführlich beschrieben. Im Prinzip arbeiten alle Frauenhäuser, autonome und nicht-autonome, nach dem Grundsatz der Hilfe zur Selbsthilfe. Das läßt sich in der Praxis jedoch nicht immer durchhalten. In der Auseinandersetzung der Frauen mit Ämtern und Behörden sehen sich die Mitarbeiterinnen nicht selten gezwungen, diesen Grundsatz zurückzustellen, um stellvertretend für die Frauen deren Rechte einzuklagen.

> "In einem Fall war das auch ganz legitim. Da hat eine Frau ganz eigenständig, ganz selbständig ganz viel gemacht. Wurde unter aller Sau behandelt; und dann finden wir das nicht, daß das ein Bruch ist zur Hilfe zur Selbsthilfe, sondern sagen: Jetzt zeigen wir's denen aber mal. So nach dem Motto: Jetzt sollen die mal wissen, daß eine Institution hinter der Frau steht, und jetzt hauen wir auf den Tisch, ziehen wir das mal ganz schnell über die Bühne. Wir haben zu der Frau gesagt: Du kannst das im Grunde prima, aber das brauchst du dir nicht gefallen zu lassen. Wenn wieder was ist, kommst du her, dann rufen wir wieder an und wieder ..." (C/M1)

4.2.3 Individuelle Beratung

Mehr als in der Beratungsarbeit mit Frauen, die im Frauenhaus leben, sind für die nachgehende Beratung Einzelberatungsverhältnisse charakteristisch; sie machen in der Regel auch den größten Teil des Arbeitsvolumens aus. Alle Frauenhäuser und ebenso alle Beratungsstellen bieten den Frauen die Möglichkeit zu individuellen Gesprächen und erfüllen damit ein Bedürfnis, das besonders in der Zeit unmittelbar nach dem Auszug aus dem Frauenhaus elementar ist.

Unter der Voraussetzung eines gelungenen Vertrauensverhältnisses kann die Mitarbeiterin gerade in dieser Zeit zu einer unersetzlichen Bezugsperson werden.

> "... Die Frauen im Büro (sind) die Bezugspersonen. Jetzt ziehe ich aus. Euch kennen wir nicht - (ihr kommt nur) einmal in der Woche (ins Frauenhaus) - da haben wir keinen Kontakt ... So, nun stehe ich da. Wenn ich dich jetzt länger kenne, dann kann ich mich von einem abnabeln und kann zum anderen gehen. Du brauchst eine Person, du hast deinen Mann vorher immer gehabt. Du kannst nicht ganz allein. Du stehst da, die Welt ist total zuende ... Du brauchst einfach 'ne Bezugsperson; ohne geht es nicht, ... ganz unmöglich ... Mit der Zeit nabelst du dich auch davon ab, weil du merkst, du brauchst es nicht. Aber erstmal weißt du, da ist eine für mich, und ich kenne sie." (D/F3)

Persönliche Einzelgespräche gehören zu den Angeboten, an denen die Frauen das meiste Interesse haben und die nach den Aussagen der Mitarbeiterinnen den größten Zeitaufwand erfordern. Knapp die Hälfte der Beratungsstellen zählt den

Wunsch nach persönlichen Gesprächen zu den wichtigsten Erwartungen der Frauen an nachgehende Beratung. Ähnlich äußern sich die betroffenen Frauen selbst:

> "Die Einzelgespräche sind sowieso am wichtigsten. Ich habe das damals gebraucht, daß wir eben unter vier Augen etwas gesprochen haben." (C/F2)

Die Inhalte der Gespräche entsprechen den individuellen seelischen und materiellen Problemlagen der Frauen, über die sie in Gegenwart anderer Frauen zwar auch, aber mit unterschiedlicher Offenheit sprechen. Denn ungeachtet der bei anderer Gelegenheit größeren Vertraulichkeit der Gespräche zwischen den Bewohnerinnen untereinander gibt es dort auch Grenzen, die gerade durch den privaten Charakter dieser Beziehungen gesetzt sind: die implizite Rücksichtnahme auf die Ansichten oder auch die Belastbarkeit der anderen schränkt das ausführliche Gespräch über eigene Probleme ein. Professionellen Beraterinnen kann zugemutet werden, ganz für die Probleme der einzelnen Frau offen zu sein.

Ein solcher Einzelgesprächszusammenhang ist selbst gesucht, und seine Beendigung oder seine Wiederaufnahme liegt - anders als in der Zeit des Aufenthalts im Frauenhaus - ganz im Ermessen der Frau. Der in Gruppengesprächen vergleichsweise starke Druck, ein gewünschtes Bild von sich zu konstruieren, um vor den anderen Frauen, den Mitarbeiterinnen und nicht zuletzt vor sich selbst Anerkennung zu finden, ist hier geringer.

Problematisch scheint, was die Offenheit betrifft, am ehesten die Thematik von neuen Beziehungen zu Männern zu sein, und zwar besonders dann, wenn es um einen neuen oder gar den früheren mißhandelnden Mann geht. Für die Mitarbeiterinnen ist dies oft eine Quelle von Enttäuschungen, auch mit Gefühlen von eigenem Versagen oder sinnloser Arbeit verbunden. Wir gewannen den Eindruck, daß die Vermeidung einer offenen Problematisierung von Männerbeziehungen bei im Frauenhaus integrierter nachgehender Beratung wegen der betroffenen Frauen, die noch im Haus leben, eine etwas stärkere Rolle spielt als in den ausgelagerten Beratungsstellen. Selbstkritisch räumen viele Mitarbeiterinnen ein, daß es möglicherweise vielen Frauen schwerfällt, sich mit Problemen, die sie in neuen Beziehungen zu Männern haben, an sie zu wenden, weil die Mitarbeiterinnen in dieser Hinsicht bestimmte Erwartungen verkörpern.

Dieser eigenen Haltung steuern die Mitarbeiterinnen zwar bewußt entgegen, weil sie die Frauen zu einer rechtzeitigen Auseinandersetzung mit den unannehmbaren Anteilen einer Beziehung und zu deren stärkerer Mitgestaltung durch das Einklagen eigener Interessen ermutigen wollen, aber:

> "... das spüren die (Frauen) natürlich auch. Und ich denke, daß sie da schon Hemmungen haben, uns das zu sagen. Ich denke, da würden wir uns was vormachen." (B/M2)

Diese Thematik hat auch Relevanz sowohl bei der Diskussion der möglichen Unterstützungsangebote für Frauen, die in die frühere Beziehung zurückgegangen sind, als auch bei der Diskussion von psychologisch orientierten Gruppenangeboten und den mit ihren pädagogischen Zielsetzungen verbundenen Klippen.

Nicht selten haben intensive Einzelgespräche nahezu die Qualität von therapeutischen Gesprächen und verlangen von den Mitarbeiterinnen die Fähigkeit zu einfühlsamer Gesprächsführung. Die meisten Beratungseinrichtungen für ehemalige Frauenhausbewohnerinnen und mißhandelte Frauen fühlen sich von dem therapeutischen Charakter, den die Gespräche annehmen können, verunsichert: sie wollen Hilfe zur Selbsthilfe bieten und die Frauen über ihre Rechte informieren, und sie verweisen diejenigen, die Therapiewünsche haben, an andere kompetente Einrichtungen.

Die Grundlage ihrer besonderen Kompetenz sehen die Mitarbeiterinnen in ihrer Erfahrung in der Frauenhausarbeit, in ihrem parteilichen Engagement für Frauen und in der Verfügung über Fachkenntnisse, die für die Situation ehemaliger Frauenhausbewohnerinnen notwendig und wissenswert sind. Dennoch halten fast die Hälfte der Frauenhäuser, die sich dazu geäußert haben, und 80% der Beratungsstellen Kenntnisse in psychologischer Gesprächsführung für qualifizierte Einzelgespräche für wichtig.

Die folgenden Tabellen geben einen Überblick über die Einschätzung der Mitarbeiterinnen, welche Fähigkeiten sie für die Arbeit der nachgehenden Beratung von Bedeutung halten.

Tab.4.01: **Anforderungen an die Mitarbeiterinnen der nachgehenden Beratung - Frauenhäuser -**

	Träger des Frauenhauses				insgesamt	
	autonom		nicht autonom			
Fähigkeiten der Mitarbeiterinnen in nachg. Beratung						
parteiliches Engagement	39	87%	17	52%	56	72%
juristische Fachkenntnisse	30	67%	22	67%	52	67%
Kenntnisse in psychologischer Gesprächsführung	18	40%	20	61%	38	49%
kreativ-handwerkliche Fähigkeiten	2	4%	2	6%	4	5%
muß im Frauenhaus gearbeitet haben	40	89%	24	73%	64	82%
muß im Frauenhaus gelebt haben	3	7%	1	3%	4	5%
Insgesamt	45	100%	33	100%	78	100%

Die Prozentangaben beziehen sich auf die Gesamtzahl der Fragebögen.
Mehrfachnennungen waren möglich (n=78).

Tab.4.02: **Anforderungen an die Mitarbeiterinnen der nachgehenden Beratung - Beratungsstellen -**

	Beratungsstellen	
Fähigkeiten der Mitarbeiterinnen in der nachg. Beratung		
parteiliches Engagement	26	84%
juristische Fachkenntnisse	29	94%
Kenntnisse in der psych. Gesprächsführung	25	81%
kreativ-handwerkliche Fähigkeiten	2	6%
muß im Frauenhaus gearbeitet haben	13	42%
muß im Frauenhaus gelebt haben	2	6%
Insgesamt	31	100%

Die Prozentangaben beziehen sich auf die Gesamtzahl der Fragebögen.
Mehrfachnennungen waren möglich (n=31).

"Kenntnisse in psychologischer Gesprächsführung" werden sehr wahrscheinlich besonders auch für das Angebot von psychologisch orientierten Gruppen zu deren Anleitung als notwendig angesehen. Die folgenden Zitate verdeutlichen, wie eher widersprüchlich die Aussagen zum professionellen Selbstverständnis in diesem Bereich sein können:

> "Wir legen (bei Referentinnen, die Gruppen anbieten) auch nicht so einen Wert auf Zusatzausbildungen. Zum Beispiel, wenn jemand im Frauenhaus gearbeitet hat, dann ist das erstmal so ein Bonus."

Dieselbe Mitarbeiterin an anderer Stelle:

> "Also ich habe grundsätzlich persönlich überhaupt nichts gegen Therapie; ... Hier diese Beratungsstelle ist eine Beratungsstelle ... wir sind Sozialarbeiterinnen. (Aber) ich habe jetzt eine Fortbildung angefangen, weil ich einfach in der Beratungssituation gemerkt habe: ich mit meiner Intuition komme hier nicht weiter. Ich habe eine Gesprächsführungsfortbildung gemacht ... Grundsätzlich (wollen wir) eher auf diesem Selbsthilfebereich bleiben ..., eher auch an diesem Grundgedanken festhalten: Gewalt gegen Frauen als gesellschaftliches Problem, und da unseren Schwerpunkt haben." (A/M1)

Bei unserer Befragung gaben die Frauenhäuser ihren Eindruck wieder, wie die meisten Frauen zum Zeitpunkt ihres Auszugs den weiteren Kontakt zum Frauenhaus wünschen. Die Angaben unter Berücksichtigung aller Nennungen sind in der folgenden Tabelle dargestellt.

Tab.4.03: Wünsche der Frauen an das Frauenhaus bei ihrem Auszug

Wunsch bei Auszug aus dem Frauenhaus	Träger des Frauenhauses				Frauenhäuser insgesamt	
	autonom		nicht autonom			
praktische Unterstützung beim Auszug	29	66%	17	53%	46	61%
weiteren Kontakt zu Bewohnerinnen	37	84%	20	63%	57	75%
Einladungen zu Veranstaltungen des Frauenhauses	21	48%	15	47%	36	47%
telefonische Kontakte	16	36%	21	66%	37	49%
Betreuung durch "ihre" Mitarbeiterin	27	61%	23	72%	50	66%
kein Wunsch nach weiteren Kontakten	4	9%	5	16%	9	12%
andere Wünsche	2	5%	1	3%	3	4%
Insgesamt	44	100%	32	100%	76	100%

Die Prozentangaben beziehen sich auf die Gesamtzahl der Fragebögen.
Mehrfachnennungen waren möglich (n=76).

Zahlreiche Frauen äußern den Wunsch, von den Mitarbeiterinnen zuhause besucht zu werden, und zwar zunächst von denjenigen, zu denen sie im Frauenhaus einen besonders intensiven Kontakt hatten. Dieser Wunsch entspricht dem Bedürfnis, nicht nur als eine "von Mißhandlung betroffene Frau aus dem Frauenhaus" gesehen zu werden, sondern sich als private Person in einer von ihr selbst gestalteten Umgebung darzustellen.

Mit zwei Dritteln der Nennungen insgesamt und mit fast einem Drittel der an erster Stelle genannten Bedürfnisse steht der Wunsch, von "ihrer" Mitarbeiterin zuhause besucht bzw. betreut zu werden, an zweiter Stelle in der Rangfolge der Wünsche, die die Frauenhäuser bei den Frauen wahrnehmen. Hierbei liegt der Prozentsatz bei den nicht-autonomen Frauenhäusern etwas höher (1. Nennung: 32% zu 24%, Nennungen insgesamt: 72% zu 61%). Möglicherweise haben diese Häuser eine größere Bereitschaft, in Anlehnung an die Tradition der Sozialarbeit Hausbesuche zu machen, und schaffen dadurch eine Atmosphäre, in der die Frauen solche Wünsche stärker äußern.

Insgesamt scheint die Notwendigkeit, die Frauen nach ihrem Auszug auch zuhause aufzusuchen, unumstritten zu sein. Aber nur bei 29 von 74 Frauenhäusern mit integrierter nachgehender Beratung gehören Hausbesuche zu den zur Verfügung stehenden Angeboten. Hier ist anzunehmen, daß die Diskrepanz zwischen Bedarf und Angebot sich durch mangelnde Zeitkapazität erklären läßt. Hausbesuche sind in hohem Maße arbeitszeitintensiv, da zu jeder Beratung auch noch die Wegzeiten hinzukommen. Sie erfordern einen großen organisatorischen Aufwand und haben die Abwesenheit der Mitarbeiterinnen vom Frauenhaus zur Folge, während die Beratung im Haus die Präsenz für Notfälle nicht beeinträchtigt. Daher erfordern Hausbesuche Planung und Terminabsprachen auch unter den Mitarbeiterinnen, was sich mit der Arbeitsstruktur der alltäglichen Frauenhausarbeit nur schwer vereinbaren läßt.

Das Angebot, Hausbesuche zu machen, wird in den einzelnen Einrichtungen unterschiedlich gehandhabt. Das Spektrum reicht von "nur im Notfall" bis zum grundsätzlichen Angebot und sogar bis zum spontanen Besuch.

> "Also, da würde ich immer differenzieren ... Hausbesuche finde ich teilweise richtig, teilweise würde ich das nicht machen ... Grundsätzlich (würde ich) ein- zweimal alle möglichen Frauen besuchen. Aber ich würde das nicht zum Dauerzustand machen. (Zum) Kennenlernen, ich denke, das geht einfach ein bißchen intimer, wenn du in der Wohnung bist - (da ist) mehr so Sicherheit." (A/M1)

Das Gefühl von mehr Sicherheit, das sich bei den Frauen in der eigenen Wohnung stärker einstellt, kann jedoch bei den Mitarbeiterinnen zu Verunsicherungen führen. Der private Ort erschwert die eindeutig professionelle Position, und die Mitarbeiterin empfindet sich hier mehr als Privatperson. Von daher ist es auch nicht verwunderlich, daß oft erwartet wird, daß die Frauen den Wunsch nach einem Hausbesuch explizit äußern, auch wenn diese zum prinzipiellen Angebot gehören.

Ausnahmen machen einige Einrichtungen, wenn die Tatsache, daß die betreffende Frau sich nicht meldet, als Krankheitssymptom interpretiert wird; dann kündigt die Mitarbeiterin ihren Besuch von sich aus an oder, wenn das nicht möglich ist, besucht sie die Frau allenfalls sogar unaufgefordert.

> "Mir fällt da eine Frau ein, die ganz starke Depressionen hat, in so einer Wellenbewegung, und wo ich mir einfach denke, ... wenn sie in der Welle unten ist, dann kann sie nicht kommen. Und dann gehe ich hin." (A/M1)

> "Wir haben eine Frau hier im Haus gehabt, die psychisch sehr gestört war, ... (als) wir dann über eine Bekannte (eine andere betroffene Frau) von ihr gehört haben, daß sie sich tagelang nicht meldet und nicht mehr gesehen wurde,

... da bin ich hin, weil wir die Befürchtung hatten, da ist irgendwas mit ihr los. Und dann lag sie also total apathisch da, und da habe ich sie geschnappt und bin mit ihr zu ihrem Psychiater gegangen." (C/M3)

Solche depressiven Zustände hindern Frauen häufig daran, die vorhandenen Hilfen in Anspruch zu nehmen. An jedem der von uns geführten Gruppengespräche war mindestens eine ehemalige Bewohnerin beteiligt, die aus der Zeit nach dem Verlassen des Frauenhauses von einer Suizidgefährdung berichtet hat.

Im Unterschied zur Beratung im Frauenhaus als Ort akuter Krisenintervention entsteht in der nachgehenden Beratung wegen der hier charakteristischen Einzelberatungsverhältnisse verstärkt das Problem der "Privatisierung" des Beratungszusammenhangs. Der öffentliche Raum der Institution Frauenhaus erlaubt den Mitarbeiterinnen dort mehr Distanzierungsmöglichkeiten gegenüber nicht erfüllbaren Erwartungen von den Bewohnerinnen nach privatem Kontakt; jede einzelne Bewohnerin erlebt sich, solange sie im Haus wohnt, als Teil einer Gesamtgruppe, deren Mitglieder alle gleiche Ansprüche auf Zuwendung haben. Dies ändert sich selbst für die integrierte nachgehende Beratung, wenn die einzelne Frau "ihre" frühere Mitarbeiterin besucht. Verbunden mit einem besonders vertrauten Beratungszusammenhang entsteht bei den Frauen nicht selten der Wunsch nach privaten freundschaftlichen Kontakten zu den Mitarbeiterinnen. Sie möchten auch nicht nur als Klientinnen gesehen werden, was sich auch in der häufigen Erwartung eines Hausbesuchs zeigt. Das Problem der Privatisierung des Beratungsverhältnisses ist also tendenziell in beiden Organisationsformen - der integrierten wie auch der ausgelagerten nachgehende Beratung - immer wieder vorhanden.

Dem an sich berechtigten Wunsch nach mehr privaten Kontakten, in dem sich die soziale Isolation in den neuen Lebensverhältnissen noch einmal spiegelt, können und wollen die Mitarbeiterinnen verständlicherweise nicht entsprechen. Sie erleben solche Ansprüche daher nicht selten als Überforderung.

"Ich setze die Grenze in der nachgehenden Beratung dort, wo wir für die Frauen die neuen sozialen Beziehungen, die sie brauchen, ersetzen sollen." (FS/M14)

"Der private Rahmen definiert dann die Beziehung zu der Mitarbeiterin auch als private." (FS/M3)

"Also ich finde das in Ordnung, wenn eine Frau sagt: Ich fühle mich allein, ich hab so wenig Kontakt, ich möchte, daß du einfach so mal kommst. Das ist in Ordnung ... Und natürlich kommt auch mal: Wo wohnst du denn, und dann kann ich ja auch mal zu dir kommen. Und da grenze ich mich ab, daß ich ganz klar sage: ... Ich komme gerne zu dir, und ich mag dich auch, aber das ist meine Arbeit, und das ist privat." (C/M3)

Dies schließt natürlich nicht aus, daß es häufig auch zu Besuchen, Privatkontakten und Freundschaften zwischen ehemaligen Bewohnerinnen und Mitarbeiterinnen kommt. Oft entsteht jedoch ein Konflikt aus wechselseitigen Situationsdeutungen und widersprüchlichen Erwartungen. Einerseits sind die Mitarbeiterinnen durchaus bereit, direkter auf die Frauen zuzugehen; andererseits geraten sie so in einen schwer auflösbaren Widerspruch, da sie den Frauen nicht geben können, was diese sich ernsthaft wünschen, nämlich genuine soziale Beziehungen, die ihnen - realistisch betrachtet - auch fehlen.

Es sind keine falschen Bedürfnisse, die die Frauen an die Mitarbeiterinnen richten, aber sie lassen sich im professionellen Rahmen kaum befriedigen. Die meisten haben auch Verständnis dafür, daß die Mitarbeiterinnen sich hier überfordert fühlen. Dennoch liegt in der oben beschriebenen Problematik möglicherweise doch auch ein Grund verborgen, warum manche Frauen Angebote von nachgehender Beratung nicht annehmen. Die folgende Aussage einer betroffenen Frau drückt die Perspektive der ehemaligen Bewohnerinnen und ihre Empfindlichkeit gegenüber professioneller Hilfe aus:

> "Vielleicht liegt es auch an der Betitelung "Betreuung". Mir fällt gerade ein, daß jemand neulich schon mal sagte, daß er sich da eher wie ein Stück Ware vorkommt, und daß man das eigentlich nur macht - ja, man wird eben dafür bezahlt, und deswegen fühlt er sich auch dafür verantwortlich. Deswegen laufen, glaube ich, auch eher Kontakte untereinander, weil da eben diese Verpflichtungsgeschichte, diese Bezahlungsgeschichte wegfällt. Da kommt jemand zu mir, weil er eben auch die Lust hat, mich zu besuchen, und wir trinken Kaffee - und nicht, weil es sein Job ist. Das (ist) ein Hemmfaktor, der vielleicht vorhanden ist." (A/F3)

4.2.4 Unterstützung im Freizeit- und Erlebnisbereich

Zu den von ehemaligen Frauenhausbewohnerinnen am häufigsten geäußerten Wünschen zählt das Anliegen, weiterhin zu den Frauen in Kontakt zu bleiben, die sie im Frauenhaus kennengelernt haben. 84% der autonomen und 63% der nichtautonomen Frauenhäuser geben an, daß ehemalige Bewohnerinnen dieses Bedürfnis äußern. In der nachgehenden Beratung wird durch vielfältige Angebote versucht, den Frauen Möglichkeiten zu schaffen, die gewünschten Kontakte untereinander zu entwickeln. Informelle Gruppenangebote und solche mit Freizeitcharakter können auf besonders wirksame Weise Abhilfe für die herausragenden Probleme nach der Trennung bieten: dies sind die soziale Isolation der Frauen und der Mangel an privaten Beziehungen; zudem durchbrechen sie die bedrückende Ereignislosigkeit, unter der die Frauen leiden.

Zu diesen Angeboten gehören Ehemaligentreffen, offene Kaffeetrinken oder Sonntagsfrühstücke, jahreszeitliche Feste, "Stammtische", Kegelabende oder gemeinsam geplante Kinobesuche. Einige Frauenhäuser und Beratungsstellen bieten auch Reisen und Freizeiten an oder vermitteln die Teilnahme an solchen Veranstaltungen anderer Einrichtungen. Wo sie direkt angeboten werden, handelt es sich oft um Unternehmungen der Frauenhäuser für die derzeitigen Bewohnerinnen, an denen auch Ehemalige teilnehmen können.

"Unsere Freizeiten sind zur Hälfte besetzt mit ehemaligen Bewohnerinnen und zur Hälfte mit jetzigen, wobei die jetzigen Bewohnerinnen Vorrang haben. Es gibt eine sehr starke Nachfrage nach der Teilnahme." (FS/M18)

Meist sind die Aktivitäten und informellen Gruppen, die von den Einrichtungen für mißhandelte Frauen ausgehen, nicht ausreichend, um dem Bedürfnis nach Kontakten zu entsprechen. Einige von ihnen stellen für die Frauen deshalb Informationen über andere geeignete Möglichkeiten in der Stadt zusammen. Auch hier macht sich bei vielen ehemaligen Bewohnerinnen eine Schwellenangst gegenüber fremden Stellen und Gruppen bemerkbar; häufig wird die Bitte geäußert, wenigstens beim ersten Mal von einer Mitarbeiterin begleitet zu werden.

Verbesserungen für ehemalige Frauenhausbewohnerinnen müßten nach Einschätzung der Mitarbeiterinnen und auch der Frauen selbst vor allem im Freizeitbereich erfolgen:

"Also ich würde sagen, für die Frauen muß unheimlich viel geleistet werden im Freizeitbereich. Ganz konkrete Sachen ... Das größte Problem (ist) die Isolation der Frauen. Und die sind ja dann, selbst wenn sie Kontakte untereinander haben, in ihrer kleinen Gruppen wieder isoliert. Also man müßte im Prinzip so einen Freizeitbereich für Frauen schaffen." (B/M2)

Die ehemaligen Bewohnerinnen scheinen in ihrer Mehrzahl Treffen mit Freizeitcharakter gegenüber problemorientierten Gruppen den Vorzug zu geben. Für sie sind schon Gespräche als solche entlastend, und so suchen sie weniger das professionelle Gespräch und die von seiten der Mitarbeiterinnen oft angestrebte Auseinandersetzung mit den Problemen, die mit der Mißhandlungsbeziehung zusammenhängen.

"Das müssen nicht unbedingt Probleme sein, dieser Kaffee Nachmittag oder diese Gruppenabende, ... aber so ein bißchen klönen und neue Kontakte finden, das war also für mich ganz wichtig." (C/F3)

"Es muß ja nicht unbedingt ein Gesprächskreis sein ... Viele, die wollen z.B. auch gern basteln, handarbeiten ... und ich weiß, da kann ich was dazulernen, kann mir was abgucken, und dann ergibt sich das automatisch, daß man nachher ins Gespräch kommt." (C/F1)

Demgegenüber scheinen Mitarbeiterinnen es häufig vorzuziehen, themen- und problemorientierte Gruppen anzubieten, weil dieser im Vergleich zu Freizeitangeboten oder "Kaffeetrinken" und "Klönschnacks" eher als professionell gelten. Hier erscheint wieder die vielfach anzutreffende Verunsicherung im beruflichen Selbstverständnis. Zahlreiche Mitarbeiterinnen bewegt die Frage, ob die eigene Arbeit nur daraus Anerkennung und Rechtfertigung beziehen kann, daß sie bei den Frauen eine Veränderung bewirkt hat.

"Es ist ein gewisser Legitimationsdruck: wenn eine Frau nur ein Gespräch wünscht ... und (ich) trinke mit ihr Kaffee, habe ich das Problem, ich habe doch nicht gearbeitet, nichts getan. Ich weiß zwar, daß das für die Frau wichtig ist, aber ich habe Schwierigkeiten, dies als Arbeit anzunehmen. Die Unverbindlichkeit dieser Gespräche stört mich." (FS/M12)

"Ich würde auch gerne wissen, was Sozialarbeit im Frauenhaus ist. Ich bin Sozialpädagogin, habe Sozialpraktikantinnen und weiß nicht, was das ist. Wenn ich mit einer Frau einkaufen gehe, ist das dann auch Sozialarbeit?" (FS/M4)

Es scheint, daß manches informelle Angebot als gelungene Unterstützung von den Mitarbeiterinnen nicht ausreichend anerkannt wird, weil es nicht der professionellen Vorstellung von dem, was eine Gruppe sein sollte, entspricht. Wir erfuhren z.B. in unseren Gesprächen von einer solchen informellen Einrichtung im Frauenhaus (nachgehende Beratung war in diesem Fall in das Haus integriert): Zu einem regelmäßig an Sonntagen gemeinsam bereiteten Mittagessen waren auch ehemalige Bewohnerinnen eingeladen, die dies auch gern in Anspruch nahmen. Dieses Angebot war im Fragebogen des betreffenden Frauenhauses als solches gar nicht angegeben - zu Unrecht, wie wir finden.

Freizeitangebote erfordern, daß die Mitarbeiterinnen möglichst auch privat ein gewisses Interesse daran aufbringen können. Dies läßt sich aber nicht ohne weiteres voraussetzen, denn die persönlichen Interessen von ehemaligen Bewohnerinnen und Mitarbeiterinnen im Freizeitbereich sind oft nur schwer vereinbaren. Da sich die Mitarbeiterinnen gleichzeitig als private und als professionelle Personen bewegen müssen, spielen hier außerdem - ähnlich wie bei Hausbesuchen - Probleme der Vermischung von Privatem und Arbeit sowie von notwendigen Abgrenzungen gegenüber Freundschaftserwartungen der Bewohnerinnen eine Rolle.

Hinzu kommt, daß solche Angebote sinnvollerweise möglichst am Wochenende stattfinden müßten.

"Der Sonntag ist so ein flauer Tag für die meisten Frauen, die allein mit ihren Kindern leben; wo sie nicht wissen, was sie machen sollen." (FS/M17)

Die wenigsten Mitarbeiterinnen sind aber dazu bereit, am Wochenende zu arbeiten.

"Das ist auch, warum die Altentreffs so wenig stattfinden - weil, die finden immer sonntags nachmittags statt. Das ist ein relativ großer Aufwand ... Es muß halt vorbereitet werden, da muß dann alles organisiert werden von uns - für die Kinder ... Und dann, der ganze Sonntag Nachmittag ist weg." (B/M2)

Dies führt zu dem Wunsch, daß derartige Gruppen sich verselbständigen mögen:

"Wir würden uns dabei - denke ich - schon ganz gern entbehrlich machen. Also am liebsten wäre mir, sozusagen wir initiieren so etwas, ... also wir treffen uns mit den Frauen drei-, vier-, fünfmal, und dann treffen sie sich ohne uns." (B/M2)

Ein Versuch dieser Beratungsstelle, auf diese Weise einen Gesprächskreis zum Thema "Isolation" zu initiieren, ist nicht gelungen. Hier ist allerdings anzunehmen, daß nicht das Konzept der sich verselbständigenden Gruppe verfehlt war, sondern möglicherweise das Thema, da Menschen ihre Isolation ungern auch noch zum Programm erhoben wissen wollen.

Um den genannten Problemen und auch den Kapazitätsgrenzen der Mitarbeiterinnen zu begegnen, gibt es immer wieder Ansätze, ehemalige Bewohnerinnen stärker in die Mitarbeit einzubeziehen. Sehr häufig wissen diese auch von anderen Frauen, welche die nachgehende Beratung nicht aufsuchen, obwohl ihre Situation bedrängt ist. Auf diese Weise erfahren die Mitarbeiterinnen, daß Frauen Hilfen durchaus wünschen, auch wenn es ihnen nicht gelingt, aktive Schritte zu ihrer Inanspruchnahme zu unternehmen.

"Ich habe auch zunächst gedacht, daß die Frauen, die nicht zu uns kommen, uns auch nicht brauchen. Dann habe ich von einer ehemaligen Bewohnerin von einer anderen Frau erfahren, die unsere Beratung brauchte, aber von sich aus nicht zu uns kam. Diese ehemalige Bewohnerin (die uns den Hinweis gab) hat sehr viele Kontakte zu ehemaligen Bewohnerinnen. Wir haben sie jetzt bei uns eingestellt im Programm "Arbeit statt Sozialhilfe", weil wir denken, daß wir diese Kontaktmöglichkeit ausnutzen sollten. Diese Frau hat unsere Angebote kritisiert und gemeint, daß es auch an dem Angebot liegt, daß manche Frauen nicht kommen. Zum einen meinte sie, daß wir nie richtig für die Kinder gesorgt haben, zum anderen hielt sie unsere Angebote für zu pädagogisch. Außerdem finden die Bildungsprogramme abends statt, und das ist für viele Frauen ein Problem, wie sie das mit den Kindern regeln sollen. Sie meint, die Frauen würden eher Freizeitangebote brauchen: Ausflüge, Kaffeetrinken, Unternehmungen, bei denen sie ihre Kinder mitbringen können. Auf diesem Weg hätten sie den Kontakt, wenn sie auch Probleme haben." (FS/M5)

Ehemalige Bewohnerinnen scheinen auch eher bereit zu sein, Angebote am Wochenende mitzutragen, was die Mitarbeiterinnen zusätzlich zu ihrer Wochentagsarbeit meist ablehnen.

"Die Bereitschaft, von der eigenen Freizeit abends (und sonntags) noch jetzt soviel abzuknapsen, (ist) nicht mehr so da." (B/M1)

Hier klingt durch, daß solch stärkeres Engagement, sich über die normale Arbeitszeit hinaus einzusetzen, früher vorhanden war, sich inzwischen aber erschöpft hat und auch eine Überforderung darstellt.

Daß betroffene Frauen im Frauenhaus mitarbeiten, hat zumindest in den autonomen Frauenhäusern Tradition. Ob ehemalige Bewohnerinnen in der nachgehenden Beratung möglicherweise in bestimmten Bereichen durch ihren eigenen Erfahrungshintergrund und ihre größere Nähe zu der Lebensweise der Frauen eine besondere Kompetenz aufweisen, wird von den Mitarbeiterinnen in der schriftlichen Befragung erwartungsgemäß unterschiedlich eingeschätzt. Ein Fünftel der Beratungsstellen hält sie für geeignet, weil sie "Expertinnen" durch die eigene Erfahrung sind, für die anderen Frauen eine Vorbildfunktion haben und weil sie durch ihre größere Nähe zu der Lebensweise der betroffenen Frauen deren Vertrauen genießen könnten. Ein Drittel ist der Meinung, daß eine Eignung wegen unbewältigter eigener Probleme und fehlender Ausbildung bzw. fehlendem Fachwissen nicht anzunehmen sei. Knapp 45% nehmen eine ambivalente Haltung ein, d.h. sie äußern sich positiv und negativ zugleich und würden eine Mitarbeit von den Begleitumständen, von der Verarbeitung der Mißhandlungserfahrung und von einer genügenden persönlichen Stabilität abhängig machen.

In der Befragung gibt je ein Drittel der Beratungsstellen und der Frauenhäuser an, daß ehemalige Bewohnerinnen bei ihnen im Bereich der nachgehenden Beratung mitarbeiten. Aus den Angaben der Beratungsstellen wird nur in zwei Fällen ersichtlich, daß sie bezahlt und angestellt sind. In den Frauenhäusern zeigt sich eine auffällige Differenz in der Haltung von autonomen und nicht-autonomen Einrichtungen: In drei Vierteln der Fälle arbeiten ehemalige Bewohnerinnen in Frauenhäusern mit autonomer Trägerschaft. Auch hier handelt es sich nur in wenigen Fällen um bezahlte Mitarbeit: von 21 dieser Frauenhäuser geben 12 an, daß die Frauen nicht bezahlt werden, drei Frauen erhalten eine Aufwandsentschädigung, eine erhält ein Honorar, eine wird nach dem Modell "Arbeit statt Sozialhilfe", und je zwei Frauen werden nach ihrer (nicht genannten) Ausbildung bzw. als Frauenhausmitarbeiterinnen bezahlt.

Insgesamt ist festzustellen, daß es eine ausreichend große Zahl ehemaliger Bewohnerinnen gibt, die über genügend organisatorische und kommunikative Fähigkeiten verfügen, um z.B. bei solchen Selbsthilfegruppen wie offenen Kaffeetrinken und Freizeitunternehmungen mitarbeiten zu können, wenn sie von den professionellen Mitarbeiterinnen unterstützt werden.

Der Arbeitsaufwand, der zur Initiierung solcher Selbsthilfeaktivitäten nötig ist, darf nicht unterschätzt werden. Die Mitarbeiterinnen unterstützen die ehemaligen Bewohnerinnen in allen organisatorischen Angelegenheiten. Zu den Vorbereitungen gehört die Herstellung der Kontakte zu den Frauen; es müssen Räume und vor allem ein paralleles Angebot für die Kinder und für deren Betreuung organisiert werden. Es hat sich erwiesen, daß Treffen, zu denen die Frauen persönlich und jedesmal neu und nicht durch einen regelmäßigen Rundbrief eingeladen werden, eher wahrgenommen werden. Die ehemalige Bewohnerin, die die Organisation und die Durchführung eines solchen Angebots übernimmt, muß darüber hinaus Gelegenheit haben, mit den Mitarbeiterinnen ihre Erfahrungen zu besprechen. Spannungen aufgrund von gruppendynamischen Prozessen und persönliche Probleme, die die Frauen nun an sie statt an die Mitarbeiterinnen herantragen, und die sehr belastend sein können, müssen in gemeinsamen Teambesprechungen aufgefangen werden. Es fällt ehemaligen Bewohnerinnen in ihrer Funktion als Mitarbeiterinnen viel schwerer, sich abzugrenzen, als dies bei den professionellen Mitarbeiterinnen der Fall ist. Außerdem erfährt die oben angesprochene Vermischung von Privatsphäre und Arbeit hier noch einmal eine Zuspitzung, denn zu einigen ehemaligen Bewohnerinnen bestehen engere private Kontakte als zu anderen.

In Berlin gibt es langjährige Erfahrungen mit mehreren Gruppen, die als offene Kaffeenachmittage am Sonntag stattfinden und von je einer ehemaligen Bewohnerin organisiert und getragen werden. Diese Treffen zählen zu den am meisten frequentierten Angeboten in der Beratungsstelle. Die Erfahrung zeigt, daß es sich empfiehlt, die Ausgangsgruppe aus Frauen zusammenzustellen, die die für die Gruppe verantwortliche Frau noch aus der gemeinsamen Zeit im Frauenhaus kennen. Im Laufe der Zeit erweitert sich die Gruppe durch Frauen, die später ausziehen. In solchen Gruppen werden private Kontakte - unter Umständen auch mit den dazugehörigen Spannungen - nicht nur ersetzt, sondern können wirklich entstehen bzw. sich vertiefen. Auch wenn sich die Gruppen nach einiger Zeit auflösen, sind daraus zum Teil weiterbestehende soziale Beziehungen entstanden, die von engen Freundschaften bis zu losen Bekanntschaften reichen. Die am längsten dauernde Gruppe wurde nach drei Jahren beendet, weil die zur Verfügung stehenden finanziellen Mittel für eine neue Gruppe gebraucht wurden.

Für solche Gruppen ist es unerläßlich, daß Personalmittel auch für die Betreuung der Kinder bereitgestellt werden. Gewünscht sind auch zusätzliche Mittel, die es erlauben würden, in angemessenen Abständen Unternehmen oder gar Reisen zu finanzieren. Die Kindergruppen, die parallel zu den Frauengruppen stattfinden, haben - anders als in anderen Arrangements der nachgehenden Beratung - eine gewisse Stabilität. Sie könnten ein Ort sein, wo die Kinder ihre aktuelle Situation, die immer noch von der Erinnerung an die Gewalt- und Trennungserlebnisse belastet ist, zur Sprache bringen könnten. Hier läge vielleicht auch ein Ansatz einer eigenständigen Möglichkeit für die Kinder, sich unabhängig von der Mutter an eine vertraute Person zu wenden.

4.2.5 Problemorientierte Gruppen, pädagogisch und psychologisch ausgerichtete Angebote

Zum Selbstverständnis der Mitarbeiterinnen in der Frauenhausarbeit gehört untrennbar, wenn auch mehr oder weniger ausgesprochen, ein politisch-emanzipatorischer Anspruch, der auch beinhaltet, Frauen darin zu unterstützen, Bildungs- und Informationsdefizite aufzuholen und ihr Selbstbewußtsein und ihre innere Unabhängigkeit zu stärken. Mit dem Angebot von problemorientierten und themenbezogenen Gruppen, die auch dem Umfang nach einen bedeutenden Teil der Arbeit nachgehender Beratung ausmachen, streben die Mitarbeiterinnen nicht nur unmittelbare und kurzfristige Problemlösungen an, sondern sie wollen "längerfristig etwas in Bewegung setzen" (FS/M21). Dieses Anliegen ist einer der erklärten Gründe für die Einrichtung von nachgehender Beratung überhaupt: Im Frauenhaus begonnene Bewußtseins- und Erkenntnisprozesse sollen fortgeführt werden.

Die speziellen Einrichtungen für nachgehende Beratung bieten Erwachsenenbildung für diese Zielgruppe in Form von Gruppen an, die sowohl als einmalige Informationstreffen wie auch als mehrmalige oder regelmäßige Gruppenabende, die über Wissensvermittlung hinaus eine gemeinsame Problembearbeitung ermöglichen können, stattfinden. Die Themen dieser Gruppen sind weniger auf das Berufsleben bezogen als auf Problembereiche, die mit der Bewältigung des persönlichen Lebens unter der Bedingung der neuen Alleinverantwortung für sich und gegebenenfalls für Kinder zusammenhängen. Die Inhalte und die Anlage der Gruppenangebote überschneiden sich an einem Ende des Spektrums mit praktischen Aufgaben der sozialarbeiterischen Beratung, die hier in gebündelter Form für eine Mehrzahl von Betroffenen zugleich geleistet wird, und am anderen Ende mit therapeutischen Zielsetzungen, ohne daß die Gruppen je den Anspruch hätten, Therapie im eigentlichen Sinne zu ersetzen.

Als Themen von Gruppenarbeit in den nachgehenden Beratungsstellen werden unter anderem folgende Inhalte genannt:

- Die Angst vor dem Alleinsein,

- die Zwiespältigkeit gegenüber dem Mann,

- eine Stärkung der Durchsetzungsfähigkeit und der Selbstbehauptung im Umgang mit Privatpersonen sowie mit Personen in Institutionen,

- Erziehungsprobleme und die Rolle als alleinverantwortlich erziehende Mutter,

- die Infragestellung traditionell weiblicher Verhaltensmuster, dies besonders in Beziehungen zu Männern,

- die Bearbeitung der Trauer über die Verluste, die mit der Trennung einhergehen.

Problemorientierte Gruppen mit psychologischer Ausrichtung sind nach unseren Befragungsergebnissen einerseits Quellen von Frustrationen, andererseits in starkem Maße sinngebend, zumindest dem Konzept nach, für die Arbeit. Sie haben bei vielen Mitarbeiterinnen eine große Bedeutung für ihr berufliches Selbstverständnis, da sie hierin eine eindeutig qualifizierte Arbeitsmöglichkeit sehen. Zugleich geraten die Gruppen vielfach zum Maßstab für den Erfolg der ganzen Arbeit. Denn Ausdruck einer gut funktionierenden und erfolgreichen Beratung sind nach Ansicht vieler Mitarbeiterinnen zahlreich frequentierte Gruppen. Dies ist aber relativ oft nicht der Fall. Mit den Stichworten "geringe Inanspruchnahme" und "schwierige Erreichbarkeit", auch mit dem Begriff des Scheiterns wird dieses Problem in unserem Material gekennzeichnet.

Zur Erklärung, warum ehemalige Frauenhausbewohnerinnen Angebote nicht annehmen, finden sich in den Aussagen der Frauen und auch in denen der Mitarbeiterinnen zahlreiche und auch widersprüchliche Begründungen wie:

- Direkt nach dem Frauenhaus haben die Frauen kein Interesse, sie haben soviel anderes zu tun, und

- besonders unmittelbar in der ersten Zeit nach dem Auszug müsse es solche Angebote geben.

- Sie kommen nicht mehr, wenn sie einen neuen Mann haben.

- Die Kinder können nicht untergebracht werden, d.h. sie kommen nicht, weil sie mit Kindern allein wohnen.

- Die Wege sind zu weit und das Fahrgeld zu teuer.

Es ist anzunehmen, daß alle diese Argumente zumindest teilweise zutreffen. Sie zeigen einmal mehr, wie schwierig es ist, für eine so gemischte Gruppe zielgerichtete Angebote zu machen.

Zugleich hat es den Anschein, daß in den Angeboten selbst teilweise Ansprüche der Mitarbeiterinnen zum Tragen kommen, die mit den Bedürfnissen und Möglichkeiten der betroffenen Frauen nicht übereinstimmen. Mit den angebotenen Themen sind sicher zentrale Probleme angesprochen, die die Frauen haben; das muß aber nicht bedeuten, daß sie das Bedürfnis haben, zu dem gegebenen Zeitpunkt oder in der vorgegebenen Form diese Probleme anzugehen.

Aus den Erfahrungen, die mit spontan und zufällig entstehenden Gruppen unter ehemaligen Bewohnerinnen gemacht werden, wissen die Mitarbeiterinnen, welchen Gewinn Gespräche in kontinuierlichen Gruppen für die Frauen bedeuten können. Sie versuchen daher, solche Gruppen gezielt anzubieten. Dabei bemühen sie sich, die Angebote nach den geäußerten Bedürfnissen der Frauen auszurichten. Trotz der ausgesprochenen Wünsche machen die Frauen aber dann oft von den

Angeboten nicht in dem erwarteten Maße Gebrauch. Bei den Mitarbeiterinnen entsteht so das frustrierende Gefühl, auf die Annahme der Angebote wenig Einfluß zu haben und dem Zufall ausgeliefert zu sein. Zugleich verstärkt sich die implizite Annahme, daß das Kriterium für die Güte des Angebots seine tatsächliche Inanspruchnahme ist:

> "Wenn die Frau überhaupt kommt, dann ist das für mich ein Erfolgserlebnis. Denn ich kann annehmen, daß sie mich mag, oder daß ich ein richtiges Angebot gemacht habe." (FS/M1)

Tatsächlich haben nach unserer Einschätzung zahlreiche Frauen durchaus ein Interesse an einer Auseinandersetzung mit den unterschiedlichsten sachlichen und persönlichen Themen, die im Zusammenhang mit einer Gruppe gleichermaßen interessierter Frauen einen sinnvollen Ort haben. Ein gewichtiges Hindernis zu ihrer Teilnahme an solchen Angeboten der Beratungsstelle liegt in der Dimension der Zeit, d.h. in dem von außen bestimmten, gezielten Zeitpunkt, zu dem die Frauen zur Auseinandersetzung "aufgefordert" sind. Das Bedürfnis und die Bereitschaft, sich für diesen, möglicherweise sehr aufwühlenden Prozeß zu öffnen, läßt sich oft nicht auf einen regelmäßigen Termin fixieren. Dies trifft nicht nur für den Zeitpunkt des Beginns der Gruppengespräche, sondern auch für ihre Fortführung zu. Nach Berichten der Mitarbeiterinnen scheint eine grundlegende Schwierigkeit darin zu bestehen, eine über die Gesamtdauer des "Kurses" hinweg beständig bleibende Verbindlichkeit der Teilnahme herbeizuführen.

Auf der anderen Seite wird jedoch immer wieder von positiven Erfahrungen mit Gesprächsgruppen berichtet, die von den Teilnehmerinnen als sehr befriedigend und anregend erlebt wurden. Eine günstige Voraussetzung hierfür scheint eine Kerngruppe von Frauen zu sein, die untereinander schon vertraut sind. Das Zustandekommen einer solchen Gruppenstruktur ist nicht planbar und kann sich nur spontan ergeben. Die Erfahrung verweist jedoch auf die große Bedeutung der Vertrauensbeziehungen der Frauen untereinander. Erfolgversprechend für Gruppenangebote scheint es zu sein, zunächst einen gewissen stabilen Gruppenzusammenhang herzustellen, wobei das Interesse an dem vorher angekündigten Thema der Gruppe vorerst nachrangig bleibt.

> "Wir haben Bildungsangebote sowohl in Form von einmaligen Veranstaltungen wie auch von fortlaufenden. Themen von solchen Kursen sind zum Beispiel: Frauenrolle in der Geschichte, Frauen und Gesundheit, Selbstverteidigung, Frauen als Parlamentarierinnen; wir alternieren ein bißchen zwischen einmal Kopf und einmal Bauch. Ehemalige kommen dann dazu, wenn wir sie vorher anrufen und ihnen das nahelegen. Die Motivation scheint von der Person abhängig zu sein, während das Interesse am Inhalt sozusagen nachwächst. Die Frauen kommen also hin, weil ich sie anrufe, und sind

nachher überrascht, zu entdecken, daß sie das Thema auch interessant finden." (FS/M5)

"Das erleben wir ähnlich. In den Gesprächskreisen ergeben sich auch psychologische Dimensionen. Unsere Erfahrung ist: Es ist völlig egal, welches Thema wir anbieten, und es kann auch ein sehr abstraktes Thema sein: Wenn wir die Frauen persönlich ansprechen, kommen sie; wenn nicht, kommen sie nicht." (FS/M12)

Aufgrund der Bedeutung der persönlichen Ansprache ist die Vermittlung durch Mitarbeiterinnen der Frauenhäuser bei Gruppenangeboten der Beratungsstellen unverzichtbar. Gerade, was die Bildung von Gruppen betrifft, muß nachgehende Beratung für ehemalige Bewohnerinnen sehr "nachgehend" sein. So wird öfters von der Erfahrung berichtet, daß es nötig ist, die Frauen möglichst persönlich anzusprechen. Dies scheint ein wichtiges Vermittlungsglied für die Inanspruchnahme zu sein, das ebenso für die meisten anderen Angebote nachgehender Beratung von Bedeutung ist: Angebote, denen ein persönlicher Kontakt vorausgeht, haben eine größere Chance, wahrgenommen zu werden. Dies zeigt einmal mehr, wie sensibel die Frauen darauf reagieren, daß ihre Situation sie dazu zwingt, professionelle Hilfe in Anspruch zu nehmen und als hilfsbedürftig zu gelten. Auch die an unseren Gruppengesprächen beteiligten ehemaligen Bewohnerinnen äußerten in der Mehrzahl den Wunsch, persönlich angesprochen zu werden, und begründeten dies mit ihrem durch ihre Situation so nachhaltig verletzten Stolz:

"Immer müssen wir im Prinzip betteln." (D/F3)

Ein zweiter Weg, der ebenfalls zu erfolgreicher Gruppenarbeit führen kann, ist mit einem ausgeprägten Selbstverständnis der nachgehenden Beratung als Bildungsarbeit verknüpft. Durch sorgfältige Entwicklung der Didaktik von Gesprächskreisen, die als Kurse aufgefaßt werden, und durch gezieltes Ansprechen von denjenigen Frauen, die relativ stabil und aufgeschlossen zu sein scheinen, kann Gruppenarbeit zu dem eigentlichen Schwerpunkt der nachgehenden Beratung werden. Der Preis für eine solche Spezialisierung ist der implizite Verzicht auf die Teilnahme derjenigen Frauen, die in der Zeit nach ihrem Frauenhausaufenthalt mit der Bewältigung ihrer Situation vollauf beschäftigt sind. Die meisten Mitarbeiterinnen in der nachgehenden Beratung sind zum einen nicht in der Didaktik von Erwachsenenbildung ausgebildet und betreiben die Gruppenarbeit notgedrungen nebenher als Ergänzung der Einzelfallhilfe. Auch fühlen sie sich ganz besonders denjenigen Frauen verpflichtet, denen es in dieser Zeit schlechter geht. Eine entschiedene Spezialisierung auf Bildungsarbeit ist daher verhältnismäßig selten. Angesichts der meist befristeten Arbeitsverträge ist zu vermuten, daß viele Mitarbeiterinnen zu wenig Gelegenheit haben, aufgrund von ausgewerteten Erfahrungen professionelle Fähigkeiten auf diesem pädagogischen Feld zu entwickeln.

Trotz der Enttäuschungen über abbröckelnde oder unberechenbare Teilnahme lassen sich viele Mitarbeiterinnen nicht entmutigen. Sie halten an der Einrichtung von Gruppen dieser Art aus der Überzeugung fest, daß es bei genügender Motivationsarbeit gelingen kann, den Frauen die Vorteile einer Auseinandersetzung mit der eigenen Geschichte im Austausch gemeinsamer Erfahrungen in Gruppen nahezubringen. Andere hingegen werten ihre Erfahrungen kritisch bis resignativ aus und vermuten, daß sie überhöhte Ansprüche an die verbalen Reflexionsmöglichkeiten der ehemaligen Frauenhausbewohnerinnen erhoben hatten:

> "Also ich denke, so eine Gesprächsebene ist eher eine akademische Ebene. Und Frauen, die ich im Frauenhaus kennengelernt habe, für die ist das teilweise fremd. Ich wollte das lange nicht sehen, ... man hat ja sowas drauf ... einen Riesenanspruch. Das ist bei mir so ziemlich abgeblättert, daß ich eher denke, ... daß deren Bedürfnis eher entspricht, daß wir ihnen handfest zum Beispiel beim Umzug helfen ... oder auch so eine ganz konkrete Rechtsberatung ... Weil das ihnen Druck macht ..." (A/M1)

Die Bewohnerinnen äußern sich zu solchen auf Gespräche angelegten Gruppen eher zurückhaltend. Die Frauen scheinen zunächst mehr Interesse an Kontakten als an analysierenden Gesprächen zu haben.

> "Es ist eine Hemmschwelle da, seine privaten Sachen da zu offenbaren. Das sind ja erstmal Fremde." (C/F2)

> "Wenn da also mehrere Frauen sind, und viele kennt man nicht, dann trauen die sich nicht, über die Probleme zu reden, aus Scham oder so." (C/F1)

Über das Resultat der Bemühungen der Mitarbeiterinnen, den engen Kreis von ehemaligen Frauenhausbewohnerinnen durch andere am Thema interessierte Frauen zu erweitern, wird widersprüchlich berichtet. Auf der einen Seite äußern die Frauen, nach Erfahrungen der Mitarbeiterinnen und auch in den Gruppengesprächen mit uns, immer wieder den sehr starken Wunsch, das Thema Frauenhaus "hinter sich zu lassen". Gleichzeitig scheinen sie in der Gruppensituation die "gemischten" Gruppen eher zu meiden und den vertrauten Zusammenhang von betroffenen Frauen vorzuziehen.

> "Wir hatten eigentlich die Vorstellung, daß wir dachten, wir können zwei Ebenen verbinden, die aber meiner Meinung nach schlecht zu verbinden sind ... Zum Beispiel bei dieser "Trennung - was kommt danach?": Da waren am ersten Abend sehr viele Frauen hier, 18 Frauen, das war unheimlich viel. Da waren auch ehemalige Bewohnerinnen aus dem Frauenhaus und dann eben von der Stadtzeitung - da kommen eher Studentinnen, Akademikerinnen, Sozialarbeiterinnen - alleinstehend, aber auch teilweise mit Kindern. Und es ist ganz schwierig, die beiden Gruppierungen zusammenzukriegen. Da ist so et-

was passiert, daß ... die (ehemaligen Bewohnerinnen) ... keinen Bock mehr (hatten). Die sind dann weggeblieben, sind dann nicht mehr gekommen ... Und was wir wollen, das ist eigentlich eher, daß wir die ... ansprechen." (A/M1)

Fazit

Die Mitarbeiterinnen hoffen, durch das Angebot von problemorientierten Gruppen bei den Frauen den Trennungs- und Veränderungsprozeß zu beschleunigen und den Frauen aus der oft selbstzerstörerischen Ambivalenz herauszuhelfen. So läßt sich eine zunehmende Neigung beobachten, für ehemalige Bewohnerinnen Gruppen dieser Art anzubieten. Besonders gern wird dabei der Ansatz von R. Norwood (1986) aufgegriffen, der die Gebundenheit von Frauen in unglücklichen Beziehungen als Suchtverhalten diagnostiziert und Rezepte anbietet, welche Ähnlichkeit mit manchen Formen der Suchtselbsthilfe haben. Differenziertere Analysen der Mißhandlungsproblematik lassen allerdings erhebliche Zweifel offen, inwiefern mißhandelte Frauen "zu sehr lieben": Auch M. Brückner, die die emotionale Verstrickung mißhandelter Frauen in den Vordergrund rückt, findet dieses Phänomen nur bei einem kleinen Teil der Betroffenen.

Unabhängig von der Genauigkeit der Erklärungsansätze wäre jedoch zu fragen, ob das Vorgehen gelingen kann. Es wird der Versuch gemacht, direkt "am Kern des Problems" anzusetzen. Die Gruppen machen das Problem selbst zum Thema. Aber eine Gruppe, die sich mit dem Gefühl der Einsamkeit und den Ursachen dafür auseinandersetzen möchte, wird von den Frauen anders und vielleicht weniger attraktiv erlebt als eine Freizeitgruppe mit dem Ziel, dem Gefühl der Einsamkeit wenigstens für ein paar Stunden zu entkommen.

Mit diesem Ansatz der Intensivierung der psychologischen Beratung erhoffen sich die Mitarbeiterinnen vielfach einen Ausweg aus ihrer Motivationskrise, indem über den praktischen Teil der Sozialarbeit hinaus wieder mehr genuin feministische Sichtweisen zum unmittelbaren Bestandteil ihrer Arbeit werden können. Es scheint jedoch, daß sich die Frauen - mindestens unmittelbar nach dem Auszug aus dem Frauenhaus - solchen Angeboten eher verschließen. Es scheint verhältnismäßig schwierig zu sein, das Gelingen von solchen Gruppen vorherzusehen oder das Scheitern zu erklären.

Anders als in den Gruppengesprächen während des Aufenthalts im Frauenhaus, in denen die oft schmerzhaft erlebte Offenlegung individuell erfahrener Gewalt die neue Sichtweise der gemeinsamen Betroffenheit von patriarchalischen Machtverhältnissen vermitteln konnte, wird bei den Gruppengesprächen der nachgehenden Beratung erwartet, daß Frauen die eigenen Anteile an Gewaltbeziehungen miteinbeziehen und überdenken. Dies bedeutet aber, daß das nach so vielen Jahren der Demütigung mühsam aufgerichtete positive Selbstbild wieder ins Wanken gerät.

Dies ist von neuen Schuldgefühlen begleitet und wird als bedrohlich erlebt. Ein solches Anknüpfen an Defizite und Probleme, an die Beziehungsschwäche nämlich, wird von vielen ehemaligen Frauenhausbewohnerinnen als Belastung und als Überforderung empfunden. Sie sind mit den konkreten Problemen der Neuorganisation ihres Lebens überhäuft und beschäftigt und reagieren oftmals folgerichtig, indem sie von solchen Gruppen Abstand halten.

Dies hat wiederum zur Folge, daß sich die Helferinnen als unzulänglich erleben. Sie machen sich den Vorwurf, die Frauen - für die eine solche verbale Aufarbeitung zu einem späteren Zeitpunkt durchaus sinnvoll sein kann - nicht ausreichend motiviert zu haben. Die Hoffnung auf größere Erfolge bei einer Intensivierung der Motivationsarbeit geht aber am Problem vorbei und kann dazu führen, daß die, die helfen wollen, und die, die Hilfe brauchen könnten, sich noch weiter voneinander entfernen. Beide hätten dann das Gefühl, dem wechselseitigen Anspruch nicht zu genügen.

4.2.6 Nachgehende Beratung für Kinder

Die aufgrund der Gewaltbeziehung der Eltern erlebten seelischen Belastungen und Verletzungen der Kinder werden zwar in den Veröffentlichungen über Gewalt in der Familie und über Frauenmißhandlung immer wieder genannt, waren aber bislang wenig eigener Gegenstand der Betrachtung. Hier mangelt es bisher an Forschung, die die Auswirkungen dieser Erlebnisse der Kinder und die ihres Aufenthalts in einem Frauenhaus zum eigenständigen Thema hat. Auch im Bereich der nachgehenden Beratung gerieten die Kinder der ehemaligen Frauenhausbewohnerinnen nur allmählich in den Blickpunkt. Dies hängt auch damit zusammen, daß die Kinder nach einem Frauenhausaufenthalt nur dann in Erscheinung treten, wenn sie von ihren Müttern mitgebracht werden, oder wenn diese von sich aus Probleme im Zusammenhang mit Erziehung oder Schule und Kindergarten ansprechen. Bei unserer Befragung der Frauenhäuser geben nur 30% an, daß Angebote für Kinder Bestandteil der nachgehenden Beratung sind. Es ist anzunehmen, daß es sich hauptsächlich um Betreuungsangebote handelt, wobei das eigentliche Angebot den Frauen gilt. Angesichts der Tatsache, daß lediglich ein gutes Viertel der Frauenhäuser über besondere Mittel für den Arbeitsbereich der nachgehenden Beratung verfügt, wird die Arbeit mit den Kindern der ehemaligen Bewohnerinnen größtenteils zusätzlich zu der aktuellen Frauenhausarbeit oder zu deren Lasten geleistet.

Bei den Beratungsstellen geben fast zwei Drittel an, daß sie keine Kinderbetreuung haben, d.h., daß die Kinder hier während der Beratungsgespräche anwesend sein müssen, falls die Frauen keine privaten Unterbringungsmöglichkeiten organisieren konnten.

Aus unserem Material tritt deutlich die Notwendigkeit zutage, mehr für den "Kinderbereich" zu tun, also für Kinderbetreuung, für Unterstützung bei Erziehungsproblemen und auch für Beratungsangebote, die die Kinder selbst ansprechen. Die Mitarbeiterinnen sind sich auch einig in der Überzeugung, daß es notwendig ist, über eine Betreuung hinaus weiterführende Unterstützung für die Kinder bereitzustellen, die diesen die Chance gibt, die Folgen der erlebten Gewaltbeziehung der Eltern aufzuarbeiten. Eine solche Forderung wurde schon in der wissenschaftlichen Begleitung zum ersten Berliner Frauenhaus (Hagemann-White/Kavemann et al. 1981) erhoben, ohne daß diese Empfehlung nennenswert in die Praxis umgesetzt worden wäre.

Rund ein Drittel der Frauenhäuser nennt die Notwendigkeit von Erweiterungen ihrer Angebote im Kinderbereich und bei Erziehungsproblemen unter den wünschenswerten Verbesserungen, die sie herbeiführen möchten. Von 22 Beratungsstellen, die hierzu eine Angabe machen, sehen sechs einen entsprechenden Bedarf. Diese Zahlen scheinen eine verhältnismäßig geringe Nachfrage an Unterstützung für Probleme der Kinder und ihrer alleinerziehenden Mütter auszudrücken. Dem widerspricht, daß wir sowohl in den Gesprächen mit den betroffenen Frauen wie auch in denen mit Mitarbeiterinnen den starken Eindruck gewonnen haben, wie bedeutsam Hilfen in diesem Bereich sind. Die Ergebnisse aus den Fragebögen verdecken diese Problematik möglicherweise, weil die Probleme in der Zeit nach dem Verlassen des Frauenhauses - Wohnung, weitere Bedrohung, materielle Existenzsicherung und das seelisch so bedrückende Gefühl des Alleinseins - oft soviel vordringlicher und existentieller wirken, daß Verbesserungen vor allem hier für erforderlich gehalten werden.

Die Unterbringung und Betreuung der Kinder erscheint immer wieder als einer der Haupthinderungsgründe, die Angebote der nachgehenden Beratung in Anspruch zu nehmen. Gleichzeitig werden alleinerziehende Frauen mit Kindern an erster Stelle als die Gruppe genannt, die von den Angeboten nachgehender Beratung Gebrauch macht. Abgesehen davon, daß eine Kinderbetreuung während der Beratungsgespräche generell für nötig erachtet wird, zeigen sich in der Einschätzung sinnvoller Angebote im Kinderbereich zwei konzeptionelle Richtungen:

- Auf die Kinderproblematik eigenständig einzugehen,

- sie zu delegieren.

Gerade in diesem Bereich gibt es häufig die Tendenz, diese Aufgabe nicht in die Beratungskonzeption aufzunehmen, sondern die Zusammenarbeit mit anderen Stellen zu suchen. Besonders Themen, bei denen sich die speziellen Beratungsstellen für ehemalige Frauenhausbewohnerinnen aufgrund mangelnder Kompetenz überfordert fühlen, wie z.B. die Problematik sexuellen Mißbrauchs, gehen viele kooperativ mit anderen Stellen an. Zum Teil bilden sich Arbeitsgemeinschaften mit anderen Beratungsanbietern in der Stadt.

"Für Erziehungsberatung oder Auseinandersetzung mit den Problemen, die Frauen mit ihren Kindern haben, haben wir einfach zu wenig Zeit." (FS/M1)

Daß Mütter ihre Kinder, für die sie keine spontanen Unterbringungsmöglichkeiten haben, praktisch überall hin mitnehmen müssen, wenn sie amtliche, aber auch private Erledigungen oder Unternehmungen vorhaben, betrifft zwar nicht nur ehemalige Frauenhausbewohnerinnen, trifft sie aber in ihrer sozialen Isolation oft besonders hart. Manche Frauenhäuser haben auf dieses Problem reagiert, indem sie als praktische Hilfestellung eine Kinderbetreuung eingerichtet haben, die die Frauen unabhängig von ihrer Inanspruchnahme von einem Angebot, das sich an sie persönlich richtet, nutzen können. Diese Kinderbetreuung selbst ist das Angebot von nachgehender Beratung.

In einer der Städte unserer Detailbefragung kommt einer solchen Einrichtung besondere Wichtigkeit im Konzept der nachgehenden Beratung zu:

"Wir haben einen Verein initiiert, ... und die machen dreimal nachmittags und einmal vormittags ... mit den Kindern was, und da können die Kinder hinkommen, die früher auch im Haus gelebt haben, wenn sie Lust haben; und das wird sehr stark wahrgenommen. Es ist manchmal so, daß nur ehemalige Kinder sind und keine Kinder aus dem Frauenhaus ... Das machen vier Frauen, die kriegen auch einen Haushaltstitel und finanzieren sich extra, unabhängig von uns. Sie machen ab und zu einmal Mütterabende im Frauenhaus, und wir haben regelmäßige Treffen mit ihnen ... So ist die Zusammenarbeit. Es ist halt so, die haben meist die Parteilichkeit für die Kinder. Das ist auch richtig so, sollen sie auch ... uns gegenüber haben. Obwohl, bisher gab es noch keine Schwierigkeiten, aber das könnte zum Beispiel sein." (B/M1)

Dieses Modell erscheint sehr überzeugend. Es ist eine gelungene Kombination eines Beratungsangebots zum gleichzeitigen Nutzen der Frauen und der Kinder. Die Mütter können selbstgewählten notwendigen oder ihrem Vergnügen dienenden Beschäftigungen nachgehen. Die Kinder können in Anknüpfung an schon im Frauenhaus gewachsene Vertrauensbezüge damit rechnen, daß ihre leidvolle Vorgeschichte von den Erzieherinnen in Gespräche und in das Spiel einbezogen wird.[2]

---

2) In der gleichen Stadt gibt es ein Mütterzentrum, das die Mitarbeiterinnen den Frauen empfehlen, das aber weniger genutzt zu werden scheint als die Kinderbetreuung im Zusammenhang mit dem vertrauten Frauenhaus: "Und das Mütterzentrum, das dürfen wir auch nicht vergessen. Sehr, sehr gut. Die bieten ja, ähnlich wie in der Volkshochschule, Kurse an, Sprachkurse usw. und gleichzeitig eine Kinderbetreuung ... Da kann man auch selber arbeiten, selber Kurse anbieten für 5,--DM die Stunde ... alles gibt es für fünf Mark. Also Abspülen, Kurse, Kinderbetreuung ... Also wenn man selber aktiv dort ist. Das wird alles gleich bezahlt. Und das kommt sehr gut an ... Ich sag schon häufig den Frauen: Geht doch mal da hin und da hin, wenn du das und das machen willst. Gerade, wenn man kleine Kinder hat, ist es einfach, denke ich schon, günstiger als die Volkshochschule und dann auch viel billiger ... Und hier in der Beratung ist es halt wichtig, die Frauen darauf zu verweisen, die halt sagen: Mir fällt die

Gegebenenfalls raten die Mitarbeiterinnen zu einer Therapie oder empfehlen den Müttern, andere Einrichtungen für eine Erziehungsberatung in Anspruch zu nehmen. Aus diesem Grund und wegen der eigenen eingeschränkten Möglichkeiten bemühen sich die Mitarbeiterinnen sehr häufig in besonderem Maße um persönliche Kontakte gerade zu Erziehungsberatungsstellen, um deren Mitarbeiterinnen für die besondere Problematik der Mißhandlung zu sensibilisieren.

"Anfangs hatten wir an (die Erziehungsberatungsstellen) unheimliche Erwartungen und Ansprüche, dann haben wir gemerkt, die können nicht mehr als wir auch. Wir haben auch zu den Kindern der ehemaligen Bewohnerinnen Kontakt. In der Praxis wird unsere nachgehende Beratung in Erziehungsfragen von der Mitarbeiterin gemacht, die die Kinder im Frauenhaus betreut hat." (FS/M8)

In den Frauenhäusern ist der Kinderbereich ein selbstverständlicher, konzeptionell verankerter Bestandteil der Arbeit. Nicht alle Frauenhäuser jedoch setzen sich eingehend und systematisch mit Erziehungsproblemen auseinander. Es scheint eine wichtige Voraussetzung zu sein, daß die Mutter-Kind-Problematik schon in der Frauenhauszeit einen hohen Stellenwert hat, damit die ehemaligen Bewohnerinnen sich mit Erziehungsproblemen vertrauensvoll an die Mitarbeiterinnen wenden.

"Wir haben während des Frauenhausaufenthalts oft mit den Frauen regelrechte Kämpfe ausgefochten in bezug darauf, wie sie mit ihren Kindern umgehen. Wenn es gelingt, ein einigermaßen positives Ergebnis dieser Auseinandersetzung zu erreichen, erleben wir dann auch, daß die Frau auch später anruft, wenn es für sie wieder schwierig wird." (FS/M14)

In den Frauenhäusern mit integrierter nachgehender Beratung ergibt es sich häufig, daß Gespräche über Erziehungsfragen mit den Mitarbeiterinnen geführt werden, die während der Zeit des Frauenhausaufenthalts die Kinder auch betreut haben. Zunehmend gehen die Bemühungen in die Richtung, eigenständige Angebote für die Kinder in die Konzeption der speziellen Einrichtungen für nachgehende Beratung aufzunehmen. Die Verwirklichung ist jedoch davon abhängig, daß finanzielle Mittel in entsprechendem Maße bereitgestellt werden.

4.2.7 Wohnprojekte und Frauenwohngemeinschaften

Frauenwohngemeinschaften als zweite Stufe des gemeinschaftlichen Wohnens nach einem Frauenhausaufenthalt sind in der Bundesrepublik erstmals in Berlin 1977 eingerichtet worden. Der Trägerverein des Berliner Frauenhauses hatte zu

---

Decke auf den Kopf mit meinen Kindern, ich weiß überhaupt nicht mehr, was ich machen soll." (B/M2)

diesem Zweck Wohnungen angemietet und den Frauenhausbewohnerinnen durch befristete Untermietverträge ein gemeinsames Wohnen mit anderen Frauen ermöglicht. Die zeitliche Limitierung sollte gewährleisten, daß zukünftig auch andere Frauen diese Wohnform nutzen können; gleichzeitig wurde sie offen genug gehalten, um nach Ablauf der Zeit mit der jeweiligen Frau abzustimmen, inwieweit ein weiteres Wohnen im Sinne aller Beteiligten anzustreben ist.[3]

Ein Hauptziel dieser Initiative war es, zu ermöglichen, daß die Frauen durch gegenseitige Unterstützung und ohne direkten Einfluß und Kontrolle durch Männer Zeit haben, ihre Zukunft eigenständig zu planen (BERLINER FRAUENHAUS, 1978). Im Hinblick auf die Probleme der Isolation und Resignation, die mit dem Alleinleben nach dem Verlassen des Frauenhauses verbunden sind, sollte durch die Wohngemeinschaften ein lebendiger Lebensraum geschaffen werden, in dem eine Auseinandersetzung und gegenseitige Mitteilung die Grundlage dafür schaffen, Konflikte solidarisch auszutragen. Im Zusammenleben und im Austausch mit anderen Frauen wurde eine positive Möglichkeit der Vergangenheitsbewältigung und auch Schutz und praktische Hilfe gegen anhaltende Bedrohung der Männer gesehen. Darüber hinaus sollte durch die gegenseitige Unterstützung (z.B. in der Kinderbetreuung) erleichtert werden, Schritte zur Entwicklung einer neuen beruflichen Perspektive einzuleiten.

Eine der wichtigsten Regeln, die gemeinsam mit den Bewohnerinnen für das Zusammenleben aufgestellt wurden, war der Entschluß, daß Frauen, die Kontakt zum mißhandelnden Mann aufnehmen und aufrecht erhalten, nicht mehr in der Wohngemeinschaft leben können, und daß es Männern generell nicht erlaubt ist, als ständige Untermieter dort zu leben. Aus der Verletzung dieser Regel resultierten die ersten massiven Konflikte der Berliner Zweite-Stufe-Wohnungen, in deren Erfahrungsberichten bis dahin sowohl bei den Frauen als auch bei den Mitarbeiterinnen die positiven Beschreibungen überwogen.

Zu der Problematik des Mitwohnens von Männern in den Frauenwohngemeinschaften kam als weitere hinzu, daß in der neuen Lebensform teilweise Konflikte unter den Frauen entstanden, die auch nach intensiven Auseinandersetzungen und gemeinsamen Gesprächen mit den Mitarbeiterinnen kaum lösbar erschienen. Daß es bei der ersten Wohngemeinschaft nicht dazu kam, stand damit in Zusammenhang, daß die künftigen Bewohnerinnen damals vor ihrem Einzug an einer vom Frauenhaus organisierten gemeinsamen Erholungsreise teilgenommen hatten und sich so vorab gut kennenlernen konnten. Dafür trat allerdings das Problem auf, daß die Frauen weiterhin gemeinsam wohnen wollten und keine Mög-

---

3) Wohngemeinschaften, in denen die Frauen selbst den Status von Hauptmieterinnen einnehmen, scheitern nicht zuletzt an der mangelnden Bereitschaft von Vermietern, diese Wohnform vertraglich zu tolerieren. Auch lassen die gesetzlichen Bestimmungen wenig Spielraum für die Möglichkeit, Wohnberechtigungsscheine zusammenzulegen.

lichkeit sahen, eine eigene gemeinsame Wohnung anzumieten, so daß diese Wohnung lange Zeit belegt blieb.

Aus der Auswertung der ersten Erfahrungen wurde der Schluß gezogen, eine gezielte Vorbereitung auf das spätere Zusammenleben zu ermöglichen, um spätere Konflikte zu entschärfen. Dazu gehörten regelmäßige Gruppentreffen mit den Frauen, die an einem zukünftigen Zusammenwohnen interessiert waren, und - wenn die organisatorischen Bedingungen es erlaubten - ein Erproben des Zusammenwohnens durch ein längeres Zusammenleben in einem Zimmer im Frauenhaus.

Anfänglich organisierten die Frauenhausmitarbeiterinnen die Vermietung und Beratung der Wohngemeinschaften. Mit den ersten ABM-Stellen im Frauenhaus für die nachgehende Beratung 1978 übernahmen diese Mitarbeiterinnen die Betreuung der Wohngemeinschaften. Die damit verbundene personelle Fluktuation erwies sich als problematisch, denn sie bedeutete für die Frauen in der Wohngemeinschaft, daß sie immer wieder neue Mitarbeiterinnen mit sich und ihrer Lebenssituation vertraut machen mußten. Eine Lösung für diese Problematik wurde gefunden, als die nachgehende Beratung 1982 eine feste Finanzierung erhielt; daraus folgte die Übertragung auch der Organisation und Verwaltung der Mietverhältnisse in die Zuständigkeit der nachgehenden Beratung.

Für das Frauenhaus wie für die Beratungsstelle ergaben sich Konflikte durch die doppelte Funktion von Beratung einerseits und Vermietung andererseits. Gerade der offene und umfassende Charakter des Beratungsverhältnisses wurde zum Problem, wenn gleichzeitig Ansprüche aus der Perspektive des Vermieters geltend gemacht wurden. Dies bezog sich vor allem auf das Einklagen von regelmäßigen Mietzahlungen, das Aussprechen von Kündigungen oder die Auseinandersetzung um Begleitumstände bei Mieterinnenwechsel (Renovierung, Entrümpelung, Räumungsklage). Nach jeder neuen negativen Erfahrung haben die Mitarbeiterinnen versucht, entsprechende vertragliche Bestimmungen bei der Neuvermietung aufzunehmen.

Inzwischen besteht in Berlin nur noch eine Zweite-Stufe-Wohnung in dem oben beschriebenen Sinn. Teilweise ist dies durch äußere Faktoren bedingt, etwa weil dem Verein das Mietverhältnis unter Verweis auf Eigenbedarf gekündigt wurde; teilweise überforderten diese Wohnformen auch die personellen und finanziellen Kapazitäten der nachgehenden Beratung. Dafür wurden neue Wohnprojekte mit einer veränderten Konzeption angestrebt.

Aus der Erfahrung mit Konflikten und Enttäuschungen wurde deutlich, daß die Konfrontation mit unterschiedlichen Lebensstilen und Einstellungen ein erhebliches Konfliktpotential in sich birgt. Zunächst hat dies zu einer Haltung der Mitarbeiterinnen geführt, die bei der Beratung vor allem Strategien einsetzten, welche einen Zusammenhalt und eine Harmonisierung zum Ziel hatten. Dies war der Versuch, die Kluft zwischen den anfänglichen Wünschen und Ansprüchen und den konkreten Erfahrungen im Zusammenleben zu überbrücken. Dadurch entstanden manchmal lange Phasen der Bemühungen um Befriedung und der Suche nach Möglichkeiten, die vorhandenen Konflikte zu lösen. Erst allmählich setzte sich die Einsicht durch, daß es grundsätzlich zulässig ist, daß manche Frauen nur relativ eingeschränkte Ansprüche und Bedürfnisse an diese Lebensform haben. In der zweiten Stufe wurde nun mitbedacht, daß der Auszug einer Frau oder gar die Auflösung der gesamten Wohngemeinschaft nicht Ausdruck des Scheiterns sein muß, sondern ein möglicher Weg der Konfliktbewältigung ist.

Mit der Reduzierung von Ansprüchen, mit einer veränderten Sichtweise und mit dem Wissen, daß dieser Arbeitsbereich ein hohes Maß an Frustrationstoleranz erfordert, wurde es möglich, an dem positiven Potential von Wohnprojekten festzuhalten. So wurden nunmehr abgeschlossene Wohneinheiten (mit separater Küche und Bad) gesucht, die auf einer Etage oder in einem Gebäudeteil liegen. Durch die räumliche Aufteilung sollte bereits im Vorfeld vermieden werden, durch eine zu große zwangsläufige Nähe zusätzlichen Konfliktstoff zu schaffen. Zugleich lagen die Wohnungen nahe genug beieinander, um die positiven Momente von Nachbarschaft und Hausgemeinschaft leben zu können. Diese Wohnform ermöglicht einerseits gegenseitige Unterstützung (Kinderbetreuung, Freundschaft, Hilfe bei Bedrohung), eröffnet aber auch die Möglichkeit des Rückzugs und des eher distanzierten und unverbindlichen Umgangs miteinander. Die bisherigen Erfahrungen mit dieser Form von Wohnprojekt bestätigen sowohl die gemeinschaftliche als auch die distanzierte Variante des Zusammenlebens. Die größten Probleme mit den Wohnprojekten erwachsen zumeist aus der Nichteinhaltung von Vereinbarungen im Mietvertrag.[4]

Diese Wohnprojekte sind nach Verhandlungen mit zwei Wohnungsbaugesellschaften und einem Frauenprojekt entstanden.[5] Es handelt sich dabei um sieben Ein-Zimmer-Wohnungen, zwei Drei- und eine Vier-Zimmer-Wohnung. Zusammen mit der noch bestehenden Frauenwohngemeinschaft leben Anfang 1989 zwölf Frauen und 13 Kinder in den beschriebenen Wohnungen.

Wir haben in unserer Befragung aus acht Städten Angaben darüber erhalten,, daß dort Wohnprojekte verschiedener Art vorhanden sind. In einigen Städten wurden früher existierende Wohnprojekte inzwischen aufgegeben. Ein Frauenhaus beschreibt die Erfahrungen damit wie folgt:

"Vor circa drei Jahren haben wir eine Zweite-Stufe-Wohngemeinschaft eingerichtet. Diese wurde von den Frauenhausmitarbeiterinnen begleitet. Das Projekt lief sehr gut, ist aber letztlich daran gescheitert, daß der Verein die

---

4) Dabei handelt es sich z.B. um Mietausfälle und andere materielle Mängel, oder um den Aufenthalt oder das Wohnen von Männern in der Wohnung.

5) Zum Teil besteht gegenüber den Wohnungsbaugesellschaften das Vorschlagsrecht, zum Teil vermietet der Verein über Untermietverträge an die Frauen weiter.

Mietkostenausfälle bei Auszug einer Frau, ohne daß gleich eine "passende" nächste Frau gefunden wurde, auf Dauer nicht überbrücken konnte."

In einer anderen Stadt werden konzeptionelle Gründe für das Scheitern des Projekts verantwortlich gemacht.

"Das war nicht durchdacht, sondern die haben halt das Zweite-Stufe-Haus gemacht, das gehörte eben dazu ... Und dann waren die Frauen dann irgendwie alleine, und da gab es eine Katastrophe nach der anderen, und nachher war es nur noch ein ganz dicker Ballast. Ich habe nur noch die Endphase mitgekriegt, ich hab es nämlich mit ausgeräumt - es war ein Müllhaufen ... Grundsätzlich wird von den Bewohnerinnen schon öfter formuliert, daß sie zusammenziehen wollen. Wir möchten das auch aufgreifen, aber da ist ja das Problem mit den Wohnberechtigungsscheinen." (A/M1)

Neben den oben beschriebenen verschiedenen Berliner Wohnprojekten wissen wir aus drei Städten, daß dort Zweite-Stufe-Wohnungen angeboten werden. Auffallend ist, daß im Vergleich zu den früher mehr betonten feministisch-emanzipatorischen Begründungen nunmehr eher pragmatische Gründe ausschlaggebend zu sein scheinen.

"Wir haben diese Wohnung eingerichtet, um die Chaotik und die Enge im Frauenhaus zu entzerren, wir verstehen sie eigentlich fast als Teil des Frauenhauses." (FS/M13)

"Wir haben zwei Wohnungen für Frauen gemietet, die partout aus dem Frauenhaus nicht ausziehen wollten. Das ist besonders bei ausländischen Frauen ein Problem. Von der einen wußten wir sofort, die Frauen bleiben drin, und wir lassen die Situation in Ruhe. Die andere Wohnung ist klein und daher nicht dauerhaft reizvoll, sie wird immer wieder frei." (FS/M5)

"Wir haben eine Drei-Zimmer-Wohnung für drei Frauen, die lange im Frauenhaus waren. Grund ist vor allem das Problem, daß das Sozialamt darauf drängt, daß die Frau auszieht. Die Frauen, die sich noch nicht trauen, die nicht allein wohnen können oder möchten, können hier einziehen. Sie bekommen einen Mietvertrag für drei Monate und können den verlängern. Dies ist für die Stadt billiger als ihr Aufenthalt im Frauenhaus, also wird es vom Sozialamt länger toleriert. Es ist ein Mittelding zwischen Frauenhaus und Alleinwohnen, wir betreuen sie deutlich weniger und lassen sie mehr in Ruhe. Männerbesuch ist da erlaubt." (FS/M15)

In einer Stadt waren finanzielle Gründe bei der Initiierung eines Wohnprojekts zwar nicht hauptsächlich maßgebend, aber mitbestimmend. Da das Sozialamt bei einer Tagessatz-Finanzierung nach sechs Monaten eine Begründung für den weiteren Aufenthalt einer Bewohnerin verlangt, und die Mitarbeiterinnen eine Stigmatisierung der Frauen, die für das Alleinleben noch nicht genug vorbereitet waren, vermeiden wollten, entwickelten sie das Projekt "Betreutes Wohnen". Bereits im Frauenhaus wird mit den an einer weiteren intensiven Unterstützung interessierten Frauen eine Gruppe gebildet. Themenschwerpunkte dieser Gruppe sind z.B. die Angst vor dem Alleinsein, Zwiespalt gegenüber dem Mann oder allgemeine persönliche Schwierigkeiten bei der Entscheidungsfindung für die zukünftige Lebensplanung. Nach dem Auszug ist mit den Frauen verbindlich vereinbart, daß sie einmal in der Woche zu der Gruppe kommen. Zusätzlich werden die Frauen in ihren Wohnungen einzeln betreut; als eine Verlängerung einer intensiven Frauenhausbetreuung wird diese Form der Unterstützung mit einer Familienhilfe verglichen.

"Ich betreue die Frauen, die eher defizitär sind, die viel Angst haben vor dem Alleinsein, und die ohne meine Unterstützung wahrscheinlich zum Mann zurückgehen würden. Das sind oft Frauen, die ganz lebenspraktische Dinge gar nicht können." (FS/M21)

In Absprache mit der Beratungsstelle eines anderen Frauenhauses in der gleichen Stadt sind ganz bewußt zwei verschiedene Angebote der nachgehenden Beratung entwickelt worden. Das "Betreute Wohnen" richtet sich an Frauen mit einem intensiven Unterstützungsbedarf, während die Beratungsstelle sich an Frauen richtet, die stabil genug sind, um von sich aus Hilfsangebote in Anspruch zu nehmen.

Eine andere Form von Wohnprojekt ist der Versuch, durch systematische Wohnungssuche in einem Stadtteil für ehemalige Frauenhausbewohnerinnen ein soziales Netz zu bilden. Durch die Kooperation mit Wohnungsbaugesellschaften oder privaten Vermietern konnten in einigen wenigen Städten solche Projekte realisiert werden. Problematisch scheint zu sein, daß mancherorts zwar Wohnungen für Frauenhausbewohnerinnen bereitgestellt werden, daß aber die Qualität dieser Wohnungen zweifelhaft ist und die Frauen zudem in der Wohngegend eine Ghettoisierung erfahren können. Daß dies nicht immer der Fall sein muß, verdeutlicht der Erfahrungsbericht aus einer Großstadt, wo die nachgehende Beratung ihr vorrangiges Ziel in der Beschaffung von Wohnungen gesehen hat, und diese Wohnungen nicht in bestimmten Häusern oder Straßenzügen, sondern verteilt über einen Stadtteil liegen und dennoch in räumlicher Nähe zueinander sind. Mittlerweile konnte erreicht werden, daß 60 ehemalige Frauenhausbewohnerinnen in einem Stadtteil wohnen. Dieses hat die Mitarbeiterin durch starkes persönliches Engagement erreicht. Ein großer Teil der Wohnungen wurde von einem privaten Vermieter bereitgestellt. In der Anfangszeit dieses Projekts hat die Mitarbeiterin den Mietvertrag persönlich übernommen; dies tut sie auch heute noch für fünf Wohnungen, die als Übergangswohnungen möbliert sind, und bei denen die Mietübernahme vom Sozialamt garantiert ist. Die mit der Doppelrolle als Vermieterin und Beraterin verbundene Ambivalenz versucht diese Mitarbeiterin durch Gespräche mit den Frauen aufzuheben; sie beschreibt ihre bisherigen Erfahrungen damit als positiv.

In unserer schriftlichen Befragung wird die Initiierung von Wohnprojekten als ein wichtiger Bestandteil der nachgehenden Unterstützung genannt. Über die Hälfte der Frauenhäuser (42) sowie der Beratungsstellen (14) geben an, daß sie darin eine entscheidende Erweiterung und Verbesserung ihrer nachgehenden Beratung sehen würden. Die Diskrepanz zwischen dem Wunsch nach Wohnprojekten und den tatsächlich seltenen Angeboten ist zu einem großen Teil durch das Fehlen entsprechender finanzieller und personeller Ressourcen erklärbar. Auch scheinen sich in einigen Städten die Verhandlungen mit Vertretern der Stadtverwaltung, der Wohnungsbaugesellschaften oder auch mit privaten Vermietern sehr schwierig zu gestalten. Bei vielen Frauenhäusern und Beratungsstellen, die den Wunsch nach Wohnprojekten zum Ausdruck bringen, ist es auch denkbar, daß sie - vor die Entscheidung gestellt, ein solches Projekt umzusetzen - angesichts der zu erwartenden Schwierigkeiten von dem ursprünglichen Wunsch absehen würden.

4.3 Kooperation mit anderen Einrichtungen

Im Laufe der Arbeit der nachgehenden Beratung sind eine Vielzahl von Kontakten bzw. Formen der Zusammenarbeit mit anderen Einrichtungen entstanden. Die Intensität und das Ausmaß dieser Zusammenarbeit sind nicht nur davon abhängig, wie umfangreich die zusätzlichen Hilfsangebote unter den jeweiligen regionalen Bedingungen sind, sondern sie orientieren sich auch an der wechselseitigen Bereitschaft zur Kooperation und an der Einschätzung ihrer Notwendigkeit.

Unter Kooperation verstehen wir hier zunächst einmal alle Kontakte und Formen der Zusammenarbeit von nachgehender Beratung mit anderen Einrichtungen sowie das wechselseitige Interesse, ein positives Klima für Zusammenarbeit herzustellen. Ziel der Kooperation ist es, dem besonderen Unterstützungsbedarf von ehemaligen Frauenhausbewohnerinnen gerecht zu werden und gleichzeitig eine gegenseitige Entlastung zu erreichen. Es handelt sich dabei einmal um Kontakte, die notwendigerweise zu bestimmten Einrichtungen bestehen, weil sie primär für die materielle Absicherung ehemaliger Frauenhausbewohnerinnen zuständig sind (z.B. Sozial- und Jugendämter, Rechtsanwälte), und ferner um jene eher freiwilligen Kontakte zu Einrichtungen und Personen mit spezifischen Angeboten (z.B. Erziehungsberatung, therapeutische Einrichtungen). Die verschiedenen Ebenen von Kooperation bzw. Zusammenarbeit lassen sich wie folgt unterscheiden:

(1) Informationstreffen mit Absprachen über Zuständigkeiten und gegenseitiger Vermittlung der Spezifik der eigenen Arbeit als Voraussetzung für potentielle Zusammenarbeit;

(2) daraus meist resultierende gegenseitige Weitervermittlung von Frauen, wobei das Vorhandensein positiver Beziehungen im allgemeinen und weniger die Möglichkeit von Rückkopplung bestimmend ist;

(3) intensive Zusammenarbeit mit kontinuierlichem Austausch und relevantem Einfluß auf die jeweiligen Arbeitsstrukturen.

Schließlich gibt es auch Projekte nachgehender Beratung, die den Kontakt zu anderen Einrichtungen stark begrenzen. Als Gründe wurden uns genannt, daß es in der Stadt kaum andere Einrichtungen gäbe, oder daß deren MitarbeiterInnen kaum Sensibilität für die besondere Problemlage ehemaliger Frauenhausbewohnerinnen aufbrächten.

4.3.1 Art und Umfang der Kontakte zu anderen Einrichtungen

Um einen allgemeinen Überblick zu erhalten, haben wir in unserer schriftlichen Befragung die Frauenhäuser und Beratungsstellen danach gefragt, zu welchen Einrichtungen die nachgehende Beratung kooperative Kontakte unterhält.[6]

Rund 80% aller schriftlich befragten Frauenhäuser und 90% aller Beratungsstellen nennen eine Vielzahl von Kontakten zu anderen Einrichtungen. Daraus läßt sich zunächst einmal schließen, daß in den vergangenen Jahren die Hilfestellungen für ehemalige Frauenhausbewohnerinnen nicht mehr ausschließlich der nachgehenden Beratung überlassen wurden, sondern daß sie sich auch auf andere Einrichtungen verteilt haben. Ebenso ist eine Kooperationsbereitschaft von Mitarbeiterinnen der nachgehenden Beratung erkennbar sowie eine zunehmende Sensibilität anderer Einrichtungen gegenüber der Problematik ehemaliger Bewohnerinnen zu vermuten.

Unter den für die materielle Existenzsicherung notwendigen Kontakten sind Ämter und Behörden mit Abstand die am häufigsten genannten Stellen (71%). Wohnungsbaugesellschaften und Arbeitsämter nehmen eine verhältnismäßig geringe Bedeutung ein. Unter Ämtern und Behörden sind vor allem Sozialamt, Jugendamt und Wohnungsamt zusammengefaßt. Deren häufige Nennung hängt sicherlich damit zusammen, daß viele Frauen nach ihrem Auszug überwiegend von Sozialhilfe leben und die Jugendämter unter anderem für finanzielle Belange Vermittlungsfunktionen (z.B. Befürwortungen) übernehmen; die Jugendämter sind zudem weiterhin Kontaktstellen für Sorgerechtsverfahren, Kindergartensuche oder Schulprobleme. Die häufigsten Kontakte zu RechtsanwältInnen ergeben sich durch die Scheidungsverfahren. In den meisten Städten haben sich inzwischen intensive Kontakte zu engagierten, für Scheidungsverfahren von mißhandelten Frauen spezialisierten RechtsanwältInnen etabliert. Bei den eher freiwilligen Kontakten zu

---

6) Genaue Zahlenangaben hierzu sind der Tab. 4.04 zu entnehmen.

Einrichtungen mit spezifischen Beratungsangeboten für den psychosozialen Bereich sind Erziehungs- und Familienberatungsstellen an erster Stelle genannt, gefolgt von Frauenberatungsstellen, therapeutischen Einrichtungen, ÄrztInnen und PsychologInnen.

Bei den Beratungsstellen scheint im Vergleich zu den Frauenhäusern der Kontakt zu anderen Einrichtungen insgesamt etwas ausgeprägter zu sein; deutliche Unterschiede bestehen vor allem bei den Angaben zu Frauenberatungsstellen, zu ÄrztInnen/PsychologInnen, zu Pro Familia und zu Frauenbeauftragten. Vermutlich hängt dies damit zusammen, daß Beratungsstellen für viele Frauen eine erste Anlaufstelle sind. Ein Aufgabenbereich der Mitarbeiterinnen besteht darin, den Frauen Informationen über andere, ihren Zuständigkeitsbereich überschreitende Angebote zu verschaffen und sie gegebenenfalls weiterzuvermitteln. Ein Teil der Beratungsstellen sieht sich in erster Linie als "Agentur" zur Weitervermittlung, so daß auch psychosoziale Beratung - soweit möglich - weitergegeben wird und entsprechende Kontakte gepflegt werden.

Aus der Differenzierung der bestehenden Kontakte von Frauenhäusern nach unterschiedlicher Trägerschaft läßt sich ablesen, daß der Kontakt zu vielen Einrichtungen gleichermaßen stark ausgeprägt zu sein scheint. Daß Frauenhäuser in nicht-autonomer Trägerschaft (Kirche, Verbände, Kommunen) häufiger Kooperation mit Erziehungs- und Familienberatungsstellen nennen, ließe sich damit erklären, daß diese Beratungsstellen nicht selten in gleicher Trägerschaft wie die Frauenhäuser sind, so daß über diesen Zusammenhang bereits gewachsene und etablierte Kooperationsbeziehungen vorhanden sind. Ähnliches läßt sich umgekehrt für den Kontakt der autonomen Frauenhäuser zu anderen Frauenberatungsstellen annehmen, da die gleiche Trägerschaft oder die Zugehörigkeit von Frauenprojekten zur Frauenhausbewegung auf entsprechende Verbindungen und Zusammenarbeit schließen lassen.

Die geringeren Kontakte der nicht-autonomen Frauenhäuser zu Pro Familia könnten damit zusammenhängen, daß das entsprechende Beratungskontingent bereits in Stellen der eigenen Trägerschaft aufgehoben ist. Gleichzeitig könnten sich darin auch gewisse Vorbehalte und ethische Differenzen gegenüber der Haltung bei Pro Familia zu Fragen von Schwangerschaftsabbruch (§ 218) oder Verhütung ausdrücken. Die wenigeren Nennungen der autonomen Frauenhäuser bei Ämtern und Behörden lassen möglicherweise darauf schließen, daß die autonomen Frauenhäuser gegenüber Ämtern mehr Vorbehalte und eine größere Reserviertheit haben.

Tab.4.04: Überblick über die bestehenden Kontakte der Frauenhäuser
und Beratungsstellenzu anderen Einrichtungen

	Frauenhäuser						Beratungs-stellen	
	autonom		nicht autonom		insgesamt			
Kooperative Kontakte bestehen zu								
Ämtern und Behörden	21	65%	30	96%	51	81%	20	71%
Rechtsanwältinnen	28	88%	24	77%	52	83%	25	89%
Erziehungs- und Familienberatung	20	63%	25	81%	45	71%	24	86%
Frauenberatungsstellen	16	50%	12	39%	28	44%	17	61%
Ärztinnen/Psychologinnen	14	44%	14	45%	28	44%	19	68%
Therapeutische Einrichtungen	13	41%	14	45%	27	43%	14	50%
Kinderschutzbund	11	34%	14	45%	25	40%	-	
Selbsthilfegruppen	12	38%	12	39%	24	38%	15	54%
Wohnungsbaugesellschaften	9	28%	14	45%	23	37%	7	25%
Pro Familia	15	47%	7	23%	22	35%	12	43%
Arbeitsamt, Berufsberatung	6	19%	13	42%	19	30%	8	29%
Einrichtungen für Kinder	9	28%	10	32%	19	30%	8	29%
Frauenbeauftragte	8	25%	9	29%	17	27%	13	46%
Andere Fortbildungseinrichtungen	6	19%	8	26%	14	22%	8	29%
Volkshochschulen	8	25%	5	16%	13	21%	10	36%
Insgesamt	n=32		n=31		n=63		n=28	

Mehrfachnennungen waren möglich.

Aus den zahlreichen Nennungen von positiven Kontakten läßt sich nicht unmittelbar ableiten, daß die betreffenden Einrichtungen als reale Entlastung für die Mitarbeiterinnen und als Unterstützung für die Frauen fungieren. Unsere Frage, durch welche Stellen sich die Mitarbeiterinnen am ehesten entlastet fühlen, wird mit erheblich weniger Angaben beantwortet. Ein gutes Drittel der Frauenhäuser und ein Viertel der Beratungsstellen bezeichnen die Ehe- und Familienberatungsstellen als entlastend; zwei Drittel der Beratungsstellen nennen RechtsanwältInnen, vergleichsweise selten werden diese von den Frauenhäusern (22%) genannt. Therapeutische Einrichtungen, andere Frauenberatungsstellen und Selbsthilfegruppen sind für ein Viertel der Beratungsstellen wichtige Kooperationspartner; vergleichsweise weniger entlastend sind diese Einrichtungen für die Frauenhäuser (mit 15%, 11% und 12%). Von den Ämtern und Behörden fühlen sich nur fünf Frauenhäuser entlastet, vier nennen dabei das Jugendamt.

Die Frage, bei welchen Einrichtungen eine Unterstützung für ehemalige Frauenhausbewohnerinnen am stärksten vermißt wird, beantworten rund zwei Drittel der Frauenhäuser und Beratungsstellen damit, daß dies für die Ämter und Behörden zuträfe; ein Drittel der Beratungsstellen und ein Viertel der Frauenhäuser nennen dabei an erster Stelle die Sozialämter. Ein Viertel der Beratungsstellen nennt Arbeitsämter und Wohnungsbaugesellschaften als wenig kooperativ, bei den Frauenhäusern sind diese Einrichtungen mit 8% bzw. 14% negativ bezeichnet. Alle anderen Einrichtungen sind auf diese Frage hin nicht genannt worden.

Die Mitarbeiterinnen nennen die folgenden Bereiche, in denen Unterstützung für ehemalige Bewohnerinnen fehlt: An erster Stelle steht das Problem der Wohnraumbeschaffung, an zweiter Stelle erscheint der Bereich der Kinderunterbringung, gefolgt von Fragen der beruflichen Qualifizierung bzw. der Arbeitsplatzvermittlung.

Inzwischen haben die Frauenhäuser und die ihnen angeschlossenen Beratungsstellen durch die in öffentlichen Veranstaltungen und Informationsgesprächen verbreiteten Informationen eine weitgehende Akzeptanz ihrer Institutionen und ein Bewußtsein für die Problemlage mißhandelter Frauen herstellen können. Die von ihnen betriebene Öffentlichkeitsarbeit kann als eine maßgebliche Voraussetzung für spätere positive Zusammenarbeit mit anderen Einrichtungen gesehen werden.

"Ich glaube insgesamt, daß wir einen ganz guten Stand hier haben. Also im Laufe der Jahre mühsam erarbeitet, aber ..." (B/M1)

"Also, das ist eine Geschichte, da können wir uns im großen und ganzen nicht beklagen. Da laufen viele Kontakte, das heißt, das ist auch so, daß wir sehr darauf achten und auf die zugehen und anbieten und machen und tun. Das heißt, das ist alles erarbeitet." (C/M1)

In den ersten Jahren der Entstehung von Frauenhäusern stellten sich deren Konzept und Arbeitsweise für viele traditionelle Einrichtungen als Herausforderung und Kritik der eigenen Arbeit dar. Die offensiv vertretene feministische Arbeit für Frauen, die ja zum Ziel hatte, zum ersten Mal ein Hilfsangebot für mißhandelte Frauen zu institutionalisieren, traf auf Unverständnis und Vorbehalte. Andererseits zeigten die Frauenhausinitiativen anfangs großes Mißtrauen gegen alle Stellen und Personen, die nicht eindeutig und wirksam für die betroffenen Frauen Partei ergriffen. Die gegenseitigen Vorwürfe bildeten nicht selten ein als unlösbar erscheinendes Konfliktpotential.

Die offensive Haltung von Frauenhausmitarbeiterinnen bei ihrem Versuch, eine Akzeptanz für ihre Arbeit und für die Frauen herzustellen, konnte erst allmählich Skepsis und Abwehr abbauen und andere Sichtweisen ermöglichen. Wenngleich noch nicht die Rede davon sein kann, daß andere Einrichtungen die Frauenhäuser in ihrer Arbeit entlasten, so ist es inzwischen keine Seltenheit mehr, daß sie ihr Bedürfnis nach Information durch Wünsche nach Kontakten und Gesprächen äußern. Das Vorhandensein von mehr Information und eines mehr oder weniger verständnisvollen Klimas wird von einigen Frauenhäusern bereits als entlastendes, die eigene Arbeit erleichterndes Moment gesehen. Nach wie vor sind aber die Mitarbeiterinnen von Frauenhäusern und der entsprechenden Beratungsstellen die eigentlichen Expertinnen für das Problem der Gewalt gegen Frauen.

> "Wir werden hier schon als große Einrichtung angesehen, als Fachfrauen für Gewalt gegen Frauen; und die orientieren sich eher an uns und fragen, was wir alles so machen ... Wir bieten für die was an." (C/M1)

4.3.2 Kooperation mit Einrichtungen mit vorwiegend materiellen Hilfsangeboten

Aus den dargestellten Ergebnissen unserer schriftlichen Befragung geht hervor, daß die Quote der positiven Kooperationsbeziehungen zu Einrichtungen freier Träger und anderen Beratungsstellen höher ist als zu Einrichtungen, die vornehmlich materielle Hilfen gewähren. In der Regel sind es die verschiedenen Ämter und Behörden (soziale Dienste, Wohnungsamt, Arbeitsamt usw.) sowie die Wohnungsbaugesellschaften, auf deren Hilfestellung die Frauen für ihre Existenzsicherung angewiesen sind. Der Kontakt zu diesen Einrichtungen entsteht zwangsläufig aus den verschiedenen Aufgabenbereichen, die sich aus der Arbeit der nachgehenden Beratung ergeben.

Wie bereits ausführlich beschrieben, sind die Frauen nach ihrem Auszug aus dem Frauenhaus in hohem Maße damit beschäftigt, ihre materielle Existenz zu sichern. Die damit verbundenen Behördengänge gestalten sich oftmals kompliziert und undurchschaubar; ein wesentlicher Schwerpunkt der nachgehenden Beratung ist die Unterstützung und Begleitung der Frauen bei diesen Unternehmungen. Dementsprechend entstehen notgedrungen Kontakte der Mitarbeiterinnen zu den jeweiligen Einrichtungen. Ein Ergebnis unserer Untersuchung ist, daß positive Kontakte zu diesen Einrichtungen in geringerem Maße vorhanden sind als es für die Problemlage ehemaliger Frauenhausbewohnerinnen notwendig wäre.

Bereits im Frauenhaus entsteht das Problem der Wohnungssuche, und seit der Existenz von Frauenhäusern sind wenige Veränderungen eingetreten, die den Frauen ihre Wohnungssuche erleichtern würden. Abgesehen von dem Mangel an feststellbaren Veränderungen in der Praxis von Wohnungsämtern haben sich in einigen Städten dennoch besondere Beziehungen der Frauenhäuser zu Wohnungsbaugesellschaften bzw. zu einzelnen MitarbeiterInnen dort entwickelt.

"Wir haben gute Kontakte zur (Wohnungsbaugesellschaft); dort arbeiten zwei Frauen, die sich sehr für Frauen einsetzen und wo immer möglich versuchen, eine Wohnung für eine Frau aus dem Frauenhaus zu beschaffen. Dadurch hat es sich entwickelt, daß in dem entsprechenden Stadtteil die meisten ehemaligen Bewohnerinnen wohnen. Die Frauen halten dann zusammen und bilden ein soziales Netz." (FS/M8)

Solche Bereitschaft bei Wohnungsbaugesellschaften, ein gewisses Kontingent an Wohnungen für Frauenhausbewohnerinnen im gleichen Stadtteil oder gar für besondere Wohnprojekte zu ermöglichen, ist begrüßenswert, aber leider noch zu vereinzelt, um eine spürbare Entspannung der Wohnungsproblematik von Frauenhausbewohnerinnen herbeizuführen..

Für die Bereiche der beruflichen Qualifizierung oder Arbeitsplatzvermittlung sind die Arbeitsämter wesentliche Ansprechpartner. Die Ausschöpfung des Arbeitsförderungsgesetzes zur Verbesserung der Erwerbssituation alleinstehender und alleinerziehender Frauen ist in den letzten Jahren zunehmend Gegenstand politischer Diskussionen und feministischer Projekte geworden. Mißhandelte Frauen verlieren nicht selten durch ihre problematische Situation ihren Arbeitsplatz oder haben - wie viele andere Frauen auch - in niedrigqualifizierten Tätigkeiten gearbeitet. Die Kontakte der nachgehenden Beratung zu Arbeitsämtern entstehen durch die Begleitung von Frauen bei ihrer Arbeitssuche oder als Folge von deren Wünschen nach beruflicher Qualifizierung. Uns wurden die Arbeitsämter meist als "bürokratische" und "schwierige" Institutionen beschrieben, in denen sich vereinzelt aufgeschlossene MitarbeiterInnen finden. Bei entsprechender Schwerpunktsetzung können durch gezieltes Vorgehen Informationen eingeholt werden, die für die Arbeit mit den Frauen von Nutzen sein können: es muß allerdings angemerkt werden, daß die nachgehende Beratung in diesem Fall Beratungsaufgaben der Arbeitsämter übernimmt. Die Mitarbeiterinnen eines Frauenhauses haben folgende Erfahrungen gemacht:

> "Da ist eine von uns hingegangen, um sich über diese ganzen Umschulungs- und Ausbildungsmaßnahmen zu informieren; und sie hat sich Materialien geholt und alle möglichen Auskünfte bekommen. Man muß natürlich sagen, es ist von Sachbearbeiter zu Sachbearbeiter verschieden mit der umfassenden Information. Wenn wir mal dabei sind, da rücken die meistens schon mit allem heraus. Aber es ist nicht sicher, ob die wirklich den Frauen alle Möglichkeiten erzählen, wenn die allein gehen ... Und es ist natürlich für die Frauen von Vorteil, wenn die schon vorher über ihre Rechte und Möglichkeiten informiert sind." (B/M2)

Sozialämter sind mit Abstand am häufigsten als die Einrichtungen genannt worden, bei denen sich die Kooperation sehr problematisch gestaltet. Dabei ist in Rechnung zu stellen, daß Arbeitsstrukturen wie zeitliche Überlastung oder Angewiesensein auf die Ausführungsvorschriften des Bundessozialhilfegesetzes einer klientengerechten Arbeit eher im Wege stehen. Darüber hinaus jedoch verselbständigen sich andere Strukturen, die weit über die Klassifizierung als "bürokratisch" oder "rigide Abfertigung" hinausgehen. Lange Wartezeiten, aufwendige schriftliche Antragstellungen für lebensnotwendige, wenig kostenaufwendige Belange tragen oftmals zu Verhältnissen bei, welche die Frauen als diskriminierend und schikanös empfinden. Das Empfinden, zwar berechtigt, aber dennoch "bettelnd" und unerwünscht Forderungen zu stellen, die Ungewißheit darüber, das, was ihnen rechtmäßig zusteht, auch zu erhalten, und die Erfahrung, daß dies nicht immer geschieht, belasten und verunsichern die Frauen, so daß sie oft eine intensive Hilfestellung im Umgang mit dem Sozialamt benötigen. Die Begleitung und Unterstützung von Frauen bei ihren Sozialamtsgängen ist für die Mitarbeiterinnen sehr zeitaufwendig und Versuche, über die Verhandlungen mit einzelnen SachbearbeiterInnen hinaus in der ganzen Abteilung ein Klima von größerem Verständnis herzustellen, sind bis auf wenige Ausnahmen kaum gelungen. Auch hier scheint bestimmend zu sein, daß das Gelingen von positiverer Zusammenarbeit davon abhängig ist, ob in einzelnen Abteilungen aufgeschlossene MitarbeiterInnen zu finden sind. In einem der von uns ausführlich befragten Frauenhäuser können sich die Mitarbeiterinnen beispielsweise auf die Unterstützung der Abteilungsleiterin des Sozialamtes verlassen und gewinnen dadurch mehr Handlungsspielraum. Mit der entsprechenden "Rückendeckung" gehen die Mitarbeiterinnen in Konfliktfällen zu Dienstbesprechungen und versuchen, mit einer eher diplomatischen Strategie eine Zusammenarbeit herzustellen.

> "Die einzelnen Sachbearbeiter, die wissen auch, daß wir gut mit der Abteilungsleiterin stehen und sie für Zusammenarbeit ist. Deswegen würden die sich gar nicht trauen, uns hier einen vom Pferd zu erzählen. Wir finden das ganz legitim, wenn wir das für die Frauen machen." (C/M1)

Jugendämter sind für alle Mütter,[7] die sich trennen wollen, notwendige und langfristige Kontaktstellen, da die Sorgerechtsentscheidungen im Scheidungsverfahren mit dem Auszug aus dem Frauenhaus längst nicht abgeschlossen sind. Gemäß ihrem Arbeitsauftrag müssen die Jugendämter bei Sorgerechtsverfahren beide Elternteile anhören, um dem Gericht eine Entscheidung "zum Wohle des Kindes" zu ermöglichen. Sensibilität gegenüber der besonderen Situation einer Gewaltproblematik und eines Frauenhausaufenthalts kann immer noch nicht vorausgesetzt werden. Nach wie vor bestehen Vorurteile gegenüber Frauenhäusern, die nicht als angemessene Aufenthaltsorte für die Kinder angesehen werden; auch kommt es beim Jugendamt ebenso wie beim Familiengericht vor, daß den Schilderungen des Mannes mehr Glauben geschenkt wird als denen der mißhandelten Frau. Insgesamt haben sich in den letzten Jahren jedoch zunehmend positive Kontakte der Frauenhäuser zu einzelnen SozialarbeiterInnen und - wie wir später noch sehen werden - zu ganzen Abteilungen entwickelt.

Eine Jugendamtmitarbeiterin beschreibt das Verhältnis ihrer Einrichtung zur Frauenhausarbeit folgendermaßen:

"Die Sensibilisierung hier ist stark. Das Problem ist inzwischen viel besser bewußt gemacht worden ... Gott sei Dank gibt es "Frauen helfen Frauen". Wir unterstützen das voll und ganz ... Unsere Stelle hat auch schon für Besuchskontakte der Väter gedient. Wir machen nie einen Versöhnungsversuch; die Frauen haben ja schließlich einen Grund, ins Frauenhaus zu gehen." (A/Jug.)

Eine Mitarbeiterin der nachgehenden Beratung aus der gleichen Stadt bestätigt, bei diesem Jugendamt eine gute Ansprechpartnerin gefunden zu haben:

"Die rufe ich heute noch an, wenn so Sachen wie Besuchsrecht anstehen ... Das war ein relativ guter Kontakt, weil sie uns auch sehr wohlgesonnen war. Das war echt gut." (A/M1) (Durch den Umzug des Frauenhauses ist dieses Jugendamt nicht mehr für den Frauenhausbezirk zuständig)

Wir haben in zwei Städten ausführliche Gespräche mit MitarbeiterInnen der für den Frauenhausbezirk zuständigen Jugendämter geführt. Beide Einrichtungen kümmern sich um den Bezirk und um die von außerhalb kommenden Frauen; um Brüche in der Betreuung zu vermeiden, bleiben sie auch nach einem Wohnortwechsel der Frauen weiterhin behördliche Ansprechpartner - zumindest solange, bis ein Sorgerechtsverfahren abgeschlossen ist. Auch hier wird betont, daß in ihren Abteilungen nicht zuletzt durch die Arbeit der Frauenhäuser eine größere Sensibi-

---

[7] In einer Stadt in unserer Detailbefragung ist das Jugendamt für die Betreuung und Beratung aller "Sozialamtsfälle" und somit auch für alleinstehende Frauen ohne Kinder zuständig. Diese Regelung ist eher eine Ausnahme im Hinblick auf die sonst übliche Praxis.

lität entstanden sei. Wieder wirkt es sich sehr positiv aus, daß eine Abteilungsleiterin entscheidende Voraussetzungen für eine effektive Zusammenarbeit schafft.

"Wir haben halt eine Abteilungsleiterin, die sich da auch sehr engagiert für Frauenarbeit ... Also ich denke, innerhalb der Abteilung ist sicher so ein Konsens da, daß es notwendig ist, mit dem Frauenhaus so ziemlich eng zusammenzuarbeiten. Bei der Amtsleitung würde ich das massiv in Frage stellen; da denke ich, da ist schlichtweg Desinteresse da." (B/Jug.)

Die wesentlichen Aufgabenbereiche ihrer Arbeit für ehemalige Frauenhausbewohnerinnen benennen die beiden Jugendämter folgendermaßen:

- Weitere Beratung bzw. Kontakt beim Sorgerechtsverfahren;

- Klärung der finanziellen Situation (z.B. Befürwortungen, Anträge für das Sozialamt);

- Unterstützung bei der Wohnungseinrichtung;

- Stellungnahmen und Unterstützung für Kinderbetreuungsmöglichkeiten (Kindergarten, Hort, Spielstuben);

- Unterstützung bei der Integration im neuen Wohnbezirk;

- Weitervermittlung an andere Einrichtungen und Angebote (Gruppen, Erziehungsberatung, Therapien);

- regelmäßige Gesprächsangebote.

Bei einem dieser beiden Jugendämter besteht eine auf ausdrücklichen Wunsch der Frauenhausmitarbeiterinnen entstandene Regelung, daß ein fester Kreis von drei SozialarbeiterInnen ständig zuständiger Ansprechpartner für Frauenhausbewohnerinnen ist und es auch bleibt, wenn die Frauen aus dem Frauenhaus ausgezogen sind. Dieser Kreis hat sich freiwillig gebildet und verrichtet diese besondere Arbeit zusätzlich und ohne Entlastung von anderen Arbeiten. Die daraus resultierende hohe Arbeitsüberlastung wird von diesen MitarbeiterInnen als sehr problematisch angesehen, und sie würden eine Entlastung durch andere Kollegen sehr begrüßen.

Eine zusätzliche Arbeitsbelastung dieser Arbeitsgruppe im Jugendamt entsteht dadurch, daß sich der Kreis der zu betreuenden Frauenhausbewohnerinnen ständig erweitert, weil das Frauenhaus dieser Stadt einen sehr großen ländlichen Einzugsbereich hat. Die aus der ländlichen Umgebung kommenden Frauen möchten nach ihrem Auszug aus dem Frauenhaus - nicht zuletzt aus Gründen der Anonymität - nicht mehr in ihr altes Dorf zurück. Beklagt wird in diesem Zusammenhang die mangelnde Kooperationsbereitschaft des Wohnungsamtes und des Sozialamtes, die die weitere Zuständigkeit für diese Frauen lieber in deren altem Landkreis sehen würden, und schwer einsehen können, daß die Frauen oftmals keine andere Wahl haben, als in der Stadt zu bleiben.

Durch die Zusammenarbeit mit dem Frauenhaus sind bei den SozialarbeiterInnen im Jugendamt ein besonderer Umgang mit Frauenhausbewohnerinnen und eine partielle Veränderung der Arbeitsstrukturen entstanden.

"Also schon mal grundsätzlich, wenn ich einen haarigen Frauenhausfall habe, wenn ich von der Mitarbeiterin informiert bin, daß da eine Mißhandlung oder sexueller Mißbrauch gelaufen ist, dann läuft bei uns allen schon mal ein Schema ab, daß man sich da erstmal Zeit nehmen muß. Man muß erstmal in Ruhe ein Gespräch führen, das ist ein Anspruch, den ich dann habe. Manchmal läßt er sich leider Gottes bei dieser Hektik nicht so umsetzen." (B/Jug.)

"Also ich denke, so ruhig läßt er sich selten umsetzen, weil in der Regel, wenn die Frauen vom Frauenhaus sagen, es ist eine eilige Geschichte - wenn es um einstweilige Anordnungen oder so etwas geht, und das ist häufig der Fall -, dann heißt es, daß spätestens am kommenden Tag ein Kontakt zustandekommen muß. Und das ist zum Beispiel ein Unterschied zu den anderen Fällen. Normalerweise dauert es sicher zwei Wochen, bis jemand den ersten Termin kriegt." (B/Jug.)

Bei Sorgerechtsentscheidungen wird im Falle eines anderen Wohnortes des Mannes versucht, mit den dort zuständigen Kolleginnen und Kollegen zusammenzuarbeiten. Wenn der Wohnort des Mannes zu weit entfernt ist, kann eine Absprache mit den anderen KollegInnen kaum herbeigeführt werden mit der Folge, daß beide Jugendämter getrennte Stellungnahmen zur Frage des Sorgerechts abgeben.

"... gerade bei diesen ganz harten Geschichten, wo dann wirklich auch Mißhandlungen dabei waren, ja da hat man halt in der Regel zwei ganz unterschiedliche Stellungnahmen, weil schlichtweg gelogen wird, daß die Balken krachen. Und das ist dann oft eine sehr schwierige Situation, die ich dann erlebe, daß es dann auch zwischen den Jugendämtern Konkurrenzsituationen gibt. Aber das liegt im Systemnetz." (B/Jug.)

Alle MitarbeiterInnen betonen bei einer vorliegenden Gewaltproblematik ihre größere Parteilichkeit für die Frauen, die nur durch die Parteilichkeit für die Kinder relativiert wird; diese doppelte Parteilichkeit läßt wiederum nicht immer konfliktfreie Lösungen zu. Bei Entscheidungskonflikten in Stellungnahmen zum Sorgerecht ist es in den letzten Jahren zur gängigen Praxis geworden, sich mit den Mitarbeiterinnen des Frauenhauses abzusprechen und deren Einschätzung in die Entscheidung mit einzubeziehen. Diese Gespräche finden nur mit Einverständnis der betroffenen Frauen statt. Die SozialarbeiterInnen im Jugendamt beschreiben den

Kontakt zu den Frauen aus dem Frauenhaus im Vergleich zu anderen Frauen, die sich getrennt haben, als intensiver und stärker.

> "Ich denke, das hängt schon damit zusammen, daß man sich in einer Situation kennengelernt hat, wo die Frauen unter Druck standen; da ist emotional einiges gelaufen. Und ich denke, es sind auch die Sachen, wo wir etwas zögern, das abzugeben an die entsprechenden Bezirkssozialarbeiter - ja, weil man einfach ein ganzes Stück zusammen gemacht hat." (B/Jug.)

Aus der Sicht der SozialarbeiterInnen bedeutet der dramatische, mit Gewalt verbundene Ablauf der Trennung nicht nur für die Frauen, sondern auch für sie selbst eine psychische Belastung. In der als belastend empfundenen Teilnahme an den Gewalterfahrungen der Frauen wird deren Angst auch auf die Berater übertragen und führt zu größerer Parteilichkeit.

> "Also man fängt an, anders zu arbeiten; man kontrolliert sich selber und versucht dann noch, alles abzusichern. Weil, für mich ist die Gefahr auch nicht weg, daß der Typ eines Tages kommt und Amok läuft. Das ist sicher eine ganz andere Qualität im Umgang mit den Leuten als wenn man eine 'normale' Scheidung macht ... Die Belastung ist manchmal schon sehr hoch, und wenn man drei Frauenhausfälle hintereinander gemacht hat, hängt man schon schwer durch." (B/Jug.)

Die SozialarbeiterInnen möchten den Anteil der Beratung von Frauen aus dem Frauenhaus nicht ausweiten; dies wäre für sie nur vorstellbar, wenn es sich dabei um eine von Amtsfunktionen befreite Beratung handeln würde. Die Verknüpfung von Unterstützungsangeboten und Aktenführungspflicht wird als Problem gesehen. Wenngleich sie in dem gegebenen Rahmen weitgehend auf eine Aktenführung verzichten, sind ihre Grenzen dennoch festgelegt, wenn Anzeichen für Mißhandlungen von Kindern oder Kindesvernachlässigungen bekannt werden.

Am Beispiel dieses Jugendamtes wird dennoch deutlich, daß unter Ausnutzung von Handlungsspielräumen ein engagierter und sensibler Umgang mit mißhandelten Frauen und der Einrichtung Frauenhaus möglich ist. Eine ehemalige Bewohnerin aus dieser Stadt formuliert ihre Erfahrungen mit dem Jugendamt folgendermaßen:

> "... mit der kann man mal so richtig von der Leber weg reden ... Wenn ich mit meinen Kindern mal nicht zurechtkomme, dann reden wir darüber, ohne daß da etwas festgehalten wird ... Ich sehe das als Mithilfe an und rufe lieber öfter als weniger an oder gehe hin ... Das finde ich besser, wenn man Kontakte hat, als wenn man erst hingeht, wenn man Probleme mit den Kindern hat." (B/F3)

Diese SozialarbeiterInnen sind auch eine Anlaufstelle für ehemalige Bewohnerinnen, die keinen weiteren Kontakt zum Frauenhaus wünschen. Unter der Voraussetzung einer Entlastung in ihren derzeitigen anderen Aufgabenbereichen könnten sie sich eine sinnvolle Erweiterung ihres Angebots in mehreren Bereichen vorstellen. Einen ersten und wichtigen Ansatz sehen sie in ihrer gemeinsamen Arbeitsgruppe mit dem Frauenhaus und dem Kinderschutzzentrum zum Problem des sexuellen Mißbrauchs von Kindern. Als weitere Themenbereiche nennen sie den Ausbau der materiellen Absicherung sowie der juristischen Beratung der Frauen nach der Trennung. Angesichts der psychischen Belastung der Frauen nach der Mißhandlungserfahrung sowie der Folgen, die die miterlebte krisenhafte Beziehung der Eltern für die Kinder haben können, sehen die SozialarbeiterInnen in zusätzlichen therapeutischen Angeboten einen wichtigen Ansatz, um diese Problematik auffangen zu können. Diese Erweiterungswünsche könnten auch durch Kooperation mit anderen Einrichtungen realisiert werden. Die seit kurzem eingerichtete Beratungsstelle des Frauenhauses wird in diesem Zusammenhang sehr begrüßt und als echte Entlastung der eigenen Arbeit eingeschätzt.

Bei dem zweiten von uns befragten Jugendamt besteht nicht die Regelung einer besonderen Zuständigkeit von einzelnen MitarbeiterInnen für das Frauenhaus; dennoch sind Bemühungen vorhanden, Wechsel und Brüche in den Zuständigkeiten zu vermeiden, indem das Amt beispielsweise die Beratung ehemaliger Frauenhausbewohnerinnen solange aufrecht erhält, bis eine endgültige Sorgerechtsentscheidung getroffen ist. Die positive Zusammenarbeit mit dem Frauenhaus ist ebenfalls aufgrund der Initiative der Frauenhausmitarbeiterinnen entstanden. Besonders für den Bereich der Sozialhilferegelung hat sich das Frauenhaus mit dem Wunsch nach Unterstützung an das Jugendamt gewandt. Aus dieser gewachsenen Zusammenarbeit ist bei den Mitarbeiterinnen des Frauenhauses die Idee entstanden, eine Sozialarbeiterin des Jugendamtes zu bitten, sich einmal wöchentlich als Beraterin im Frauenhaus zur Verfügung zu stellen. Das Hauptmotiv für die Einrichtung einer "Beratungsstunde Sorgerecht" 8) war der Versuch, eine Lösung für den problematischen Umgang einiger Frauen mit ihren Kindern zu finden.

"Wir sind ein Frauenschutzhaus für Frauen und Kinder. So, und dann gibt es Frauen, die mit ihren Kindern ganz schrecklich umgehen. Auf der einen Seite versuchen wir, die Frau zu stärken und ihr positiv gegenüberzustehen; auf der anderen Seite müssen wir ihr auf die Füße treten, wenn sie zum Beispiel ihre Kinder schlägt. Und dann haben wir festgestellt, daß das im Grunde wieder der falsche Weg ist und sie wieder als Mutter und Frau zur Verantwortung gezogen wird. Daraus entstand also die Idee zu der 'Beratungsstunde Sorgerecht', was kein juristischer Begriff sein soll, sondern für alles stehen soll, wenn man für Kinder zu sorgen hat, und zwar im Sinne eines positiven An-

---

8) Auf Wunsch der Mitarbeiterinnen beteiligten sich an dieser Beratungsstunde zusätzlich noch eine Mitarbeiterin des Kinderschutzbundes und ein Psychologe eines therapeutischen Kinder- und Jugendzentrums. Alle drei Fachkräfte kamen zu einer wöchentlichen Beratung in das Frauenhaus.

gebots nach dem Motto: Du bist im Moment alleinerziehend, und wir wollen dir jetzt sagen, daß es Stellen und Leute gibt, die für dich da sind und die du gern in Anspruch nehmen darfst'." (C/M1)

Die Sozialarbeiterin sollte das Spektrum der Hilfsmöglichkeiten des Jugendamtes vermitteln und besondere Unterstützung bei Sorgerechtsverfahren geben. Indem sie sich als Bezugsperson im Frauenhaus anbietet, sollte auch erreicht werden, daß die Frauen ihre Hemmschwellen gegenüber dem Jugendamt abbauen können. Heute geht die Sozialarbeiterin nicht mehr zur Sprechstunde ins Frauenhaus, und nach etwa zweijähriger Erfahrung schätzt sie die Situation folgendermaßen ein:

"Das war etwas zweischneidig ... Ich denke, daß sich die Frauen auch oft etwas dazu verdonnert vorkamen. Das sind Probleme, die sie über Jahre hinweg gehabt haben, und die anzugehen, da gehört eine Menge dazu. Und ich denke schon, daß da auch eine Menge Ängste waren. Es war zwar ganz gut möglich, so allgemein über die Kinder zu reden ... oder zu einigen Frauen die Beziehung zu intensivieren ... aber generell denke ich, daß es vom Ansatz her ein bißchen daneben war." (C/Jug.)

Insgesamt hat sie die Erfahrung gemacht, daß Skepsis und Ängste bei den Frauen größer waren, die bereits vor ihrem Frauenhausaufenthalt Erfahrungen mit Ämtern hatten. Als Unterstützungsangebot für ehemalige Frauenhausbewohnerinnen sieht diese Mitarbeiterin hauptsächlich kontinuierliche Gesprächsmöglichkeiten und - für sie noch naheliegender - die Begleitung der Entwicklung der Kinder. Erleichterungen für die Frauen nach ihrem Auszug aus dem Frauenhaus wären ihres Erachtens ein Ausbau von Kinderbetreuungsangeboten allgemein sowie zusätzliche finanzielle Mittel für kurzfristige Kinderbetreuungen (z.B. für Babysitting).

Das Jugendamt hat eine Gesprächsgruppe für alleinerziehende Frauen initiiert und versucht, auch ehemalige Frauenhausbewohnerinnen für diese Gruppe zu motivieren. Die geringe Resonanz bei den Frauen erklären sich die SozialarbeiterInnen aus der eher distanzierten "Pflichtbeziehung" zu den Frauen und sehen nach dieser Erfahrung andere Beratungsstellen als geeigneter an, solche Gruppen anzubieten.

"Ja, wir sind ja als Jugendamt auch so eine Eingriffsinstitution." (C/Jug.)

4.3.3 Kooperation mit Einrichtungen mit psychosozialen Hilfsangeboten

Das Zustandekommen und Gelingen von Kooperationsbeziehungen ist nicht unwesentlich von den gegebenen regionalen Bedingungen abhängig. Der Grad der Zusammenarbeit wird bestimmt von dem Ausmaß der zusätzlich vorhandenen und für ehemalige Frauenhausbewohnerinnen in Frage kommenden Hilfsangebote. Vor allem in ländlichen Gebieten ist nicht selbstverständlich davon auszugehen, daß umfangreiche Kooperationsbeziehungen entstehen können, und Frauenhäuser und Beratungsstellen müssen ihre Zuständigkeit notgedrungen weit stecken. In Großstädten ist es fast unmöglich, ein vollständiges Bild von allen Einrichtungen und vor allem von den entsprechenden MitarbeiterInnen zu erhalten. Die Kontakte bleiben oftmals anonym oder sind auf einige Einrichtungen reduziert. Die weniger anonyme Situation in Kleinstädten ist nicht selten hilfreich, Kontakte zu einzelnen Personen mit einflußreicher Schlüsselposition (Amtsleitung, Stadtverwaltung) über persönliche Bekanntschaft herzustellen und somit bedeutende Verbesserungen in der Zusammenarbeit zu erreichen.

Die als weitaus positiver bezeichneten, eher freiwilligen Kontakte zu psychosozialen Einrichtungen entstehen hauptsächlich aus dem Motiv heraus, die oft grenzenlose Zuständigkeit und Überlastung zu reduzieren; ferner soll auf diesem Wege den betroffenen Frauen ein möglichst vielfältiges Hilfsangebot vorgestellt werden.

"Wir haben den Anspruch, für unsere Frauen ein möglichst breitgefächertes Angebot an Hilfsmöglichkeiten zu bieten, was wir allein ja gar nicht können, sondern was aus der Zusammenarbeit mit Einrichtungen - welcher Art auch immer - ... notwendig und auch wichtig ist." (C/M1)

Dieser Anspruch, gepaart mit dem Motiv, sich selbst zu entlasten, veranlaßt die Mitarbeiterinnen der nachgehenden Beratung, zu anderen Einrichtungen Kontakt aufzunehmen, sich über deren Arbeit zu informieren und bei Bedarf an diese Stellen weiterzuvermitteln.

"Ich verstehe mich zuallererst als Verteiler, um die Frauen an andere Stellen zu vermitteln, die ihnen weiterhelfen können. Es bleibt immer noch genug für mich übrig, was ich dann sonst noch machen muß. Was bleibt, sind vor allem die Frauen, bei denen die persönliche Beziehung eine große Rolle spielt bei ihrem Beratungsbedürfnis." (FS/M1)

"Ich denke nicht, daß ich alles wissen muß. Ich kann Aufgaben an andere Einrichtungen delegieren. Wenn die Frau Hemmungen hat, versuche ich, mit ihr hinzugehen ... Zu meiner Arbeit gehört es, einzuschätzen, wie andere Stellen arbeiten, und an wen ich es verantworten kann, Frauen zu vermitteln." (FS/M18)

Eine solche Einschätzung entsteht bei Mitarbeiterinnen der nachgehenden Beratung häufig aufgrund der Erfahrungen, von denen die von ihnen vermittelten Frauen berichten.

Über die Praxis der gegenseitigen Delegation hinausgehend haben sich in einigen Städten verschiedene Einrichtungen, Frauenhäuser und die dazugehörigen Beratungsstellen zu Arbeitsgruppen zusammengeschlossen, um sich selbst mehr Wissen über bestimmte Problembereiche zu verschaffen oder zu bestimmten Themen gemeinsam Broschüren zu erstellen.

> "Bei Themen, mit denen wir selbst überfordert sind, versuchen wir Kooperation; z.B. Arbeitsgruppe "Sexueller Mißbrauch". Wir haben Kontakt zu allen möglichen Institutionen aufgenommen, "Wildwasser" zu einem Vortrag eingeladen, eine Arbeitsgruppe gebildet, um herauszubekommen, was zu machen ist." (FS/M1)

> "Wir streben im Moment auch an, mit anderen Einrichtungen eine Broschüre "Frauen in Not" zu erstellen. In dieser Broschüre soll klar werden, wer was für Frauen in Not leisten kann, und wenn wir dann untereinander noch besser aufgeklärt sind, bedeutet das ja unter anderem auch, sich gegenseitig zuzuarbeiten ..." (C/M1)

Auch von seiten anderer Einrichtungen haben wir Positives von solcher Zusammenarbeit gehört; so berichtet eine kommunale Frauenbeauftragte [9] im Expertengespräch:

> "Öffentlichkeitsarbeit machen wir gemeinsam mit "Frauen helfen Frauen". Wir haben eine Broschüre gemacht zum Thema "Gewalt gegen Frauen", außerdem zwei Gruppen zum Thema "sexueller Mißbrauch"." (A/Fb)

Einrichtungen, mit denen die Mitarbeiterinnen der nachgehenden Beratung hauptsächlich zusammenarbeiten, und an die sie weitervermitteln, sind solche mit Angeboten für alleinerziehende Frauen bei Erziehungsproblemen; ferner solche mit Gruppenangeboten zum Thema Trennung oder auch mit Freizeitangeboten und Reisen. Beratungsstellen mit spezifischen Angeboten sozialer Beratung (z.B. zum Bundessozialhilfegesetz), zur beruflichen Qualifizierung u.ä. werden von den Mitarbeiterinnen als willkommene Entlastung und Ergänzung ihrer eigenen Arbeit gesehen. Andere Beratungsstellen mit therapeutischen Angeboten für Frauen und Kinder gehören sicherlich zu den Stellen, bei denen eine Weitervermittlung unverzichtbar ist.

> "Wir sind mit einem psychologisch-therapeutischen Ansatz schlichtweg überfordert, und wir wollen diese Art von Arbeit nicht machen. Wir verweisen grundsätzlich auf Selbsterfahrungsgruppen im Frauenzentrum, auf die Erziehungsberatung oder auch auf Therapien, wenn die Frauen diese wollen oder brauchen." (FS/M12)

> "Wir verweisen an andere Einrichtungen weiter, wenn eingehende oder regelmäßige Probleme bearbeitet werden sollen. Es ist nicht unsere Aufgabe,

---

[9] Durch Finanzierungsverhandlungen sind in manchen Städten positive Kontakte der Frauenhäuser zu engagierten Politikerinnen oder Frauenbeauftragten entstanden. Sie sind oft die einzigen Ansprechpartnerinnen, die sich für politische und finanzielle Forderungen der Frauenhäuser einsetzen, und bilden immer noch eine Ausnahme in den Unterstützungsangeboten von außen.

psychologisch oder therapeutisch mit ihnen zu arbeiten; es überfordert uns von der Qualifikation her." (FS/M18)

Einige Frauenhäuser versuchen, die Bewohnerinnen bereits während ihres Aufenthalts besonders an Einrichtungen mit therapeutischen Angeboten zu vermitteln. Die Hoffnung, daß diese Angebote von den Frauen auch langfristig in Anspruch genommen werden, scheint sich jedoch in nur wenigen Fällen zu realisieren.

"Solange die Frauen im Frauenhaus sind, gehen sie auch zu der Erziehungsberatung und so weiter. Sobald sie eine eigene Wohnung haben, fällt das flach." (FS/M3)

"Wir haben Kontakte mit anderen Einrichtungen und die Möglichkeit, Frauen weiterzuverweisen; aber wenn die Frauen aus dem Haus ausgezogen sind, gehen sie dort nicht mehr hin. Jetzt fangen wir an, MitarbeiterInnen aus Erziehungsberatungsstellen oder aus einer Alkoholberatungsstelle zu der Hausversammlung ins Frauenhaus einzuladen, um die Hemmschwelle abzubauen. Es zeigen sich erste Erfolge." (FS/M11)

Der Versuch, Vorbehalte und Ängste der Frauen gegenüber anderen Einrichtungen abzubauen, indem MitarbeiterInnen in das Frauenhaus eingeladen werden, scheint am ehesten zu gewährleisten, daß Kontakte der Frauen zu diesen Stellen auch nach ihrem Auszug aus dem Frauenhaus bestehen bleiben. Die im vorigen Abschnitt beschriebene Beratungsstunde externer ExpertInnen in einem Frauenhaus können die Mitarbeiterinnen zumindest in der Zusammenarbeit mit einem Psychologen eines Therapiezentrums für Kinder und Jugendliche [10] für sich als positiv bewerten. Der Psychologe kommt seit circa eineinhalb Jahren einmal wöchentlich in das Frauenhaus und versteht sich primär als "Anhörpartner", der weiterführende Hilfe vermittelt oder auch seine Institution empfiehlt. Er beschreibt, daß in den Gesprächen mit den Frauen zunächst die Probleme der Kinder im Vordergrund stehen und erst allmählich die Frauen von sich erzählen. Die Gespräche im Frauenhaus definiert er nicht als eine direkte Beratung, sondern als ein "... Warmwerden mit einem Vertreter einer anderen Institution". Bei den Frauen, die während ihres Frauenhausaufenthalts mit ihrem Kind in seine Einrichtung kamen, ist auch nach dem Auszug aus dem Frauenhaus ein längerfristiger Kontakt bestehen geblieben.

Auch wenn berücksichtigt wird, daß andere Einrichtungen zunehmend Angebote für Frauen einrichten, sind frauenspezifische Angebote in der Regel nach wie vor den allgemeinen Frauenberatungsstellen vorbehalten. Diese Beratungsstellen sind für Frauenhäuser besonders wichtige Kontaktstellen, wenn sie selbst über keine zusätzlichen Beratungsstellen verfügen. Eine solche Frauenberatungsstelle, mit deren

---

10) Dieses Therapiezentrum ist eine Modelleinrichtung, die ihre Hauptaufgabe in der Erziehungsberatung sieht.

Mitarbeiterinnen wir ein Gespräch geführt haben, soll im folgenden exemplarisch dargestellt werden.

Die Initiatorinnen dieser Beratungsstelle gehören einem breiten parteipolitischen Spektrum an und wollten zu Beginn ihrer Arbeit Möglichkeiten ausschöpfen, sich selbst einen eigenen Arbeitsplatz zu verschaffen. Finanziert über ABM-Mittel richteten sie zunächst eine Schneiderstube ein (drei Näherinnen, eine Schneiderin), in der Sozialhilfeempfängerinnen kostenlos nähen lernen können. Im Verlauf der Zeit konnte mit der Einrichtung einer Beratungsstelle das ursprüngliche Konzept in die Realität umgesetzt werden. Ein Schwerpunkt der Beratung ist die Wiedereingliederung von Frauen in den Arbeitsmarkt. Von Anfang an war der Zulauf sehr groß, und die Arbeit der Beratungsstelle und der Schneiderstube ergänzten sich: Frauen, die ursprünglich zum Nähen gekommen waren, nutzten die Beratung und umgekehrt. Die Mitarbeiterinnen beschreiben die Kopplung von praktischer und geselliger, gemeinsamer Betätigung als sehr positiv und vertrauensbildend für nachfolgende Gespräche. Neben der Beratungsmöglichkeit über Weiterqualifikation können Frauen sich in einer zweijährigen Maßnahme informell als Schneiderinnen qualifizieren. Wenngleich diese Maßnahme ohne Zertifikat abgeschlossen wird, dient sie als Qualifikation für weiterführende Ausbildungen. Die Frauen erfahren von der Beratungsstelle durch informelle Mund-zu-Mund-Propaganda sowie durch Aushänge beim Arbeitsamt, beim Sozialamt und in einigen Arztpraxen.

Ein weiterer Schwerpunkt der Beratungsstelle sind Partner- und Trennungsprobleme. Der Kontakt zu ehemaligen Frauenhausbewohnerinnen wird über die Frauenhausmitarbeiterinnen vermittelt. Die Unterstützungswünsche dieser Frauen beziehen sich im wesentlichen auf Kontakte zu anderen Frauen und auf eine konkrete Hilfestellung bei der Bewältigung ihrer Alltagsprobleme. Die Beratung zur beruflichen Qualifizierung wird von ihnen ebenfalls in Anspruch genommen. Einige ehemalige Bewohnerinnen versuchen in Einzelgesprächen mit BeraterInnen, ihre Erfahrungen im Frauenhaus aufzuarbeiten. In einer Selbsthilfegruppe wird allgemein über Ursachen von Partnerproblemen und Gewalt gesprochen. An dieser Gruppe beteiligten sich sehr unterschiedliche Frauen ("von der Stadträtin bis zur Prostituierten"). In der sehr offenen Atmosphäre äußern sich auch die ehemaligen Bewohnerinnen zu ihren Problemen; dies trägt dazu bei, daß sich die Mitarbeiterinnen der Beratungsstelle gegen eine Gruppe ausschließlich für Frauenhausbewohnerinnen aussprechen.

"Diese Frauen haben ja irgendwie das Gefühl, weil sie geschlagen worden sind, daß sie ganz besonders abgelehnt werden. Und in dem Moment, wo halt andere Frauen da sind, die diese Problematik hören und das gar nicht ablehnend bewerten, bekommen sie also auch eine ganz andere Sichtweise zu ihren Problemen ... Die Frauen, die hierherkommen, die bleiben und sprechen auch offen darüber. Bisher haben wir in der Hinsicht keine Konflikte festgestellt." (C/Frauenber.st.)

Die Frauenhausmitarbeiterinnen dieser Stadt beurteilen die Zusammenarbeit mit der Beratungsstelle als sehr positiv und bezeichnen sie als eine der wenigen Stellen, an die sich ehemalige Bewohnerinnen tatsächlich wenden.

"Wir selbst und andere sehen das so, daß wir das Haus sind, das für die Frauen während des Aufenthalts und danach zuständig ist. Das hat bestimmt auch was damit zu tun, daß die Frauen uns kennen ... Viele Einrichtungen, die sich auch mit Frauen beschäftigen, haben sicher auch mit stabileren Frauen zu tun und wissen nicht viel von den Lebensbedingungen dieser Frauen ... daß die nicht so ganz zuverlässig ihre Sachen wahrnehmen können, weil denen soviel im Wege steht, und weil die das für sich nicht so umsetzen können ... Wir versuchen ja immer wieder, den Frauen Aufklärung über andere Möglichkeiten zu geben, und hin und wieder klappt das ja auch. Obwohl wir weiterhin Kontaktstelle für die Frauen sein wollen, würden wir es als Fortschritt empfinden, wenn Frauen, die bestimmte Sachen schon geregelt haben, sich auch an anderen Stellen orientieren." (C/M1)

Die Aussagen dieser Mitarbeiterin sind durchaus verallgemeinerbar. Gerade in der ersten Zeit nach dem Auszug wenden sich die meisten ehemaligen Bewohnerinnen lieber an die ihnen vertrauten Mitarbeiterinnen der Frauenhäuser und der Frauenhausberatungsstellen. In den Gesprächen konnten wir immer wieder feststellen, daß die Mitarbeiterinnen der nachgehenden Beratung zwar viele Kontakte zu anderen Einrichtungen halten und bemüht sind, die Frauen an diese weiterzuvermitteln; im Verhältnis zu den vorhandenen Möglichkeiten scheinen die Frauen diese Angebote jedoch weitaus geringer zu beanspruchen. Dennoch scheint die Bereitschaft der Frauen, die Angebote anderer Einrichtungen überhaupt in Anspruch zu nehmen, größer zu sein, wenn sie von den Mitarbeiterinnen der nachgehenden Beratung über diese Angebote informiert und an diese weitervermittelt werden.

5. Ergebnisse und Empfehlungen

Nachgehende Beratung nach einem Frauenhausaufenthalt ist ein unverzichtbarer Bestandteil der Unterstützung und Hilfe für mißhandelte Frauen und deren Kinder. Der Bedarf ist so dringend und unabweisbar, daß sämtliche Frauenhäuser darauf reagieren und einen Teil ihrer Beratungskapazität den ehemaligen Bewohnerinnen zur Verfügung stellen, auch wenn sie keine zusätzlichen Arbeitskräfte oder -mittel hierfür haben. Durch die nachgefragte Weiterberatung der ehemaligen Bewohnerinnen sowie durch die Beratung im Vorfeld eines möglichen Frauenhausaufenthalts (präventive Beratung) nehmen die Hilfe und Unterstützung eines Frauenhauses erheblich mehr Frauen in Anspruch als diejenigen, die im Frauenhaus jeweils wohnen. Insbesondere bei den Frauenhäusern, die über keine zusätzlichen festen Stellen (ob im Frauenhaus oder in einer ausgelagerten Beratungsstelle) für diesen Aufgabenbereich verfügen, ist die Arbeitskapazität der Mitarbeiterinnen weit stärker ausgelastet als die Aufnahme- oder Belegstatistik ausweist.

Unsere Untersuchung des gegenwärtigen Standes der nachgehenden Beratung ergab wichtige Erkenntnisse, die für die Organisation, das konzeptionelle Selbstverständnis und die wünschenswerte Weiterentwicklung der nachgehenden und präventiven Beratung von Bedeutung sind.

(1) Die Untersuchung der beiden Organisationsformen von integrierter und ausgelagerter nachgehender Beratung hat gezeigt, daß jedes Modell spezifische eigene Qualitäten und Grenzen aufweist, die sich ihrerseits auf die Form der Angebote, die Beratungsstruktur und die Inanspruchnahme auswirken.

Die Entscheidung über den Ort der Beratung impliziert auch eine Entscheidung darüber, welche unterschiedlichen Erwartungen der Frauen an nachgehende Beratung vorrangig berücksichtigt werden sollen. Integrierte nachgehende Beratung spricht verstärkt Frauen an, für die das Frauenhaus weiterhin ein wichtiger sozialer Ort bleibt. Ausgelagerte nachgehende Beratung kommt eher den Frauen entgegen, die auf eine räumliche und atmosphärische Distanz zum Frauenhaus Wert legen.

Keinem der beiden Modelle ist generell der Vorzug zu geben. Auch im Falle von ausgelagerter nachgehender Beratung sollten die ehemaligen Bewohnerinnen zumindest für eine Übergangszeit die selbstverständliche Möglichkeit haben, auf Wunsch ins Frauenhaus zu Besuch oder zur Beratung zu kommen.

Die optimale Unterstützung, die zumindest in mittleren und größeren Städten möglich sein sollte, wäre gewährleistet, wenn beide Möglichkeiten bestehen, so daß den ehemaligen Bewohnerinnen ihren Bedürfnissen entsprechend die Wahl überlassen wird.

(2) Unabhängig von einer autonomen bzw. nicht-autonomen Trägerschaft läßt sich in der praktischen Ausgestaltung der Arbeit der nachgehenden Beratung eine unerwartet weitreichende Übereinstimmung sowohl hinsichtlich der inhaltlichen Ausrichtung der Angebote als auch hinsichtlich der Organisationsformen feststellen. Es hat den Anschein, daß die autonome Frauenhausbewegung das Berufsbild und das Selbstverständnis der Frauenhäuser entscheidend geprägt hat.

Unsere anfängliche Vermutung, daß sich die nachgehende Beratung nicht-autonomer Frauenhäuser aufgrund ihrer erklärten Bereitschaft zur Partnerberatung intensiver den in die frühere Beziehung zurückgegangenen Frauen zuwendet, hat sich nicht bestätigt. Auch die vermutete höhere Bereitschaft der nachgehenden Beratung dieser Frauenhäuser zur Kooperation mit staatlichen Einrichtungen hat sich nur teilweise bestätigt.

Ebensowenig trifft die vielfach unterstellte Ablehnung der autonomen Einrichtungen, mit staatlichen oder etablierten Stellen zu kooperieren, zu. Auch die autonomen Frauenhäuser unternehmen erhebliche Anstrengungen, um eine gute Zusammenarbeit mit den wichtigsten Institutionen herbeizuführen; zugleich aber neigen sie dazu, sich kritischer zu diesen Stellen zu äußern als dies bei nicht-autonomen Frauenhäusern mit vergleichbaren Kooperationserfahrungen der Fall ist.

Aus den Ergebnissen unserer Untersuchung wird eine auffällig positivere Einstellung der autonomen Projekte gegenüber der möglichen Mitarbeit betroffener Frauen im Bereich der nachgehenden Beratung deutlich. Zudem haben wir den Eindruck gewonnen, daß bei den Mitarbeiterinnen nicht-autonomer Beratungseinrichtungen eine pädagogisch betreuende Haltung leicht überwiegt; in erster Linie jedoch stehen unterschiedliche Beratungsstile mit der Persönlichkeit der jeweiligen Mitarbeiterin in Zusammenhang.

Relevante Unterschiede, die aus den durchaus unterschiedlichen frauenpolitischen Standpunkten der Träger resultieren, ließen sich vermutlich stärker in den nach außen gerichteten Selbstdarstellungen sowie in den internen Organisationsstrukturen finden, die jedoch nur am Rande zum Untersuchungsgegenstand der vorliegenden Studie gehörten.

(3) Bei den Mitarbeiterinnen in der nachgehenden Beratung sind unterschiedliche Akzentuierungen im beruflichen Selbstverständnis zu erkennen. Daraus ergeben sich jeweils unterschiedlich ausgeprägte Ansprüche an sich selbst sowie entsprechend unterschiedliche Erwartungen an die betroffenen Frauen. Diese Erwartungen werden zwar reflektiert, jedoch eher bezogen auf die betroffenen Frauen und seltener auf das eigene Berufsbild. Die beiden zentralen Ausprägungen dieser Rollendefinitionen lassen sich wie folgt bestimmen:

- Praktische Sozialarbeit im Sinne konkreter Lebenshilfe nimmt in dem Arbeitsbereich nachgehende Beratung faktisch den größten Raum ein. Mitarbeiterinnen, die diese Arbeit als auch emanzipatorisch definieren, sehen ihr berufliches Selbstverständnis in dieser Arbeit realisiert. Sie sehen die Stabilisierung und Verbesserung der praktischen Lebenssituation der Frauen als ihren Beitrag zu deren Befreiung aus Gewaltbeziehungen.

- Mitarbeiterinnen mit einem eher psychologisch-pädagogisch orientierten professionellen Selbstverständnis sehen ihre Ansprüche vor allem in solchen Angeboten verwirklicht, die darauf zielen, die Frauen in einem neuen und kritischen Selbstbild zu bestärken. Einen zentralen Sinn ihrer Arbeit finden sie darin, Veränderungen bei den Frauen auszulösen, die diese darin unterstützen, zukünftige Beziehungen selbstbewußter zu gestalten. Da die ehemaligen Bewohnerinnen auf solche Angebote jedoch zurückhaltend reagieren, sind die Mitarbeiterinnen oft versucht, auf andere Zielgruppen auszuweichen.

(4) Frauenhäuser und die ihnen angeschlossenen Beratungsstellen haben sich zu den Einrichtungen enwickelt, die sehr häufig von Frauen in manifesten Trennungskonflikten mit dem Wunsch nach Aussprache oder Information aufgesucht werden. Obwohl dieser Arbeitsbereich der präventiven Beratung in einem so unerwartet hohen Ausmaß konzeptionell nicht vorgesehen war, haben sich die Frauenhäuser der Nachfrage nicht verschlossen. Die Tendenz der Frauenhäuser, die präventive Beratung mit der nachgehenden Beratung zusammen in Beratungsstellen auszulagern, führt offensichtlich dazu, daß sich dieser Arbeitsbereich stark erweitert. Vielfach nimmt die präventive Beratung in den Frauenhausberatungsstellen einen größeren Anteil der Arbeitskapazität in Anspruch als die nachgehende Beratung, für die die Stellen gegründet wurden.

Diese präventive Beratung, die inzwischen fast den gleichen Umfang wie die nachgehende Beratung einnimmt, muß eindeutig als Zusatzleistung sowohl der Frauenhäuser wie auch der Beratungsstellen gewertet werden. Diesem Arbeitsbereich wird im öffentlichen Bewußtsein kaum Gewicht beigemessen. Ihre naturwüchsige Ausbreitung schränkt die Leistungen für die Frauenhausbewohnerinnen während ihres Aufenthalts und danach ein. Die präventive Beratung bedarf dringend einer eigenständigen Finanzierung.

(5) Die Kenntnis von den verschiedenen, mitunter grenzenlosen Aufgabengebieten und Zuständigkeiten bringt die Mitarbeiterinnen der nachgehenden Beratung in Entscheidungskonflikte, und zwar im Hinblick auf die Definition der eigenen Aufgaben, auf die Qualifikationsanforderungen sowie auf die anzusprechende Zielgruppe. Der Vielfalt und Unüberschaubarkeit der Wünsche der Frauen nach Bera-

tung und praktischer Unterstützung entspricht häufig eine Diffusität der Arbeitsinhalte.

Die Ergebnisse unserer Studie legen den Schluß nahe, daß durch eine inhaltliche Schwerpunktsetzung, verbunden mit einer Eingrenzung der Angebote, die Arbeit überschaubarer und weniger anfällig für Enttäuschungen durch unerfüllbare Ansprüche wird.

Grundsätzlich lassen sich zwei inhaltliche Ausrichtungen der Arbeit unterscheiden: einerseits praktische Hilfen, die auf die unmittelbaren Alltagsprobleme und Bedürfnisse der Frauen ausgerichtet sind (der "handlungsorientierte Ansatz"), und andererseits Hilfestellungen, die den Frauen grundlegend neue Strategien und Fähigkeiten der Lebensgestaltung vermitteln sollen (der "problemorientierte Ansatz"). Aus unserer Analyse der Problemlage ehemaliger Frauenhausbewohnerinnen, aus den Ergebnissen der Gespräche mit den betroffenen Frauen sowie aus den Daten über die Inanspruchnahme der Angebote ziehen wir den Schluß, daß der handlungsorientierte Ansatz eher der Bedürfnislage der ehemaligen Frauenhausbewohnerinnen gerecht wird. Sie erwarten vor allem praktische Unterstützung von der nachgehenden Beratung und möchten und können ihre soziale Isolation durch aktives Handeln und neue Erlebnismöglichkeiten überwinden.

(6) Das Problem der Erreichbarkeit der ehemaligen Bewohnerinnen scheint die größte Sorge der Mitarbeiterinnen in der nachgehenden Beratung zu sein. Im Unterschied zur Frauenhausarbeit beruht die nachgehende Beratung auf einer "freiwilligen Komm-Struktur", d.h., das Zustandekommen der Beratungsverhältnisse ist abhängig von der Aktivität der betroffenen Frauen. Die Mitarbeiterinnen gehen jedoch davon aus, daß eine große Zahl ehemaliger Bewohnerinnen die Angebote nicht nutzt, obwohl berechtigt angenommen werden kann, daß sie Unterstützung brauchen und auch erwarten. Dies betrifft zudem nicht selten Frauen, zu denen bereits ein intensives Beratungsverhältnis bestanden hat.

Die Mitarbeiterinnen stehen vor der Frage, ob sie die Zurückhaltung der Frauen als deren Entscheidung zum Abbruch der Beratungsbeziehung interpretieren sollen oder als mögliches Signal mit stillem Aufforderungscharakter. Mit dem Rückzug auf das Prinzip einer "freiwilligen Komm-Struktur" wollen sich die Mitarbeiterinnen in der Regel von diesem Problem nicht entlasten. Nehmen sie an, daß eine Frau Hilfe braucht, aber nicht in der Lage ist, von sich aus aktiv zu werden, lehnen sie es nicht ab, unaufgefordert auf die Frau zuzugehen. Diese Haltung ist allerdings nur möglich, wenn zuvor Kontakt zu der Frau besteht; hier ist die Zusammenarbeit mit den Frauenhäusern für die Beratungsstellen unentbehrlich. Eine sensible Eingehensweise auf die konkrete Situation der einzelnen Frauen ist notwendig, um der Resignation vieler Frauen durch die Überforderung in der neuen Lebenssituation angemessen Rechnung zu tragen.

(7) Kontakte unter betroffenen Frauen sind am ehesten geeignet, den nach einer Trennung aus einer Mißhandlungsbeziehung gravierenden Mangel an Freundschaften und sozialen Beziehungen aufzufangen und wechselseitige Unterstützung zu fördern. Die positiven Erfahrungen, die hiermit gemacht worden sind, widerlegen Vermutungen, daß mißhandelte Frauen zur Selbsthilfe nicht in der Lage seien. Um solche Kontakte zu ermöglichen, bedarf es jedoch der anfänglichen Initiative der Mitarbeiterinnen, die so dem Prinzip der Hilfe zur Selbsthilfe folgen.

Die Funktion der Mitarbeiterinnen kann sich dabei weitgehend darauf beschränken, die äußeren Rahmenbedingungen herzustellen. Hierzu zählen Einladungen, Räumlichkeiten und Kinderbetreuung. Eine so verstandene Selbsthilfe überläßt die inhaltliche Gestaltung der Treffen den Neigungen und Interessen der Frauen.

Initiierung und Unterstützung von Selbsthilfegruppen in diesem Sinne ist im Angebot der Frauenhäuser und der Beratungsstellen überraschend selten angesichts der Bedeutung, die Frauenselbsthilfe in der Theorie der Frauenhausbewegung hat. Allerdings sind an den wenigsten Orten die erforderlichen Voraussetzungen für die Umsetzung dieses Ansatzes gegeben, da der Aufbau von Selbsthilfegruppen offenbar erst über Jahre hinweg gelingt und eine zeitliche und personelle Kontinuität der Arbeit erfordert, die im Bereich der nachgehenden Beratung häufig nicht vorhanden ist.

(8) Die bestehenden Angebote nachgehender Beratung werden kaum von der sehr großen Gruppe derjenigen Frauen in Anspruch genommen, die nach einem Frauenhausaufenthalt in die frühere Beziehung zurückkehren. Die mangelnde Inanspruchnahme kann jedoch nicht als generelles Desinteresse verstanden werden. Da sich nachgehende Beratung vom Anspruch her an alle ehemaligen Frauenhausbewohnerinnen richtet, läßt sich die Hauptschwierigkeit als das bislang weitgehend ungelöste Problem der Erreichbarkeit bezeichnen.

Zukünftige Konzepte müssen überprüfen, wie die Struktur nachgehender Beratung weiterentwickelt werden kann, um auf die spezielle Problematik dieser Frauen Rücksicht zu nehmen. Eine Lösung dieses Problems setzt die Bereitschaft der Mitarbeiterinnen voraus, sich auf eine schwierige Kontaktaufnahme sowie auf Begegnungen mit einem als gewalttätig bekannten Mann einzulassen. Die bloße Versicherung, die Frauen dürften jederzeit die Angebote des Frauenhauses und der Beratungsstellen in Anspruch nehmen, reicht offensichtlich nicht aus; umsichtige Initiativen, die von den Mitarbeiterinnen ausgehen, versprechen eher Erfolg.

(9) Die Unterstützung für die Kinder mißhandelter Frauen spielt in der nachgehenden Beratung eine untergeordnete Rolle. Die Stabilisierung der Frauen in ihrer neuen Situation kommt zwar auch den Kindern zugute, aber es muß als unbefriedigend bezeichnet werden, daß in den meisten Fällen Probleme der Kinder erst dann Thema werden, wenn die Mütter sie von sich aus ansprechen. Dies tun ehemalige Bewohnerinnen offensichtlich selten: nach dem Einzug in die eigene Wohnung tritt meist eine Entlastung der Mutter-Kind-Beziehung ein, während es zugleich die meisten Frauen überfordert, sich mit den von ihren Töchtern und Söhnen noch unbewältigten Gefühlen wie Angst und Trauer auseinanderzusetzen.

Die Kinder, die in einer Mißhandlungsbeziehung aufgewachsen sind, tragen eine Hypothek von erlebter Gewalt gegen Frauen. Die Auswirkungen sind sehr unterschiedlich - wie auch die Kinder selbst - und können zudem erst zu einem nicht vorhersehbaren späteren Zeitpunkt akut werden. Eine Betreuung der Kinder in besonderen Einrichtungen kann dieser Unterschiedlichkeit nicht gerecht werden und würde sie vielmehr zusätzlich aussondern. Damit es Anbieter von Hilfe gibt, die zumindest von älteren Kindern aus eigenem Antrieb aufgesucht werden können, wäre es nötig, geeignete Einrichtungen zu schaffen oder bestehende in ihren Möglichkeiten zu erweitern.

Erfolge bei der Einbeziehung der Kinder sind vor allem da zu verzeichnen, wo den ehemaligen Bewohnerinnen im Rahmen der nachgehenden Beratung eine Kinderbetreuung angeboten wird. Hierdurch können die Mädchen und Jungen die Vertrauensbeziehung zu den Mitarbeiterinnen aus der Zeit im Frauenhaus fortführen oder eine solche Beziehung neu aufbauen; sie haben so eine fürsorgliche Person, die ihre Mißhandlungserfahrungen kennt und sensibel auf kritische Phasen eingehen kann.

Ein zweiter Weg eröffnet sich, wenn im Frauenhaus eine engagierte Erziehungsberatung geboten wird. Speziell bei integrierter nachgehender Beratung schafft dies einen Rahmen, in dem Mütter ohne Schuldgefühle darüber sprechen können, wenn nach der anfänglich harmonischen Zeit die Beziehung zu den Kindern schwierig wird oder diese selbst Probleme haben. In jedem Fall muß im Zusammenhang mit nachgehender Beratung mindestens eine Kinderbetreuung finanziert werden.

(10) Obwohl die Notwendigkeit von weiterführenden Angeboten für ehemalige Frauenhausbewohnerinnen und deren Kinder auf staatlicher Seite nicht in Frage gestellt wird, ist die nachgehende Beratung ein Arbeitsbereich, der zu einem unvertretbar hohen Anteil nicht finanziert wird.

Daß die Frauenhäuser überhaupt ohne erforderliche Finanzierung weiterführende Angebote machen, läßt sich nur aus der inhaltlichen Verschränkung von Frauenhausarbeit und nachgehender Beratung erklären. Unabhängig davon, ob

Frauenhäuser ausdrücklich Angebote für ehemalige Bewohnerinnen machen oder nicht, wenden sich die Frauen auch nach ihrem Auszug aus dem Frauenhaus hierhin zurück. Versuche, die Anliegen und den Beratungsbedarf ehemaliger Bewohnerinnen an andere Stellen zu delegieren, gelingen sehr viel seltener als dies von der Kooperationsbereitschaft der Mitarbeiterinnen her angestrebt wird. Nachgehende und präventive Beratung werden offensichtlich nur angenommen, wenn die anbietende Stelle deutlich eine besondere Zuständigkeit für Probleme von Frauen, und speziell von mißhandelten Frauen, signalisiert. Insbesondere die Weiterberatung nach einem Frauenhausaufenthalt scheint in der ersten, besonders kritischen Zeit vorauszusetzen, daß der Kontakt schon im Frauenhaus geknüpft wurde oder aber intensive Bemühungen der Frauenhausmitarbeiterinnen bei der Herstellung der Beratungsbeziehung eingesetzt werden.

Vor diesem Hintergrund ist es unverkennbar, daß nachgehende Beratung in allen Frauenhäusern finanziert werden muß, soll deren Arbeit nicht zu einem erheblichen Anteil an den Schwierigkeiten nach einer Trennung scheitern. Der besondere Charakter nachgehender Beratung verlangt unbedingt, daß die Mitarbeiterinnen mindestens eine Kollegin haben, mit der sie sich kontinuierlich austauschen können. Dies spricht in kleineren Frauenhäusern für eine Integration in das Team. In mittleren und größeren Städten sollte eine Beratungsstelle so ausgestattet werden, daß mindestens zwei Kolleginnen kontinuierlich dort arbeiten; je nach der Größe des Frauenhauses gehen die Erfordernisse darüber hinaus.

Die bislang verbreitete Praxis, die nachgehende Beratung über ABM-Stellen zu finanzieren, ist aus sehr vielen Gründen nicht vertretbar. Zum einen handelt es sich hier um einen sensiblen Arbeitsbereich, der wesentlich auf persönliche Beratungsbeziehungen aufbaut, die nicht übertragbar sind. Personalwechsel bedeutet den Abbruch der Unterstützung für die bis dahin beratenen Frauen. Zum anderen verhindert die ABM-Finanzierung jede Entwicklung einer auf längeren Erfahrungen gründenden Konzeption und Arbeitsweise. Die Tatsache, daß sehr viele Frauen durch die nachgehende Beratung nicht erreicht werden, verweist auf die unbedingte Notwendigkeit von Planstellen; nur so können die Mitarbeiterinnen Strategien entwickeln, die Erfolg haben.

Die Unterstützung von mißhandelten Frauen, die nach ihrem Auszug aus dem Frauenhaus vielfach in Gefahr sind, an der neuen Selbständigkeit unter Bedingungen sozialer Isolation zu scheitern, kann nicht als bloß zusätzliche Aufgabe verstanden werden, die der Arbeitsbeschaffung für Erwerbslose dient. Da nachweisbar ist, daß die Frauenhausberatungsstellen in erheblichem Umfang auch an der Prävention mitwirken, ist ihre Einrichtung auf dauerhafter Basis eine notwendige und vordringliche Ergänzung der Hilfen, die die Frauenhäuser in weithin anerkannter Funktion leisten.

Literaturverzeichnis

BERGDOLL, Karin, NAMGALIES-TREICHLER, Christel: Frauenhaus im ländlichen Raum. Schriftenreihe des Bundesministeriums für Jugend, Familie, Frauen und Gesundheit 198, Stuttgart 1987

BERLINER FRAUENHAUS FÜR MIßHANDELTE FRAUEN (Hg.): Frauen gegen Männergewalt, Erster Erfahrungsbericht, Berlin 1978

BOWKER, Lee H.,ARBITELL, Michelle, McFERRON, J. Richard: On the Relationship Between Wife Beating and Child Abuse, in: Yllö, Kersti/Bograd, Michele (Hg.): Feminist Perspectives on Wife Abuse, Newbury Park etc. 1988, S.158-175

BRIERE, John, RUNTZ, Marsha: Suicidal Thoughts and Behaviours in Former Sexual Abuse Victims, in: Canadian Journal of Behavour Science/Rev.Canad. SCI. Comp. 18, 1986, H.4, S.413-423

BRÜCKNER, Margrit: Die Liebe der Frauen. Über Weiblichkeit und Mißhandlung, Frankfurt/Main 1983

BRÜCKNER, Margrit: Die janusköpfige Frau. Lebensstärken und Beziehungsschwächen, Frankfurt/Main 1987

BRÜCKNER, Margrit, KIEPER-WELLMER, Marianne: Das Frauenhaus als Aufbruchchance, in: Neue Praxis 4, 1985, S.296-310

2. BUNDESBERICHT ZUR LAGE DER FRAUENHÄUSER 1988

BUNDESMINISTERIUM FÜR JUGEND, FAMILIE UND GESUNDHEIT, ARBEITSSTAB FRAUENPOLITIK: Dokumentation zur Fachtagung "Gewalt gegen Frauen" am 12. und 13. Januar 1984 in Bonn

BURGARD, Roswitha: Mißhandelte Frauen: Verstrickung und Befreiung. Eine Untersuchung zur Überwindung von Gewaltverhältnissen, Weinheim/Basel 1985

BURGARD, Roswitha: Mut zur Wut. Befreiung aus Gewaltbeziehungen, Berlin 1988

CHELMIS, Sabine: Gewalt gegen Frauen. Hilfen statt Behinderung. Kritische Analyse der Hilfsangebote für mißhandelte Frauen in Bremen, Bremen 1985

CLAUSEN, Gisela: Mißhandelte Frauen im Netz sozialer Hilfen. Untersuchung im Auftrag der Freien und Hansestadt Hamburg, Leitstelle Gleichstellung der Frau (Hg.), Dezember 1981

CONROY, Kathryn: Long-Term Treatment Issues with Battered Women, in: Flanzer, J. (ed.): The Many Faces of Family Violence, Springfield 1982, S.24-33

DONATO, Katherine, BOWKER, Lee H.: Understanding the Helpseeking Behaviour of Battered Women. A Comparison of Traditional Service Agencies and Women's Groups, in: International Journal of Women's Studies 7, 1984, H.2, S.99-109

EHLERT, Martin, LORKE, Beate: Zur Psychodynamik der traumatischen Reaktion, in: Psyche 42, 1988, H.6, S.502-531

FINKELHOR, David, GELLES, Richard/HOTALING, Gerald, STRAUSS, Murray: The Dark Side of Families. Current Family Violence Research, Beverly Hills, CA, 1983

FLANZER, Jerry P. (Hg.): The Many Faces of Family Violence, Springfield, IL, 1982

FLEMING, Jennifer Baker: Stopping Wife Abuse: A Guide to the Emotional, Psychological, and Legal Implications for the Abused Woman and Those Helping Her, New York 1979

FRAUENHAUS AUGSBURG (Hg.): Erfahrungsbericht, Augsburg 1985

FRAUENHAUS KÖLN (Hg.): Nachrichten aus dem Ghetto Liebe, Frankfurt/M. 1980

FRAUENHAUS NÜRNBERG (Hg.): Erfahrungsbericht der ersten fünf Jahre, Nürnberg 1985

GENTEMANN, Karen M.: Wife Beating. Attitudes of a Non-Clinical Population, in: Victimology 9, 1984, H.1, S.109-119

GILES-SIMS, Jean: A Longitudinal Study of Battered Children of Battered Wives, in: Family Relations 34, 1985, S.205-210

GRAHAM, Dee L.R., RAWLINGS, Edna, RIMINI, Nelly: Hostages and the Stockholm Syndrome, in: Yllö, Kersti, Bograd, Michele (eds.): Feminist Perspectives on Wife Abuse, Newbury Park etc. 1988, S.217-233

GUTSCHMIDT, Gunhild: Kind und Beruf. Alltag alleinerziehender Mütter, München 1986

HAGEMANN-WHITE, Carol, KAVEMANN, Barbara et al.: Hilfen für mißhandelte Frauen. Abschlußbericht der wissenschaftlichen Begleitung des Modellprojekts Frauenhaus Berlin, Schriftenreihe des Bundesministeriums für Jugend, Familie und Gesundheit 124, Stuttgart 1981

HILLE, Barbara, JAIDE, Walter: Die Situation von Frauenhäusern und hilfesuchenden Frauen. Wissenschaftliche Untersuchung zum Modellversuch "Frauen- und Kinderschutzhaus Hannover" im Auftrag des niedersächsischen Sozialministeriums, Hannover 1984

HILLE, Barbara, ZACHARIAS, Annegret: Gewalt gegen Frauen in Ehe und Partnerschaft. Hilfen für mißhandelte Frauen nach Verlassen des Frauenhauses, Hannover 1988

HOTALING, Gerald T., FINKELHOR, David/KIRKPATRICK, John T./STRAUS, Murray A. (eds.): Coping with Family Violence. Research and Policy Perspectives, Newbury Park/Beverly Hills 1988

HUGHES, Honore: Brief Interventions with Children in a Battered Women's Shelter. A Model Preventive Program, in: Family Relations, Oktober 1982, S.495-502

HUGHES, Honore, BARAD, Susan: Psychological Functioning of Children in a Battered Women's Shelter, in: American Journal of Orthopsychiatry 53, H.3, 1983, S.525-531

KÖPPEN, Ruth: Die Armut ist weiblich, Berlin 1985

LANDESREGIERUNG NORDRHEIN-WESTFALEN (Hg.): Zur Situation von Frauenberatungsstellen in Nordrhein-Westfalen, Dokumentation der Parlamentarischen Staatssekretärin für die Gleichstellung von Frau und Mann, Düsseldorf 1987

LYSTAD, Mary: Violence in the Home. Interdisciplinary Perspectives, New York 1986

NAPP-PETERS, Anneke: Ein-Elternteil-Familien, Weinheim/München 1985

NORWOOD, Robin: Wenn Frauen zu sehr lieben. Die heimliche Sucht, gebraucht zu werden, Reinbek 1986

OPFERHILFE, Hilfe für Opfer von Straftaten e.V.: Zwei Jahre "Opferhilfe Hamburg". Gewalt als soziales Problem. Erfahrungen - Analysen, Hamburg, Juli 1988

OPFERHILFE, Hilfe für Opfer von Straftaten e.V.: Ein Jahr Opferhilfe - Beratungsstelle Hamburg, Bericht über die weitere Entwicklung, Hamburg, Juli 1987

PAGELOW, Mildred Daly: Women-Battering. Victims and Their Experiences, Beverly Hills 1981

PAHL, Jan: A Bridge Over Troubled Waters. A Longitudinal Study of Women who Went to a Refuge, University of Kent at Canterbury 1981

ROSEWATER, Lynne Bravo: Battered or Schizophrenic? Psychological Tests Can't Tell, in: Yllö, Kersti/Bograd, Michele (eds.): Feminist Perspectives on Wife Abuse, Newbury Park 1988, S.200-216

SACK, Fritz, EIDMANN, D.: Gewalt in der Familie, Forschungsprojekt im Auftrag des Ministeriums für Arbeit, Gesundheit und Soziales des Landes Nordrhein-Westfalen, (Kurzfassung), Hannover 1985

"SCHEIDUNG", Informationsbroschüre für Frauen, Kassel 1987

STEINERT, Erika, STRAUB, Ute: Interaktionsort Frauenhaus. Möglichkeiten und Grenzen eines feministischen Projekts, Heidelberg 1988

STOLK, Bram van, WOUTERS, Cas: Frauen im Zwiespalt. Beziehungsprobleme im Wohlfahrtsstaat. Eine Modellstudie, Frankfurt 1987

TASKINEN, Sirpa: Preventive Measures (Long-Term Prevention), Report for the "Colloquy on Violence within the Family: Measures in the Social Field", Council of Europe, 25.-27. November 1987, Strasbourg

TERLINDEN, Ulla, DÖRHOFER, Kerstin: Verbesserung der Wohnsituation von mißhandelten Frauen und ihren Kindern nach Verlassen des Frauenhauses, Schriftenreihe des Bundesministeriums für Jugend, Familie, Frauen und Gesundheit 213, Stuttgart 1987

TEUBNER, Ulrike et al.: Vergewaltigung als soziales Problem, Schriftenreihe des Bundesministeriums für Jugend, Familie und Gesundheit 141, Stuttgart 1983

WALKER, Leonore E.: The Battered Women, New York 1979

WALKER, Leonore E.: Victimology and the Psychological Perspectives of Battered Women, in: Victimology 8, 1983, H.1-2, S.82-104

WENDEPUNKTE: Frauen erzählen aus ihrem Leben. Alltag in einem Frauenhaus, Ebbinghaus, Angelika et al., Hamburg 1982

WESTON, Joan L.: Three Year Evolution of a Successful Ex-Resident Program Established to Help Battered Women Move From a Shelter to Independent Lives, unveröffentlichtes Manuskript, Tagung "Women's Worlds", Dublin 1987

YLLÖ, Kersti, BOGRAD, Michele (eds.): Feminist Perspectives on Wife Abuse, Newbury Park etc. 1988